# ABRÉGÉS DES LIVRES

DE

# L'HISTOIRE ROMAINE

DE

# TITE-LIVE

PERIOCHAE 70 - 142

COLLECTION DES UNIVERSITÉS DE FRANCE
*publiée sous le patronage de l'ASSOCIATION GUILLAUME BUDÉ*

# ABRÉGÉS DES LIVRES DE L'HISTOIRE ROMAINE DE TITE-LIVE

## TOME XXXIV

*2e partie*

« PERIOCHAE » TRANSMISES PAR LES MANUSCRITS

(PERIOCHAE 70 - 142)

et par

LE PAPYRUS D'OXYRHYNCHOS

TEXTE ÉTABLI ET TRADUIT
PAR
PAUL JAL
*Professeur à l'Université de Paris X*

Deuxième tirage

PARIS
LES BELLES LETTRES
2003

*Conformément aux statuts de l'Association Guillaume Budé, ce volume a été soumis à l'approbation de la commission technique, qui a chargé MM. Jean-Pierre Callu et Claude Nicolet d'en faire la révision et d'en surveiller la correction en collaboration avec M. Paul Jal.*


*95 boulevard Raspail, 75006 Paris*
*www.lesbelleslettres.com*

*Première édition 1984*

*ISBN : 2-251-01327-X*
*ISSN : 0184-7155*

## ⟨Abrégé⟩ du livre 70[1]

[1]Comme M'. Aquilius plaidait sa cause dans un procès de concussion, il ne voulut pas solliciter lui-même les juges ; M. Antonius, qui terminait la plaidoirie pour sa défense, déchira la tunique qui couvrait la poitrine de son client pour montrer ses glorieuses cicatrices[2]. [2]Il fut absous sans hésitation[3]. [3]Cicéron est le seul auteur à nous rapporter cet épisode[4]. [4]Le proconsul T. Didius combattit avec succès contre les Celtibères[5]. [5]Ptolémée, roi de Cyrène, qui fut surnommé Apion, laissa à sa mort le peuple romain comme héritier et le sénat ordonna que les villes de ce royaume fussent libres[6]. [6]Ariobarzane fut ramené par L. Cornélius Sylla sur le trône de Cappadoce[7]. [7]Des ambassadeurs des Parthes, envoyés par le roi Arsace, vinrent trouver Sylla pour lui demander l'amitié du peuple romain[8]. [8]P. Rutilius, dont la conduite était absolument sans reproche, parce que, comme légat du proconsul C. Mucius, il avait protégé l'Asie des exactions des publicains, excita la haine de l'ordre équestre, aux mains duquel se trouvaient les jurys des tribunaux : condamné pour concussion, il fut envoyé en exil[9]. [9]Le préteur C. Sentius essuya une défaite dans sa lutte contre les Thraces[10]. [10]Le sénat, ne pouvant supporter la démesure dont faisait preuve l'ordre équestre dans sa façon de conduire les procès, commença à travailler de toutes ses forces à obtenir le transfert des jurys des tribunaux entre ses mains ; sa cause était soutenue par le tribun du peuple M. Livius Drusus qui, pour acquérir des appuis, souleva la plèbe en lui inspirant l'espoir pernicieux de distributions gratuites[11]. [11]⟨Le livre⟩ contient aussi le récit des troubles de Syrie et des guerres entre les rois[12].

# Ex libro LXX

[1]Cum *M'*. Aquilius de pecuniis repetundis causam diceret, ipse iudices rogare noluit ; M. Antonius, qui pro eo perorabat, tunicam a pectore eius discidit, ut honestas cicatrices ostenderet. [2]Indubitate absolutus est. [3]Cicero eius rei solus auctor. [4]T. Didius procos. aduersus Celtiberos feliciter pugnauit. [5]Ptolemaeus, Cyrenarum rex, cui cognomen Apionis fuit, mortuus heredem populum R. reliquit et eius regni ciuitates senatus liberas esse iussit. [6]Ariobarzanes in regnum Cappadociae a L. Cornelio Sylla reductus est. [7]Parthorum legati a rege Arsace missi uenerunt ad Syllam ut amicitiam populi R. peterent. [8]P. Rutilius, uir summae innocentiae, quoniam legatus C. Muci procos. a publicanorum iniuriis Asiam defenderat, inuisus equestri ordini penes quem iudicia erant, repetundarum damnatus in exilium missus est. [9]C. Sentius praetor aduersus Thracas infeliciter pugnauit. [10]Senatus, cum impotentiam equestris ordinis in iudiciis exercendis ferre nollet, omni ui eniti coepit ut ad se iudicia transferret, sustinente causam eius M. Liuio Druso trib. pleb., qui ut uires sibi adquireret, perniciosa spe largition*u*m plebem concitauit. [11]Praeterea motus Syriae regumque continet.

LXX *de inscript.*, *cf.* p. CXVI ; *per. 70 post 71* σ || **1** m'. *Sigonius* : m. *codd.* || pecuniis : prouinciis *D Guelf* ζ || **2** indubitate : -tanter *Q* εημνρστ (quibus conspectis indubitanter ν) || **4** t. *om.* ην || **5** cognomen : -mentum ηνχ || apionis : app- ηνχ alpio- *uel* alipio- *rell.* || eius ηνχ : eas *rell.* || **7** arsace *E Leid. 19* ηλνρτχ : -sale *rell.* || uenerunt ad syllam : ad s. u. ηνχ || populi r. : a po. ro. *Q*μσ || **8** quoniam : qui ημνχ || iudicia : uicia ν || **9** sentius : geminius ν || aduersus : contra ν || **10** impotentiam : -tia ελ || eniti *N*π : niti *rell.* || transferret : -rentur νσ -rent *Q*ε || largitionum *Gruterus* : -tionis *KQ*ημνσχ -tione *D Guelf* ζιλρτ -tionem *rell.* || concitauit : cogi- *P*ζλτ coagi- *Q*θ.

## ⟨Abrégé⟩ du livre 71[1]

[1]Le tribun de la plèbe M. Livius Drusus, pour renforcer le soutien de la cause sénatoriale dont il s'était chargé, fit appel aux alliés et aux peuples italiens en leur faisant espérer l'octroi du droit de cité romaine ; grâce à leur aide, après avoir fait voter par la violence des lois agraires et frumentaires, il fit voter aussi une loi judiciaire répartissant de façon égale les jurys des tribunaux entre le sénat et l'ordre équestre. [2]Comme, par la suite, le droit de cité promis ne pouvait être accordé aux alliés, les Italiens irrités commencèrent à agiter la menace de leur défection. [3]Relation est faite de leurs réunions, de leurs complots et des discours tenus dans les assemblées par leurs dirigeants. [4]C'est pourquoi Livius Drusus qui avait encouru même la haine du sénat (celui-ci le considérait comme le responsable de la guerre sociale) fut assassiné chez lui par un inconnu[2].

## ⟨Abrégé⟩ du livre 72[1]

[1]Les peuples italiens suivants firent défection : les Picentins, les Vestins, les Marses, les Péligniens, les Marrucins, les Samnites et les Lucaniens[2]. [2]Les Picentins ayant pris l'initiative de la guerre, le proconsul Q. Servilius[3] fut tué dans la ville d'Asculum avec tous les citoyens romains qui étaient dans cette ville. [3]Le peuple revêtit l'habit de guerre. [4]Servius Galba[4], qui avait été capturé par les Lucaniens, fut libéré et recueilli par l'entremise d'une seule femme dans la maison

## Ex libro LXXI

[1]M. Liuius Drusus trib. pleb., qu*o* maioribus uiribus senatus causam susceptam tueretur, socios et Italicos populos spe ciuitatis Romanae sollicitauit, iisque adiuuantibus per uim legibus agrariis frumentariisque latis iudiciariam quoque pertulit ut aequa parte iudicia penes senatum et equestrem ordinem essent. [2]Cum deinde promissa sociis ciuitas praestari non posset, irati Italici defectionem agitare coeperunt. [3]Eorum co*e*tus coniurationesque et orationes in consiliis principum referuntur. [4]Propter quae Liuius Drusus inuisus etiam senatui factus uelut socialis belli auctor, incertum a quo domi occisus est.

## Ex libro LXXII

[1]Italici populi defecerunt : Picentes, Vestini, Marsi, Paeligni, Marrucini, Samnites, Lucani. [2]Initio belli a Picentibus moto Q. Seruilius procos. in oppido Asculo cum omnibus ciuibus R. qui in eo oppido erant occisus est. [3]Saga populus sumpsit. [4]Seruius Galba a Lucanis comprehensus unius feminae opera, ad quam deuertebatur, ⟨e⟩ captiuitate receptus est.

LXXI *de inscript.*, *cf.* p. CXVI || **1** quo *Iahnius* : qui ut *D Guelf K Ry* ζθμσ ut ηνχ qui *rell.* || uiribus *om. K Ry* || senatus causam : c. s. *E*ρτ || iudiciariam quoque : legem q. iudicialem ηνχ || pertulit : prot- *EQ* tulit *D Guelf* ζηνσχ || **2** agitare coeperunt : c. a. ην || **3** cognitis cogitationibus *ante* coetus *add.* μσ || coetus *Dukerus* : cognitis *Q* conuentis *E*ιρτ coitus *rell.* || coniurationesque : cogita- *Ry* || et orationes : orationesque ν exhortationes μσ || consiliis : -ium γμσ conciliis ν.

LXXII *de inscript.*, *cf.* p. CXVI || **1** samnites lucani : l. s. ν || **2** seruilius *Q Ry* ημνρσχ : seruus *E*τ seru(a)eus *uel* seruius *rell.* || asculo *EQ* ημνρσχ : *om. rell.* || **4** seruius : -ilius *Q*ημσ || e *add. Iahnius* || receptus : erep- γλ exemptus ην redemptus μ.

de laquelle il était descendu. [5]Les colonies d'Aesernia[5] et d'Albe[6] furent assiégées par les Italiens. [6]Mention est faite ensuite des secours envoyés au peuple romain par les peuples de statut latin et les nations étrangères ainsi que des campagnes faites à tour de rôle par les deux adversaires et des villes prises d'assaut[7].

## ⟨Abrégé⟩ du livre 73[1]

[1]Le consul L. Julius César essuya un échec dans sa lutte contre les Samnites[2]. [2]La colonie de Nôle tomba aux mains des Samnites avec le préteur L. Postumius qui fut tué par eux[3]. [3]Plusieurs peuples passèrent à l'ennemi. [4]Comme le consul P. Rutilius n'avait pas eu de succès en combattant contre les Marses et était tombé dans cette bataille, C. Marius, son légat, fut plus heureux dans la bataille rangée qu'il livra aux ennemis[4]. [5]Servius Sulpicius mit en déroute les Péligniens au cours d'un combat[5]. [6]Comme Q. Cépion, légat de Rutilius, qui était assiégé, avait fait une sortie couronnée de succès contre les ennemis et qu'en raison de cette victoire, on lui avait donné un commandement équivalent à celui de C. Marius, il devint téméraire, se fit encercler dans une embuscade et tomba au cours de la déroute de son armée[6]. [7]Le consul L. Julius César combattit avec succès contre les Samnites[7]. [8]En raison de cette victoire, on déposa à Rome le vêtement de guerre. [9]En outre — pour que le sort de la guerre suivît un cours changeant[8] — la colonie d'Aesernia tomba, avec M. Marcellus, au pouvoir des Samnites[9], mais, en revanche, C. Marius mit les Marses en déroute[10] dans une bataille où Hiérius Asinius[11], préteur des Mar-

[5]Aesernia et Alba coloniae ab Italicis obsessae sunt. [6]Auxilia deinde Latini nominis et exterarum gentium missa populo R. et expeditiones inuicem expugnationesque urbium referuntur.

## Ex libro LXXIII

[1]L. Iulius Caesar cos. male aduersus Samnites pugnauit. [2]Nola colonia in potestatem Samnitium uenit cum L. Postumio praetore qui ab his interfectus est. [3]Complures populi ad hostes defecerunt. [4]Cum P. Rutilius cos. parum prospere aduersus Marsos pugnasset et in eo proelio cecidisset, C. Marius, legatus eius, meliore euentu cum hostibus acie conflixit. [5]Seruius Sulpicius Paelignos proelio fudit. [6]Q. Caepio, legatus Rutili, cum obsessus prospere in hostes inrupisset, et ob eum successum aequatum ei cum C. Mario esset imperium, temerarius factus et circumuentus insidiis fuso exercitu cecidit. [7]L. Iulius Caesar cos. feliciter aduersus Samnites pugnauit. [8]Ob eam uictoriam Romae saga posita sunt. [9]Et ut uaria belli fortuna esset, Aesernia colonia cum M. Marcello in potestatem Samnitium uenit, sed et C. Marius proelio Marsos fudit, Hierio Asinio, praetore

**5** aesernia : -i(a)e *D Guelf K Ry* εζθρτ || **6** deinde : demum *Q*μνσ || et *K Ry* : *om. rell.* || exterarum : -erumque *D Guelf* -rnarumque ν || expugnationesque urbium : urbiumque expugnationes ν.

LXXIII *de inscript.*, *cf.* p. CXVI || **1** l. : c. *Guelf* μ *om.* *EQ*ρτ || iulius *om.* ν || **2** potestatem *EK*γλνρστ : -te *rell.* || samnitium : -tum *Q*ρστ *om. K* || uenit *post* praetore ν || cum *om. N* || ab his *om.* ν || interfectus : -remptus ν || **4** aduersus : contra ν || quidem *post* meliore *add.* ν || acie *Leid. 19 N*γηθπχ : *om. rell.* || **5** seruius η (ser.) : sex. *uel* sextius *rell.* || sulpicius *Guelf Leid. 19 Q*ηθμνσχ : sul *NP Ry* consul *rell.* || proelio *om.* ηνχ || **6** caepio : -ilio *DENP*εζτ || inrupisset : er- *Ry* γ || esset imperium : i. e. *E*ρ || **7** iulius *om.* ν || aduersus : contra ν || feliciter *ante* pugnauit *K*ρ || **9** ut : dum *Q*μσ || potestatem : -te *D Guelf Q*μ || Hierio *Rossbachius* : hirnio *D*ζημνχ hirno *plerique*.

rucins, fut tué. [10]En Gaule transalpine, C. Caelius vainquit les Salluviens qui s'étaient révoltés[12].

## ⟨Abrégé⟩ du livre 74[1]

[1]Cn. Pompée mit en déroute les Picentins au cours d'un combat ; il assiégea... [2]. [2]En raison de cette victoire, on revêtit à Rome la toge prétexte et les autres insignes des magistrats. [3]C. Marius livra aux Marses un combat à l'issue douteuse[3]. [4]Les affranchis commencèrent alors, pour la première fois, à servir dans l'armée[4]. [5]Sur le champ de bataille, le légat A. Plotius vainquit les Ombriens, le préteur L. Porcius, les Étrusques, les deux peuples ayant fait défection[5]. [6]Nicomède fut rétabli sur le trône de Bithynie, Ariobarzane sur celui de Cappadoce[6]. [7]Le consul Cn. Pompée vainquit les Marses en bataille rangée[7]. [8]La cité étant accablée sous le poids des dettes, le préteur A. Sempronius Asellio, dont les verdicts étaient favorables aux débiteurs, fut tué sur le forum par les usuriers[8]. [9]⟨Le livre⟩ contient en outre le récit des incursions des Thraces en Macédoine et des ravages qu'ils y commirent[9].

## ⟨Abrégé⟩ du livre 75[1]

[1]Le légat A. Postumius Albinus qui commandait la flotte fut mis à mort par sa propre armée parce qu'il était discrédité à la suite d'une inculpation de trahison[2].

Marrucinorum, occiso. [10]C. Caelius in Gallia transalpina Sal⟨lu⟩uios rebellantes uicit.

## Ex libro LXXIV

[1]Cn. Pompeius Picentes proelio fudit... obsedit. [2]Propter quam uictoriam Romae praetextae et alia magistratuum insignia sumpta sunt. [3]C. Marius cum Marsis dubio euentu pugnauit. [4]Libertini tunc primum militare coeperunt. [5]*A.* Plotius legatus Vmbros, L. Porcius praetor *Etrusc*os, cum uterque populus defecisset, proelio uicerunt. [6]Nicomedes in Bithyniae, Ariobarzanes in Cappadociae regnum reducti sunt. [7]Cn. Pompeius cos. Marsos acie uicit. [8]Cum aere alieno pressa esset ciuitas, A. Sempronius Asellio praetor, quoniam secundum debitores ius dicebat, ab his qui faenerabant in foro occisus est. [9]Praeterea incursiones Thracum in Macedoniam populationesque continet.

## Ex libro LXXV

[1]*A.* Postumius Albinus legatus cum classi praeesset, infamis crimine perd*uell*ionis ab exercitu suo inter-

**10** caelius : caecilius *E Guelf* Qηνρτχ || gallia *DN*ηνπχ : -am *rell.* || transalpina ημνπχ : -am *rell.* || salluuios *Sigonius* : saluios *plerique.*

LXXIV *de inscript.*, *cf.* p. cxvi || **1** et *ante* obsedit *add.* μνσ || *lacunam post* fudit *indic. Iahnius*, *Heraeus* || obsedit : -tque *D Guelf K*ζ *om.* *E*γλρτ asculum obsedit *coniec. Kornemannus*, *forsitan recte* || **2** et alia : aliaque ηνχ || ornamenta *ante* insignia *add.* Qην || **4** tunc : tum Qσ || **5** a. *Sigonius* : aurelius *codd.* || etruscos *Dukerus* : umbros *KNP Ry* εθσ cimbros Qμ marsos *rell.* || **8** aere alieno : al. a. *D Guelf* ζ || pressa : op- Qημνσχ || asellio : -ius ηνχ || ius *D Leid. 19* Qγηιχ : eius *rell.* || faenerabant : -tur Qγηλμνσ || **9** macedoniam *Q Ry* γμν : -a *rell.*

LXXV *de inscript.*, *cf.* p. cxvi || **1** a. *Sigonius* : aurelius *codd.* (*om.* η) || in obsidione castrorum hostium (-tiiium ηνχ) cecidit sulpicius legatus (= *76, 1*) *post* legatus *add. Leid. 19* ηλμνσχ || legatus — sylla (§ *2*) *om.* ε || perduellionis *Rossbachius* : perditiones *N* per deditiones *EP*ιρτ proditionis *rell.*

2Le légat L. Cornélius Sylla vainquit les Samnites sur le champ de bataille et prit d'assaut leurs deux camps. 3Cn. Pompée reçut la soumission des Vestins. 4Après avoir mené une campagne victorieuse et mis quelquefois les Marses en déroute, le consul L. Porcius tomba en prenant d'assaut leur camp. 5Cette mort donna la victoire aux ennemis dans ce combat[3]. 6Cosconius et Lucanus vainquirent les Samnites en bataille rangée, tuèrent Marius Egnatius, le général le plus célèbre des ennemis et reçurent la reddition de plusieurs villes[4]. 7L. Sylla soumit les Hirpins, mit les Samnites en déroute au cours de plusieurs batailles, reçut la reddition d'un certain nombre de peuples et, après avoir accompli un nombre d'exploits rarement atteint par qui que ce soit avant le consulat, partit pour Rome briguer le consulat[5].

## ⟨Abrégé⟩ du livre 76[1]

1Le légat A. Gabinius, après avoir mené une campagne couronnée de succès contre les Lucaniens et pris d'assaut un très grand nombre de villes, tomba au cours du siège du camp ennemi[2]. 2Le légat Sulpicius tailla en pièces les Marrucins et reprit toute cette région[3]. 3Le proconsul Cn. Pompée reçut la reddition des Vestins et des Péligniens[4]. 4Les Marses eux aussi, défaits en plusieurs combats par les légats L. Cinna et Cécilius Pius[5], commencèrent à demander la paix. 5Asculum fut prise par Cn. Pompée[6]. 6Les Italiens à leur tour ayant été massacrés par le légat Mamercus Aemilius[7], Silo Poppaedius, le général des Marses et le responsable de cette situation, tomba au cours du combat. 7Ariobarzane fut chassé de son royaume de Cappadoce et Nicomède

fectus est. [2]L. Cornelius Sylla legatus Samnites proelio uicit et bina castra eorum expugnauit. [3]Cn. Pompeius Vestinos in deditionem accepit. [4]L. Porcius cos. rebus prospere gestis fusisque aliquotiens Marsis, dum castra eorum expugnat, cecidit. [5]Ea res hostibus uictoriam eius proelii dedit. [6]Cosconius et Lucanus Samnites acie uicerunt, Marium Egnatium, nobilissimum hostium ducem, occiderunt, compluraque oppida in deditionem acceperunt. [7]L. Sylla Hirpinos domuit, Samnites pluribus proeliis fudit, aliquot populos recepit, quantisque raro quisquam alius ante consulatum rebus gestis ad petitionem consulatus Romam est profectus.

## Ex libro LXXVI

[1]A. Gabinius legatus rebus aduersus Lucanos prospere gestis et plurimis oppidis expugnatis in obsidione hostium castrorum cecidit. [2]Sulpicius legatus Marrucinos cecidit totamque eam regionem recepit. [3]Cn. Pompeius procos. Vestinos et Paelignos in deditionem accepit. [4]Marsi quoque a L. *C*inna et Caecilio Pi*o* legatis aliquot proeliis fracti petere pacem coeperunt. [5]Asculum a Cn. Pompeio captum est. [6]Caesis et a Mamerco Aemilio legato Italicis Silo Poppaedius, dux Marsorum, auctor eius rei, in proelio cecidit. [7]Ariobarzanes Cappadociae, Nicomedes Bithy-

**1** est *om.* *DE* || **3** uestinos in deditionem : i. d. u. *D Guelf* εζ || **4** fusisque : iussisque *NP*π || **6** cosconius : ceso- *E*γλρτ || lucanus : luceius ν || eorum *ante* oppida *add.* *Q*ημσχ || acceperunt : -pit *D Guelf* *NP*εζ || **7** pluribus : multis ν || alius *om.* ν.

LXXVI *de inscript.*, *cf.* p. CXVI || **1** a ν : l. χ *om.* η aurelius *rell.* || et *om.* ν || plurimis : multis ν pluribus *D Guelf* εζλρ || hostium : *om.* λ -tilium ν || hostium castrorum : c. h. *E Guelf Q Ry* ζμνρστ || **2** sulpicius — cecidit *om.* ζ || § *2 om.* λτ || totamque : uniuersamque ν || **4** a l. cinna (cinna *Iahnius*) : alpina *DE*ζθ a l. murena *K Leid. 19 Q*ημνσχ a l. pin(n)a *rell.* || pio *Sigonius* : pin(n)a (paterna ι) *codd.* || petere : -rent σ petierunt (*post* pacem) ν || **6** et *om.* *DQ*γ.

de son royaume de Bithynie par Mithridate, roi du Pont[8]. [8]<Le livre> contient en outre le récit des incursions des Thraces en Macédoine et des ravages qu'ils y commirent[9].

## <Abrégé> du livre 77[1]

[1]Comme le tribun de la plèbe P. Sulpicius[2] avait, à l'instigation de C. Marius, fait afficher des projets de loi pernicieux prévoyant le rappel des exilés et la répartition des citoyens nouveaux et des affranchis <dans les tribus>, ainsi que la nomination de C. Marius à la tête de l'armée envoyée contre Mithridate, roi du Pont[3], comme il avait usé de violence envers les consuls Q. Pompée et L. Sylla[4] qui s'opposaient à lui et que <Q. Pompée>, fils du consul Q. Pompée et gendre de Sylla, avait été tué, le consul L. Sylla entra dans la ville avec son armée, combattit en pleine ville contre la faction de Sulpicius et de Marius et l'en chassa. [2]En faisaient partie douze hommes, parmi lesquels C. Marius père et fils, que le sénat déclara ennemis publics. [3]Comme P. Sulpicius se cachait dans une maison de campagne, il en fut tiré sur la dénonciation de son esclave et fut mis à mort[5]. [4]L'esclave, pour qu'il reçût la récompense promise en raison de sa dénonciation, fut affranchi et, pour le crime de trahison envers son maître, jeté du haut de la roche tarpéienne. [5]C. Marius le fils passa en Afrique. [6]Comme C. Marius le père se cachait dans les marais de Minturnes, il en fut tiré par les habitants : l'esclave, de nationalité gauloise, envoyé pour le tuer ayant fait marche arrière, terrifié qu'il était par la majesté d'un si grand homme, on embarqua celui-ci sur un navire frêté par la municipalité et on l'emmena en Afrique[6]. [7]L. Sylla mit de l'ordre dans les affaires

niae regno a Mithridate, Ponti rege, pulsi sunt. [8]Praeterea incursiones Thracum in Macedoniam populationesque continet.

## Ex libro LXXVII

[1]Cum P. Sulpicius trib. pleb. auctore C. Mario perniciosas leges promulgasset, ut exsules reuocarentur et noui ciues libertinique ⟨in tribus⟩ distribuerentur et ut C. Marius aduersus Mithridaten, Ponti regem, dux crearetur, et aduersantibus consulibus Q. Pompeio et L. Syllae uim intulisset, occiso ⟨Q. Pompeio⟩, Q. Pompei cos. filio, genero Syllae, L. Sylla cos. cum exercitu in urbem uenit et aduersus factionem Sulpici et Mari in ipsa urbe pugnauit eamque expulit. [2]Ex qua XII a senatu hostes, inter quos C. Marius pater et filius, iudicati sunt. [3]P. Sulpicius cum in quadam uilla lateret, indicio serui sui retractus et occisus est. [4]Seruus ut praemium promissum indici haberet, manumissus et ob scelus proditi domini de saxo deiectus est. [5]C. Marius filius in Africam traiecit. [6]C. Marius pater cum in paludibus Minturnensium lateret, extractus est ab oppidanis, et cum missus ad occidendum eum seruus natione Gallus maiestate tanti uiri perterritus recessisset, impositus publice naui delatus est in Africam. [7]L. Sylla ciuitatis statum ordinauit, exinde

**8** macedoniam *EQ* γμν : -nia *rell.* || populationesque *om.* ν.

LXXVII *de inscript., cf.* p. CXVI || **1** in tribus *add. Sigonius* || c. (*ante* marius) *N*π : *om.* η consul *rell.* || mithridaten : -em γηθιχ || q. *om. D*θ || et l. syllae uim *om. Guelf* || cum *ante* intulisset *add. D* tum *add.* ζ || occiso q. pompeio q. *Sigonius et Hertzius* : occiso quoque *Leid. 19* occisoque *rell.* || pompei : -eio *D Guelf* ζμ || eamque : eumque *Q*μσ || **2** c. : consul *DEKPQ Ry* γεζλμνρστ || **4** praemiium *om. K*θ || promissum *EP*λρτ : -ssa *K*θ *om. Leid. 19* -ssi *rell.* || indici χ : -cum *D* -i(t)ii *rell.* || est *post* manumissus *add.* μν || hoc *ante* scelus *add. P* id *add.* ν || proditi domini : d. p. *Q*μν || saxo : -a *NP*π || **6** missus *post* eum ν || in *ante* naui *add.* ν || **7** § *7 om.* λτ.

de la cité, puis déduisit des colonies[7]. [8]Le consul Q. Pompée, étant parti recevoir l'armée des mains du proconsul Cn. Pompée, fut tué à l'instigation de ce dernier[8]. [9]Mithridate, roi du Pont, ayant occupé la Bithynie et la Cappadoce et chassé le légat Aquilius, envahit la Phrygie, province appartenant au peuple romain, avec une immense armée[9].

## ⟨Abrégé⟩ du livre 78[1]

[1]Mithridate occupa l'Asie, fit jeter dans les chaînes le proconsul Q. Oppius[2], de même que le légat Aquilius[3] et, sur son ordre, tous les citoyens romains qui se trouvaient en Asie furent assassinés en un seul jour[4]. [2]Il attaqua la ville de Rhodes, la seule à être restée fidèle au peuple romain et, vaincu dans plusieurs combats navals, se retira[5]. [3]Archélaüs, préfet du roi, vint en Grèce avec une armée et occupa Athènes[6]. [4]⟨Le livre⟩ contient en outre le récit de l'agitation régnant dans les villes et les îles, les uns entraînant leur cité du côté de Mithridate, d'autres, du côté du peuple romain[7].

## ⟨Abrégé⟩ du livre 79[1]

[1]Comme le consul L. Cornélius Cinna[2] faisait présenter par la violence et la force armée des projets de loi pernicieux[3], qu'il était chassé de la ville par son collègue Cn. Octavius avec six tribuns de la plèbe[4] et que son commandement avait été abrogé[5], il corrompit et fit passer sous son autorité l'armée d'Appius Claudius[6] et porta la guerre dans la Ville, après avoir rappelé d'Afrique C. Marius avec les autres exilés[7].

colonias deduxit. [8]Q. Pompeius cos. ad accipiendum a Cn. Pompeio procos. exercitum profectus consilio eius occisus est. [9]Mithridates, Ponti rex, Bithynia et Cappadocia occupatis et pulso Aquilio legato Phrygiam, prouinciam populi R., cum ingenti exercitu intrauit.

## Ex libro LXXVIII

[1]Mithridates Asiam occupauit, Q. Oppium procos., item Aquilium legatum in uincula coniecit, iussuque eius, quidquid ciuium R. in Asia fuit uno die trucidatum est. [2]Vrbem Rhodum, quae sola in fide populi R. manserat, oppugnauit et aliquot proeliis naualibus uictus recessit. [3]Archelaus, praefectus regis, in Graeciam cum exercitu uenit, Athenas occupauit. [4]Praeterea trepidationem urbium insularumque, aliis ad Mithridate*n*, aliis ad populum R. ciuitates suas trahentibus, continet.

## Ex libro LXXIX

[1]L. Cornelius Cinna cos. cum perniciosas leges per uim atque arma ferret, pulsus urbe ab Cn. Octauio collega cum sex tribunis plebis imperioque ei abrogato, corruptum Appi Claudi exercitum in potestatem suam redegit et bellum urbi intulit, arcessito C. Mario ex Africa cum aliis exulibus. [2]In quo bello

**8** accipiendum : capien- ν || procos. *om.* *Q*σ || **9** occupatis : -ta *EKP*λρτ.

LXXVIII *de inscript., cf.* p. cxvi || **2** fide : -em *ENP*ιπτ || p. r. manserat *N*π : manserat *Leid. 19* permanserat *rell.* || **3** regis *D*ζηνσ : regni *rell.*

LXXIX *de inscript., cf.* p. cxvi || **1** cos. *om.* *K*ν || atque arma *om.* *Q*μνσ || arma *om.* *Ry* || sex : sextus ε sexto νσ *om.* *Guelf* || p. (pallio σ) *add. ante* tribunis *Q*σ || suam *om.* *E*λρτ || aliis — cinnae *om.* *Q* || ex africa *post* exulibus *Q*μνσ.

[2]Dans cette guerre, deux frères, l'un de l'armée de Pompée, l'autre de celle de Cinna, se coururent sus sans se reconnaître ; comme le vainqueur dépouillait celui qu'il avait tué, il poussa de grands cris en reconnaissant son frère : ayant élevé un bûcher pour ce dernier, il se transperça de son épée sur le bûcher et fut consumé dans les mêmes flammes[8]. [3]Alors que ⟨la guerre⟩ aurait pu être étouffée dès ses débuts, Cinna et Marius[9] furent renforcés dans leur position et par la duplicité de Cn. Pompée qui, en appuyant les deux partis, donna des forces à Cinna et ne secourut les intérêts des *optimates* que lorsque ceux-ci furent abattus[10], et par l'inertie du consul[11], si bien qu'ils encerclèrent la Ville avec quatre armées dont deux furent données à Q. Sertorius et à Carbon[12]. [4]Marius prit d'assaut la colonie d'Ostie et la pilla cruellement[13].

## ⟨Abrégé⟩ du livre 80[1]

[1]Le sénat accorda le droit de cité aux peuples italiens[2]. [2]Les Samnites, qui étaient les seuls à reprendre les armes, se joignirent à Cinna et à Marius. [3]Le légat Plautius fut massacré par eux avec son armée[3]. [4]Cinna et Marius, ainsi que Carbon et Sertorius, attaquèrent le Janicule et, mis en fuite par le consul Octavius, battirent en retraite[4]. [5]Marius prit d'assaut les colonies d'Antium, d'Aricie et de Lanuvium[5]. [6]Comme les *optimates* n'avaient aucun espoir de pouvoir résister, en raison de l'inertie et de la perfidie et des chefs[6] et des soldats qui, par suite de la corruption, ou bien ne voulaient pas se battre ou bien passaient[7] dans le camp opposé, Cinna et Marius furent reçus dans la Ville ;

duo fratres, alter ex Pompei exercitu, alter ex Cinnae, ignorantes concurrerunt, et cum uictor spoliaret occisum, agnito fratre ingenti lamentatione edita, rogo ei extructo, ipse se supra rogum transfodit et eodem igne consumptus est. [3]Et cum opprimi inter initia potuisset, Cn. Pompei fraude, qui utramque partem fouendo uires Cinnae dedit nec nisi profligatis optimatium rebus auxilium tulit, et consulis segnitia confirmati Cinna et Marius quattuor exercitibus, ex quibus duo Q. Sertorio et Carboni dati sunt, urbem circumsederunt. [4]Ostiam coloniam Marius expugnauit et crudeliter diripuit.

## Ex libro LXXX

[1]Italicis populis a senatu ciuitas data est. Samnites, qui soli arma recipiebant, Cinnae et Mario se coniunxerunt. [3]Ab his Plautius legatus cum exercitu caesus est. [4]Cinna et Marius cum Carbone et Sertorio Ianiculum oppugnauerunt et fugati ab Octauio consule recesserunt. [5]Marius Antium et Ariciam et Lanuuium colonias expugnauit. [6]Cum spes nulla esset optimatibus resistendi propter segnitiam et perfidiam et ducum et militum, qui corrupti aut pugnare nolebant, aut in diuersas partes transiebant, Cinna et Marius in urbem recepti sunt; qui uelut

**2** mortuum (*pro* occisum) *ante* spoliaret ν ‖ se *post* rogum ν *om. Q* ‖ **3** optimatium : -tum *D Guelf Q*ζμ ‖ tulit *K Leid. 19* ηνχ : *om.* ρτ tuiti *rell.* ‖ et (consulis) *om.* τ ‖ segnitia : -ae ηνχ ‖ et (*ante* carboni) *om. Q*γμσ ‖ **4** marius *K*ν : *om. rell.*

LXXX *de inscript., cf.* p. cxvi ‖ **3** cum *post* plautius *add. P* ‖ legatus *N*π : *om. rell.* ‖ **4** oppugnauerunt : exp- *D Guelf* εζ occupa- *Q*μνσ ‖ **5** antium *Leid. 19* ηνχ : *om. K*θ antiam *rell.* ‖ quidem *post* antium *add.* ηνχ ‖ et (*ante* ariciam) *om. K*θ ‖ lanuuium *KNP* : lauinium *rell.* ‖ expugnauit : deuasta- ν ‖ **6** spes nulla : n. omnino spes ηνχ n. s. *rell.* ‖ et (*ante* ducum) *om. D Guelf* ζ ‖ sunt *post* corrupti *add. Q*μσ ‖ in diuersas : ad d. ν ‖ transiebant *N*ζπ : trahebant *E*ρτ transibant *rell.* ‖ urbem : -e *K*θν.

comme s'ils l'avaient prise de force, ils la dévastèrent en y répandant massacres et rapines, tuèrent le consul Cn. Octavius[8] et massacrèrent tous les nobles du parti adverse, parmi lesquels M. Antonius, l'homme le plus éloquent qui soit[9] et C. et L. César[10], dont les têtes furent placées sur les rostres. [7]Crassus le fils fut tué par les cavaliers de Fimbria[11] ; Crassus le père, pour ne pas subir un traitement indigne de sa valeur, se perça de son épée[12]. [8]Et sans faire appel aux moindres comices, ils se proclamèrent eux-mêmes consuls pour l'année suivante. [9]En outre, le même jour que celui de leur entrée en charge[13], Marius fit jeter du haut de la roche tarpéienne le sénateur S. Licinius[14] et, après avoir commis un très grand nombre de crimes, mourut aux ides de janvier[15] ; de cet homme, si l'on compare ses vertus et ses vices, il n'est pas facile de dire si l'excellence de ses qualités dans la guerre l'emporta ou non sur la nocivité de sa conduite dans la paix. [10]Tant il est vrai que cette république qu'il sauva comme homme de guerre, il la bouleversa, au début, comme civil, par toutes sortes de crimes, vers la fin, en ennemi, par les armes[16].

## ⟨Abrégé⟩ du livre 81[1]

[1]L. Sylla assiégeant Athènes qu'Archélaüs, préfet de Mithridate, avait occupée et... d'enlever d'assaut avec beaucoup de peine...[2], il rendit à la ville sa liberté et ce qu'elle avait possédé[3]. [2]Magnésie, la seule cité d'Asie à être demeurée fidèle[4], fut défendue contre Mithridate avec beaucoup d'énergie. [3]⟨Le livre⟩ contient en outre le récit des incursions des Thraces en Macédoine[5].

captam eam caedibus ac rapinis uastauerunt, Cn. Octauio cos. occiso et omnibus aduersae partis nobilibus trucidatis, inter quos M. Antonio, eloquentissimo uiro, et C. L.⟨que⟩ Caesare, quorum capita in rostris posita sunt. [7]Crassus filius ab equitibus Fimbriae occisus, pater Crassus, ne quid indignum uirtute sua pateretur, gladio se transfixit. [8]Et citra ulla comitia consules in sequentem annum se ipsos renuntiauerunt. [9]Eodemque die quo magistratum inierant, Marius S. Licinium senatorem de saxo deici iussit, editisque plurimis sceleribus idibus Ianuar. decessit, uir, cuius si examinentur cum uirtutibus uitia, haud facile sit dictu utrum bello melior an pace perniciosior fuerit. [10]Adeo quam rem p. armatus seruauit, eam primo togatus omni genere fraudis, postremo armis hostiliter euertit.

## Ex libro LXXXI

[1]L. Sylla Athenas, quas Archelaus, praefectus Mithridatis, occupauerat, circumsedente et cum magno labore expugnare... urbi libertatem et, quae habuerat, reddidit. [2]Magnesia, quae sola in Asia ciuitas in fide manserat, summa uirtute aduersus Mithridaten defensa est. [3]Praeterea excursiones Thracum in Macedoniam continet.

**6** occiso *om. D Guelf* ζ || omnibus : -nia *N* -ni *P* || -que *add. Hertzius* (c. et l. *Sigonius*) et *Drakenborchius*) || rostris : -ra *N* || sunt *om. Q*νσ || **7** occisus : interemptus ν || **8** ulla : nulla *E*ρτ illa ν || **9** plurimis : -ibus *Ry* μρ multis ηνχ || dictu : doc- ν || fuerit : fuit λρτ || **10** hostiliter *om.* ν.

LXXXI *de inscript., cf.* p. CXVI || **1** l. : *om. D*ζσ t. *Guelf* || circumsedente : -sedit *Q*ησ || magno : maximo ηνχ || expugnare *Leid. 19 NP Ry* ε : -gnauit *Q*ημνσχ -gnat(a)e ζσ -gnante *rell.* (oppugnante *E*) || *lacunam post* expugnare *indic. Rossbachius* || ciuibus (-libus η) *ante* quae *add. Q*ηνσ || habuerat : -rant ηινσ habebat *Leid. 19* || reddidit : reddit *P*μ || **3** § *3 om.* ε || excursiones *N* : transitus *E*ιλρτ *om. rell.* || gesta *post* thracum *add. D Guelf* ζ *post* macedoniam σχ *post* continet *KQ*γθ || macedoniam : -nia *D Guelf Leid. 19 Q*ημνχ.

## ⟨Abrégé⟩ du livre 82[1]

[1]Sylla vainquit sur le champ de bataille les troupes du roi qui, après avoir occupé la Macédoine, étaient venues en Thessalie : il tua 100 000 hommes et prit aussi leur camp d'assaut[2]. [2]La guerre ayant ensuite repris, il mit à nouveau en déroute l'armée du roi et la détruisit[3]. [3]Archélaüs se rendit à Sylla avec la flotte royale[4]. [4]Le consul Valérius Flaccus, collègue de Cinna qui, envoyé pour prendre la succession de Sylla, s'était rendu odieux à son armée en raison de sa cupidité, fut tué par C. Fimbria, légat du même général, un homme d'une extrême audace, et le commandement fut transféré à Fimbria[5]. [5]Sont rapportés en outre la prise d'assaut des villes d'Asie et le cruel pillage de la province[6], ainsi que les incursions des Thraces en Macédoine[7].

## ⟨Abrégé⟩ du livre 83[1]

[1]Fl.[2] Fimbria, après avoir, en Asie, combattu et mis en déroute plusieurs préfets de Mithridate, s'empara de la ville de Pergame, et faillit faire prisonnier le roi qu'il assiégeait[3]. [2]Il prit d'assaut la ville d'Ilion qui se réservait au pouvoir de Sylla, la détruisit et réoccupa une grande partie de l'Asie[4]. [3]Sylla tailla les Thraces en pièces en plusieurs combats[5]. [4]Comme L. Cinna et Cn. Papirius Carbon, qui s'étaient eux-mêmes nommés consuls pour deux ans[6], préparaient la guerre contre Sylla, on dut à l'action de L. Valérius Flaccus, prince du sénat[7], qui prononça un discours au sénat, et de ceux qui travaillaient à la concorde, l'envoi d'ambassadeurs à Sylla pour discuter de la paix[8]. [5]Cinna fut

## Ex libro LXXXII

[1]Sylla copias regis, quae Macedonia occupata in Thessaliam uenerant, proelio uicit, caesis hostium c̄ et castris quoque expugnatis. [2]Renouato deinde bello iterum exercitum regis fudit ac deleuit. [3]Archelaus cum classe regia Syllae se tradidit. [4]L. Valerius Flaccus cos., collega Cinnae, missus ut Syllae succederet, propter auaritiam inuisus exercitui suo a C. Fimbria, legato ipsius, ultimae audaciae homine, occisus est et imperium ad Fimbriam translatum. [5]Praeterea expugnatae in Asia urbes a Mithridate et crudeliter direpta prouincia, incursiones Thracum in Macedoniam referuntur.

## Ex libro LXXXIII

[1]Fl. Fimbria in Asia fusis proelio aliquot praefectis Mithridatis urbem Pergamum cepit obsessumque regem non multum afuit quin caperet. [2]Vrbem Ilium, quae se potestati Syllae reseruabat, expugnauit ac deleuit et magnam partem Asiae recepit. [3]Sylla compluribus proeliis Thracas cecidit. [4]Cum L. Cinna et Cn. Papirius Carbo, a se ipsis coss. per biennium creati, bellum contra Syllam praepararent, effectum est per L. Valerium Flaccum, principem senatus, qui orationem in senatu habuit, et per eos qui concordiae studebant, ut legati ad Syllam de pace mitterentur. [5]Cinna ab exercitu suo, quem inuitum co-

LXXXII *de inscript.*, *cf.* p. CXVI || **1** et *om.* ν || **2** regis : eius ν || **4** l. ualerius — succederet *om. D* || **5** incursiones : -que *add.* ν || macedoniam : -nia *DE*ντ.

LXXXIII *de inscript.*, *cf.* p. CXVI || **1** fl. : l. *DE Guelf* γνρ fuluius *Q*μσ *om.* ζλτ || praefectis : copiis ν || multum afuit : a. m. ν || **3** compluribus : cum pluribus *NP* enim pluribus *D Guelf* multis ν || **4** praepararent : pa- *Q*νσ -parent *Guelf* || quidem *post* effectum *add.* ν.

tué par ses soldats qu'il voulait faire embarquer contre leur gré et emmener contre Sylla[9]. [6]Carbon géra seul le consulat. [7]Comme Sylla était passé en Asie, il fit la paix avec Mithridate à condition que celui-ci se retirât des provinces suivantes : Asie, Bithynie et Cappadoce[10]. [8]Fimbria, abandonné par son armée qui était passée à Sylla, se frappa lui-même de son épée et obtint de son esclave, en lui tendant la nuque, qu'il le tuât[11].

## ⟨Abrégé⟩ du livre 84[1]

[1]Sylla répondit aux envoyés du sénat qu'il s'en remettrait à l'autorité du sénat si les citoyens qui, chassés par Cinna, s'étaient réfugiés auprès de lui, étaient rétablis dans leurs droits[2]. [2]Bien que cette condition parût juste au sénat, Carbon et sa faction, qui considéraient la guerre comme plus utile, réussirent à empêcher un accord. [3]Le même Carbon, voulant exiger des otages de toutes les villes et colonies d'Italie[3], afin de s'assurer par la contrainte de leur loyauté à son égard contre Sylla, en fut empêché par la volonté unanime du sénat. [4]Un sénatus-consulte accorda le droit de suffrage aux nouveaux citoyens[4]. [5]Comme Q. Métellus Pius, qui avait embrassé la cause des *optimates*, fomentait une guerre en Afrique, il fut repoussé par le préteur C. Fabius[5] et la faction de Carbon et des partisans de Marius fit voter un sénatus-consulte ordonnant le licenciement en tous endroits de toutes les armées[6]. [6]Les affranchis furent répartis dans les 35 tribus[7]. [7]⟨Le livre⟩ contient en outre la description des préparatifs faits pour la guerre qu'on était en train de susciter contre Sylla.

## ⟨Abrégé⟩ du livre 85[1]

[1]Sylla passa en Italie avec son armée[2]; comme il

gebat naues conscendere et aduersus Syllam proficisci, interfectus est. [6]Consulatum Carbo solus gessit. [7]Sylla cum in Asiam traiecisset, pacem cum Mithridate fecit ita ut his cederet prouinciis : Asia, Bithynia, Cappadocia. [8]Fimbria desertus ab exercitu qui ad Syllam transierat, ipse se percussit impetrauitque de seruo suo, praebens ceruicem, ut se occideret.

## Ex libro LXXXIV

[1]Sylla legatis, qui a senatu missi erant, futurum se in potestate senatus respondit, si ciues, qui pulsi a Cinna ad se confugerant, restituerentur. [2]Quae condicio cum iusta senatui uideretur, per Carbonem factionemque eius, cui bellum uidebatur utilius, ne conueniret effectum est. [3]Idem Carbo cum ab omnibus Italiae oppidis coloniisque obsides exigere uellet, ut fidem eorum contra Syllam obligaret, consensu senatus prohibitus est. [4]Nouis ciuibus S. C. suffragium datum est. [5]Q. Metellus Pius, qui partes optimatium secutus erat, cum in Africa bellum moliretur, a C. Fabio praetore pulsus est, senatusque consultum per factionem Carbonis et Marianarum partium factum est, ut omnes ubique exercitus dimitterentur. [6]Libertini in quinque et xxx tribus distributi sunt. [7]Praeterea belli apparatum, quod contra Syllam excitabatur, continet.

## Ex libro LXXXV

[1]Sylla in Italiam cum exercitu traiecit, missisque

**5** interfectus : -emptus ν || **7** asiam : -a ζμ || his : is *D*γεζτ idem *Q*μσ || **8** de seruo suo : a seruo *Q*μνσ || se occideret : eum omnino interficeret ν.

LXXXIV *de inscript.*, *cf.* p. CXVI || **1** potestate : -tem *E*ν || pulsi a cinna : a c. p. ν || **3** omnibus italiae oppidis : i. op. o. *E Leid. 19* ιτ || italiae oppidis *N* : o. i. *rell.* (*praeter E Leid. 19* ιτ) || oppidis *om.* ρ || coloniisque *om.* ηνχ || est *om.* ν || **4** § *4 om. Guelf* || est *om.* *Q*σ || **5** erat : fuerat λρτ || **7** quod (q. plurimum ν) *post* syllam *Q*μνσ.

LXXXV *de inscript.* (*inscript. om.* ρ), *cf. p.* CXVI.

avait envoyé des mandataires pour traiter de la paix et que ceux-ci avaient été maltraités par le consul C. Norbanus, il livra bataille au même Norbanus et le vainquit[3]. [2]Comme il était en outre sur le point d'attaquer le camp de L. Scipion, le second consul[4], avec qui il avait essayé par tous les moyens de faire la paix sans l'avoir pu[5], toute l'armée du consul, sous la pression des soldats envoyés par Sylla[6], passa avec ses drapeaux du côté de Sylla[7]. [3]Scipion, que l'on aurait pu mettre à mort, fut relâché[8]. [4]Cn. Pompée, fils de Cn. Pompée[9] qui avait pris Asculum, était venu avec trois légions, après avoir levé une armée de volontaires[10], rejoindre Sylla, vers qui toute la noblesse se portait, de sorte qu'on abandonnait la Ville pour rejoindre son camp. [5]Sont racontées en outre les campagnes menées dans toute l'Italie par les chefs des deux partis[11].

## ⟨Abrégé⟩ du livre 86[1]

[1]Alors que C. Marius, fils de C. Marius, avait été par la violence élu consul avant l'âge de 20 ans[2] — en Afrique, C. Fabius fut brûlé vif dans son prétoire à cause de sa cruauté et de sa cupidité[3]. [2]L. Philippus[4], légat de Sylla, occupa la Sardaigne après avoir repoussé et tué le préteur Q. Antonius[5]. [3]Sylla conclut un traité avec les peuples d'Italie pour éviter qu'ils ne redoutassent en lui celui qui leur enlèverait les droits de cité et de suffrage récemment accordés[6]. [4]De même, dans la certitude où il était désormais d'obtenir la victoire, il ordonna aux plaideurs qui venaient le trouver de déposer à Rome leurs engagements à comparaître, alors que la Ville était encore occupée par le parti adverse[7].

legatis, qui de pace agerent, et ab cos. C. Norbano uiolatis eumdem Norbanum proelio uicit. [2]Et cum L. Scipionis, alterius cos., cum quo per omnia id egerat ut pacem iungeret nec potuerat, castra oppugnaturus esset, uniuersus exercitus consulis, sollicitatus per emissos a Sylla milites, signa ad Syllam transtulit. [3]Scipio cum occidi posset, dimissus est. [4]Cn. Pompeius, Cn. Pompei eius qui Asculum ceperat filius, conscripto uoluntariorum exercitu cum tribus legionibus ad Syllam uenerat, ad quem se nobilitas omnis conferebat, ita ut deserta urbe ad castra ueniretur. [5]Praeterea expeditiones per totam Italiam utriusque partis ducum referuntur.

## Ex libro LXXXVI

[1]Cum C. Marius, C. Mari filius, cos. ante annos xx per uim creatus esset, C. Fabius in Africa propter crudelitatem et auaritiam suam in praetorio suo uiuus exustus est. [2]L. Philippus, legatus Syllae, Sardiniam Q. Antonio praetore pulso et occiso occupauit. [3]Sylla cum Italicis populis, ne timeretur ab his uelut erepturus ciuitatem et suffragii ius nuper datum, foedus percussit. [4]Itemque ex fiducia iam certae uictoriae litigatores a quibus adibatur uadimonia Romam deferre iussit, cum a parte diuersa

**1** et *om.* *Q*μσ || c. : cn. *DEKNP*γθτ et c. χ cn. carbone et c. η || **2** ut *Q*μνσ : *om. rell.* || iungeret *KQ*μρσ : *om. rell.* || **3** occidi : interimi ν || **4** cn. (*ante* pompei) *om. Leid. 19* || cn. pompei eius : *om.* θ e. p. filius *Leid. 19* || filius : scriptus *NP Ry* γεθπ *ante* eius *DE Guelf* ζηιλμνρστ *om. Q* || scriptus *ante* conscripto *add. Guelf* ιλρτ || conscripto : scripto *Leid. 19* c. quidem ηνχ || se : ad se (et *ante* conferebat) *D Guelf* ζ || nobilitas omnis : o. n. *D Guelf* ζ || **5** totam : uniuersam ν || per totam italiam *post* ducum *D Guelf* || utriusque pertis *ante* per totam εζ.

LXXXVI *de inscript.*, *cf.* p. CXVI || **1** annos xx : xx a. *E*λρτ || africa : -cam *Guelf Q*ζν || suam *om.* ν || **3** ciuitatem *Guelf Leid. 19 Q Ry* γηλνσ : -tes *rell.* || **4** adibatur uadimonia *om. Q qui hic 88, 3-6 inserit* || adibatur : adhibebatur *D*λνρτ adhibebantur *Guelf* μσ.

[5]Après avoir, conformément à la volonté du consul C. Marius, réuni le sénat, le préteur L. Damasippus[8] fit massacrer tous les nobles qui se trouvaient dans la Ville. [6]Du nombre était le grand pontife Q. Mucius Scaevola qui fut tué au cours de sa fuite, dans le vestibule du temple de Vesta[9]. [7]⟨Le livre⟩ contient en outre le récit de la guerre que L. Muréna avait recommencée en Asie contre Mithridate[10].

## ⟨Abrégé⟩ du livre 87[1]

[1]Sylla, ayant mis en déroute et détruit, à Sacriport[2], l'armée de C. Marius, assiégea celui-ci dans la ville de Préneste et reprit Rome des mains de ses ennemis[3]. [2]Il repoussa Marius qui tentait de faire une sortie[4]. [3]⟨Le livre⟩ contient en outre le récit des opérations menées par ses légats, avec, partout, la même fortune pour son parti[5].

## ⟨Abrégé⟩ du livre 88[1]

[1]Sylla chassa Carbon d'Italie, après avoir massacré son armée à Clusium, à Faventia et à Fidentia[2], mit, près de Rome, devant la porte Colline[3], un terme à la guerre contre les Samnites qui, le seul des peuples italiens, n'avaient pas encore déposé les armes et, après avoir repris possession de l'État, souilla la plus belle des victoires par une cruauté dont aucun homme ne donna

urbs adhuc teneretur. [5]L. Damasi*pp*us praetor ex uoluntate C. Mari cos. cum senatum contraxisset, omnem quae in urbe erat nobilitatem trucidauit. [6]Ex cuius numero Q. Mucius Scaeuola pont. max. fugiens in uestibulo aedis Vestae occisus est. [7]Praeterea bellum a L. Murena aduersus Mithridaten in Asia renouatum continet.

## Ex libro LXXXVII

[1]Sylla C. Marium, exercitu eius fuso deletoque ad Sacriportum, in oppido Praeneste obsedit, urbem Romam ex inimicorum manibus recepit. [2]Marium erumpere temptantem reppulit. [3]Praeterea res a legatis eius eadem ubique fortuna partium gestas continet.

## Ex libro LXXXVIII

[1]Sylla Carbonem, eius exercitu ad Clusium ad Fauentiam Fidentiamque caeso, Italia expulit, cum Samnitibus, qui soli ex Italicis populis nondum arma posuerant, iuxta urbem Romanam ante portam Collinam debellauit, reciperataque re p. pulcherrimam uictoriam crudelitate quanta in nullo hominum fuit,

5 l. damasippus — uoluntate *om. D* || damasippus *Frobenius* : -sicius *uel* -scius *codd.* || erat *ante* in urbe *D Guelf* εζ || 7 in asia *om. Q*μρτ || renouatum : -euocatum *P om. Guelf.*

LXXXVII *de inscript., cf.* p. CXVI || 3 fortuna : -nam *NP* || gestas *EKQ* ηιλχ : *om. Leid. 19* gesta *rell.*

LXXXVIII *de inscript., cf.* p. CXVI || 1 cum *ante* eius *add. Guelf* || eius *Guelf* π (*post* exercitu *Leid. 19 Q*ημνσχ) : cuius λ ad ζ cum *rell.* || fuso *ante* ad clusium *add. Leid. 19 Q* || fidentiamque : fidenamque *E*ρτ || soli *om. K* || soli ex italicis populis : s. italicorum populorum ν || romanam : romam *E*ρτ || portam *om. Q Ry* μσ || portam collinam : c. p. *E*γλρτ || reciperataque : reparataque π || hominum : -ne *E*λρτ -ne unquam ν.

l'exemple. [2]Il fit massacrer dans la Villa publique 8 000 hommes qui s'étaient rendus[4], établit une liste de proscriptions, remplit de meurtres la Ville et toute l'Italie[5] ; entre autres exemples, il ordonna de tuer tous les Prénestins qui étaient sans armes et fit mourir Marius, un homme de rang sénatorial, après lui avoir fait briser les jambes et les bras, couper les oreilles et crever les yeux[6]. [3]Comme C. Marius, assiégé dans Préneste[7] par Lucrétius Ofella, un homme du parti de Sylla, tentait de s'échapper par un souterrain cerné par l'armée, il se donna la mort. [4]Comme il s'apercevait, en effet, dans le souterrain même, qu'il ne pouvait s'échapper, lui et Télésinus, qui l'accompagnait dans sa fuite, se jetèrent mutuellement sur l'épée que chacun d'eux avait tirée ; quand il eut tué ce dernier et que lui-même fut blessé, il obtint d'un esclave qu'il le tuât[8].

## ⟨Abrégé⟩ du livre 89[1]

[1]M. Brutus, envoyé par Cn. Papirius Carbon de Cossyra, où ils avaient abordé, pour aller, sur un bateau de pêche, à Lilybée, vérifier si Pompée s'y trouvait déjà, fut encerclé par les navires que Pompée avait envoyés : il tourna vers lui la pointe de son épée et, adossé à un banc de rameurs, s'appuya sur elle de tout le poids de son corps[2]. [2]Cn. Pompée envoyé en Sicile par le sénat avec l'*imperium* prit et fit périr Cn. Carbon qui subit la mort en pleurant comme une femme[3]. [3]Créé dictateur, Sylla s'avança en public (ce que per-

inquinauit. [2]$\overline{\text{VIII}}$ dediticiorum in uilla publica trucidauit, tabulam proscriptionis posuit, urbem ac totam Italiam caedibus repleuit inter quas omnes Praenestinos inermes concidi iussit, Marium, senatorii ordinis uirum, cruribus bracchiisque fractis, auribus praesectis et oculis effossis necauit. [3]C. Marius Praeneste obsessus a Lucretio *O*fella, Syllanarum partium uiro, cum per cuniculum captaret euadere saeptum exercitu, mortem consciuit. [4]Id est, in ipso cuniculo, cum sentiret se euadere non posse, cum Telesino, fugae comite, stricto utrimque gladio concurrit; quem cum occidisset, ipse saucius impetrauit a seruo ut se occideret.

## Ex libro LXXXIX

[1]M. Brutus a Cn. Papirio Carbone Co*ss*yra, *qu*a*m adpulerant, missus naue piscatoria Lilybaeum, ut exploraret an ibi iam Pompeius esset et circumuentus nauibus quas Pompeius miserat, in se mucrone uerso ad transtrum nauis obnixus corporis pondere incubuit. [2]Cn. Pompeius in Siciliam cum imperio a senatu missus Cn. Carbonem, qui flens muliebriter mortem tulit, captum occidit. [3]Sylla dictator factus,

2 dediticiorum : -ditorum *E*γλτ -ditiorum μνρσ -ditionum *Guelf* ‖ uilla : uia *D*ζμνσ ‖ ac totam : et uniuersam ν ‖ concidi : interimi ν occidi γμσ ‖ oculis effossis : defossis o- ν ‖ 3 ofella *Sigonius* : af- *codd.* ‖ captaret : temptar- *DEK*ρσ ‖ saeptum : -tus *Guelf Leid. 19* *Q*γηλμνσχ ‖ ab *ante* exercitu *add.* ηχ ‖ sibi *ante* consciuit *add.* *D*ζηνχ ‖ 4 id est — occideret *secl. Iahnius* ‖ id est *om.* *D*ηλν ‖ id est in *om.* χ ‖ non : minimum ν ‖ pontio *ante* telesino *add.* ν pompeio *ibid. add.* μ portio *add.* σ ‖ ipse *om.* ν ‖ ipse saucius : s- i- *Q Ry* γμσ ‖ impetrauit *post* a seruo ν.

LXXXIX *de inscript., cf.* p. CXVI ‖ 1 a *D Guelf K Leid. 19* *Q*ημσχ : cum λ *om. rell.* ‖ cossyra quam *Rossbachius* : qui corci(y)ram *K Leid. 19* *Q*γηλμνρστχ quem corci(y)ram *rell.* ‖ adpulerant : -rat *DEKQ*γημνσχ ‖ iam *N*π : *om. rell.* ‖ et *om. D Guelf Leid. 19* ζ ‖ a *ante* nauibus *add.* *KQ*μνσχ ‖ 2 cum imperio a senatu : a s. c. i. *P.*

sonne n'avait jamais fait) avec 24 faisceaux[4]. [4]Grâce à des lois nouvelles, il renforça l'état de la république, diminua le pouvoir des tribuns de la plèbe et leur enleva tout droit d'initiative en matière de lois[5], augmenta le nombre des membres du collège des pontifes et des augures en le portant à 15, prit des membres de l'ordre équestre pour compléter le sénat, enleva aux enfants des proscrits le droit de briguer les honneurs et vendit leurs biens[6], desquels il commença par ravir la plus grande partie[7]. [5]On en retira 350 millions de sesterces[8]. [6]Il fit tuer sur le forum Q. Lucrétius Ofella qui avait osé briguer le consulat contre sa volonté et, le peuple romain s'indignant de ce meurtre, il convoqua une assemblée pour dire que c'était lui qui l'avait ordonné[9]. [7]Cn. Pompée vainquit et tua, en Afrique, le proscrit Cn. Domitius et Hierta, roi de Numidie, qui fomentaient une guerre et, ce qui n'était jamais arrivé à personne, à l'âge de 24 ans et alors qu'il n'était encore que chevalier romain, il célébra un triomphe sur l'Afrique[10]. [8]C. Norbanus, ancien consul proscrit, ayant été capturé dans la ville de Rhodes, se donna la mort[11]. [9]Mutilus, un des proscrits, s'étant rendu en cachette, la tête couverte, à la porte de derrière de la maison de sa femme, Bastia, n'y fut pas admis, parce que, dit-elle, il était proscrit. [10]C'est pourquoi il se perça de son épée et arrosa de son sang la porte de sa femme[12]. [11]Sylla reprit Nôle dans le Samnium[13]. [12]Il conduisit les soldats de 47 légions sur les terres qu'il avait prises et les répartit entre eux[14]. [13]Il reçut la reddition de Volaterra, ville qui était

quod nemo umquam fecerat, cum fascibus XXIIII processit. [4]*Legi*bus nouis rei pub. statum confirmauit, tribunorum pleb. potestatem minuit et omne ius legum ferendarum ademit, pontificum augurumque collegium ampliauit ut essent XV, senatum ex equestri ordine suppleuit, proscriptorum liberis ius petendorum honorum eripuit et bona eorum uendidit, ex quibus plurima primo rapuit. [5]Redactum est sestertium ter milies quingenties. [6]*Q.* Lucretium *O*fellam aduersus uoluntatem suam consulatum petere ausum iussit occidi in foro, et cum hoc indigne ferret populus R., contione aduocata se iussisse dixit. [7]Cn. Pompeius in Africa Cn. Domitium proscriptum et Hiertam, regem Numidiae, bellum molientes uictos occidit et quattuor et XX annos natus, adhuc eques R., quod nulli contigerat, ex Africa triumphauit. [8]C. Norbanus consularis proscriptus in urbe Rhodo cum comprehenderetur, ipse se occidit. [9]Mutilus, unus ex proscriptis, clam capite adoperto ad posticias aedes Bastiae uxoris cum accessisset, admissus non est quia illum proscriptum diceret. [10]Itaque ipse se transfodit et sanguine suo fores uxoris respersit. [11]Sylla Nolam in Samnio recepit. [12]XLVII legiones in agros captos deduxit et eos his diuisit. [13]Volaterras, quod oppidum adhuc in armis

**3** quidem *post* nemo *add.* η ‖ **4** legibus *Gronovius* : rebusque (-quae) ηνχ rebus *rell.* ‖ plurima : primo ηνχ ‖ primo *D Guelf KQ*$\gamma^1$σ : multa ηνχ prima *rell.* priua *Rossbachius forsitan recte, secl. Iahnius* ‖ **5** quingenties q. *Sigonius* : quingentiis *codd.* ‖ **6** ofellam *Sigonius* : af- *codd.* ‖ consulatum *ante* aduersus *Q*ημνσχ ‖ aduersus : contra ηνχ ‖ occidi : interimi ν ‖ hoc *om. K*λ ‖ aduocata : uoc- ν ‖ **7** hiertam *N*π : hierit(c)am *rell.* ‖ numidiae : -darum ηνχ ‖ occidit : interemit ν ‖ adhuc *iterum post* eques *N ibid. add.* adhunc $P^1$ et adhuc $P^2$ ‖ quod quidem (quodque ν) *ante* nulli ηνχ ‖ **8** c. : cn. *DEKNP*γθνρστ ‖ ipse — mutilus : se ipse interemit metellus ν ‖ **9** unus ex proscriptis : ex p. u. ν ‖ posticias : -cum μνσ -ces $D^1$ (-cia *D*) ‖ aedes : -dis ντ ‖ bastiae : has- *Guelf* εζρτ ‖ non : minime ν ‖ **10** ipse *DN Ry* ρσ : *om. rell.* ‖ suo *om. K*θ ‖ uxoris *om. D*ημνσχ ‖ **11** sylla nolam : syllam tam *N*π ‖ **12** in $D^1$*KQ*μνσ : *om. rell.* .

encore en armes et qu'il assiégeait[15]. [14]Mytilène aussi, la seule ville d'Asie à continuer la lutte après la défaite de Mithridate, fut prise d'assaut et détruite[16].

## ⟨Abrégé⟩ du livre 90[1]

[1]Sylla mourut et le sénat lui rendit hommage en le faisant ensevelir au Champ de Mars[2]. [2]En tentant d'abroger les mesures prises par Sylla, M. Lépidus provoqua une guerre[3]. [3]Il fut chassé d'Italie par son collègue Q. Catulus et périt après avoir tenté en vain de fomenter une guerre en Sardaigne[4]. [4]M. Brutus, qui tenait la Gaule Cisalpine, fut tué par Cn. Pompée[5]. [5]Q. Sertorius, qui était proscrit, provoqua une guerre très importante en Espagne Ultérieure[6]. [6]Le proconsul L. Manlius et le légat M. Domitius livrèrent bataille et furent vaincus par le questeur Hirtuléius[7]. [7]⟨Le livre⟩ contient en outre le récit des campagnes menées par le proconsul P. Servilius contre les Ciliciens[8].

## ⟨Abrégé⟩ du livre 91[1]

[1]Alors qu'il était encore chevalier romain[2], Cn. Pompée fut envoyé avec un commandement proconsulaire contre Sertorius[3]. [2]Sertorius prit d'assaut plusieurs villes et fit passer en son pouvoir un très grand nombre de cités[4]. [3]Le proconsul Appius Claudius vainquit les Thraces au cours de plusieurs combats[5]. [4]Le proconsul

erat, obsessum in deditionem accepit. [14]Mitylenae quoque in Asia, quae sola urbs post uictum Mithridaten arma retinebat, expugnatae dirutaeque sunt.

## Ex libro XC

[1]Sylla decessit honosque ei a senatu habitus est, ut in campo Martio sepeliretur. [2]M. Lepidus cum acta Syllae temptaret rescindere, bellum excitauit. [3]A Q. Catulo collega Italia pulsus et in Sardinia frustra bellum molitus periit. [4]M. Brutus, qui cisalpinam Galliam obtinebat, a Cn. Pompeio occisus est. [5]Q. Sertorius proscriptus in ulteriore Hispania ingens bellum excitauit. [6]L. Manlius procos. et M. Domitius legatus ab Hirtuleio quaestore proelio uicti sunt. [7]Praeterea res a P. Seruilio procos. aduersus Cilicas gestas continet.

## Ex libro XCI

[1]Cn. Pompeius cum adhuc eques *R.* esset, cum imperio proconsulari aduersus Sertorium missus est. [2]Sertorius aliquot urbes expugnauit plurimasque ciuitates in potestatem suam redegit. [3]Appius Claudius procos. Thracas pluribus proeliis uicit. [4]Q. Me-

**14** mitylenae : -niae *NP*εζ ‖ retinebat : *om.* ζ -bant *D Guelf NP*εθπ ‖ dirutaeque : ruptaeque ι -ruptae *Ry* εζμ deuictaeque *D* et directae *Leid. 19.*

XC *de inscript.*, *cf.* p. CXVI ‖ **1** ei *om. E*λρτ ‖ **2** aemilius *ante* lepidus *add.* λρτ ‖ **3** est *post* pulsus *add. DEKPQ*εζλτ ‖ **4** qui *om. E*ρτ ‖ obtinebat : -net *Ry* tenebat ν ‖ **5** q. sertorii uiri bellatissimi gesta referuntur *ante* q. sertorius *add. D Guelf* εζ ‖ **6** hirtuleio : hirculegio *KPQ* γεθι he(i)rculeio *Guelf* ηνσχ ‖ **7** res *D Guelf* νπ : *post* cilicas *Q*γμνχ *om. rell.*

XCI *de inscript.*, *cf.* p. CXVI ‖ **1** eques r. *Sigonius* : quaestor *E Leid. 19* γηιλνρτχ equester *rell.* ‖ proconsulari *N*επτ : consul- *rell.* ‖ **2** potestatem suam : s. p. ζλ.

Q. Métellus tailla en pièces L. Hirtuléius, questeur de Sertorius, avec son armée[6].

## ⟨Abrégé⟩ du livre 92[1]

[1]Cn. Pompée livra à Sertorius une bataille à l'issue douteuse, une aile de chaque armée ayant eu le dessus[2]. [2]Q. Métellus livra bataille à Sertorius et Perperna et les mit en déroute avec leurs deux armées : désireux de prendre part à cette victoire, Pompée combattit avec peu de succès[3]. [3]Assiégé ensuite dans Clunia, Sertorius opéra des sorties continuelles et causa aux assiégeants des pertes non moindres que celles qu'il subissait[4]. [4]⟨Le livre⟩ contient en outre le récit des campagnes menées par le proconsul Curion[5], en Thrace, contre les Dardaniens et de beaucoup d'actes de cruauté commis contre les siens par Q. Sertorius ; ce dernier fit périr, parce qu'il les accusait du crime de trahison, un très grand nombre de ses amis et de ceux qui avaient été proscrits avec lui[6].

## ⟨Abrégé⟩ du livre 93[1]

[1]Le proconsul P. Servilius soumit les Isauriens en Cilicie et prit d'assaut plusieurs villes appartenant aux pirates[2]. [2]Nicomède, roi de Bithynie, fit du peuple romain son héritier et son royaume fut réduit en province[3]. [3]Mithridate, ayant conclu un traité avec Sertorius, déclara la guerre au peuple romain[4]. [4]Ce sont ensuite les préparatifs des armées royales, tant sur

tellus procos. L. Hirtuleium, quaestorem Sertori, cum exercitu cecidit.

## Ex libro XCII

[1]Cn. Pompeius dubio euentu cum Sertorio pugnauit, ita ut singula ex utraque parte cornua uicerint. [2]Q. Metellus Sertorium et Perpernam cum duobus exercitibus proelio fudit, cuius uictoriae partem cupiens ferre Pompeius parum prospere pugnauit. [3]Obsessus deinde Cluniae Sertorius adsiduis eruptionibus non leuiora damna obsidentibus intulit. [4]Praeterea res ab Cur*i*one procos. in Thracia gestas aduersus Dardanos et Q. Sertori multa crudelia in suos facta continet; qui plurimos ex amicis et secum proscriptis crimine proditionis insimulatos occidit.

## Ex libro XCIII

[1]P. Seruilius procos. in Cilicia Isauros domuit et aliquot urbes piratarum expugnauit. [2]Nicomedes, Bithyniae rex, populum R. fecit heredem regnumque eius in prouinciae formam redactum est. [3]Mithridates foedere cum Sertorio icto bellum populo R. intulit. [4]Apparatus dein regiarum copiarum pedes-

4 hirtuleium : hercu- λντ ‖ omnino *ante* cum *add.* ν ‖ cum — cecidit : ceciditque (occidit ζ) atque fugauit *D Guelf* ζ ‖ cecidit : occid- μσ.

XCII *de inscript., cf.* p. CXVI ‖ **1** ita *om.* *D*εζ ‖ uicerint : -rit *EQ*μ ‖ **2** q. metellus sertorium : q. sertorius metellum ν ‖ et *om.* *E*λτ ‖ perpernam : -nnam *DEKPQ Ry* ελτ ‖ **3** cluniae : calagurris ν ‖ intulit : tulit ν ‖ **4** res *N*π : *ante* procos. *Guelf post* procos. θ *ante* gestas ζηνσχ *om. rell.* ‖ ab curione *Frobenius* : a p. (ab π) cursore (-one π) *codd.* ‖ gestas : -a *E Leid. 19* γιλρτ ‖ continet et *post* gestas *add. D Guelf* ζ ‖ ex amicis — proscriptis : amicorum — proscriptorum ν ‖ occidit : interemit ν.

XCIII *de inscript., cf.* p. CXVI ‖ **2** moriens *post* rex *add.* ν ‖ **4** dein *Guelf NP Ry* ζησ : deinde *rell.*.

terre que sur mer[5] ; en outre, la Bithynie une fois occupée, le consul M. Aurélius Cotta livra combat au roi et fut vaincu à Chalcédoine ; en outre..., les campagnes de Pompée et de Métellus contre Sertorius...[6] dans tout ce qui concerne la guerre et les actions militaires, il fut à égalité... et après leur avoir fait abandonner le siège de la place de Calagurris, il les força à gagner des régions opposées, Métellus, l'Espagne Ultérieure, Pompée, la Gaule[7].

## ⟨Abrégé⟩ du livre 94[1]

[1]Le consul L. Licinius Lucullus livra à Mithridate des batailles de cavalerie couronnées de succès, mena plusieurs campagnes heureuses et empêcha la sédition des soldats qui réclamaient la bataille[2]. [2]Déjotarus, tétrarque de Gallogrèce, tailla en pièces les légats de Mithridate qui provoquaient une guerre en Phrygie[3]. [3]⟨Le livre⟩ contient en outre le récit des campagnes menées avec succès en Espagne par Cn. Pompée contre Sertorius[4].

## ⟨Abrégé⟩ du livre 95[1]

[1]Le proconsul C. Curion soumit les Dardaniens en Thrace[2]. [2]A Capoue, 74 gladiateurs s'enfuirent de l'école de Lentulus et, après avoir réuni une multitude d'esclaves et de détenus des ergastules avec, à leur tête, Crixus et Spartacus, ils provoquèrent une guerre où ils combattirent et vainquirent le légat Claudius

trium naualiumque; et occupata Bithynia M. Aurelius Cotta cos. ad Calchedona proelio a rege uictus; resque a Pompeio et Metello aduersus Sertorium... omnibus belli militiaeque artibus par fuit, ... et ab obsidione Calagurris oppidi depulsos coegerit diuersas regiones petere, Metellum ulteriorem Hispaniam, Pompeium Galliam.

## Ex libro XCIV

[1]L. Licinius Lucullus cos. aduersus Mithridaten equestribus proeliis feliciter pugnauit et aliquot expeditiones prosperas fecit poscentesque pugnam milites a seditione inhibuit. [2]Deiotarus, Gallograeciae tetrarches, praefectos Mithridatis bellum in Phrygia mouentes cecidit. [3]Praeterea res a Cn. Pompeio in Hispania contra Sertorium prospere gestas continet.

## Ex libro XCV

[1]C. Curio procos. Dardanos in Thracia domuit. [2]IIII et LXX gladiatores Capuae ex ludo Lentuli profugerunt et congregata seruitiorum ergastulorumque multitudine Crixo et Spartaco ducibus bello

**4** calchedona *Sigonius* : -nam *uel* -niam *codd.* || est *post* uictus *add. E Leid. 19 Q*ημνρσ || resque : rexque ηχ || a *ante* metello *add. EQ*μρσ || gestas continet *ante* aduersus *add. D Guelf* ζ et ut *ibid. add.* λ (*post* sertorium γ) || aduersus : uictus et ut contra ηχ || *post* sertorium *lacunam indic. Rossbachius* quibus *add. D Guelf* ζ qui *K*θμσ egerunt qui ηνχ || *post* fuit *lac. indic. Rossbachius* || et : quos *D*ζ et ut γ ut *K*θ quod σ quod et *Q*μ quia et *Leid. 19* quos etiam ν quo etiam ηχ || ab : *Ry* θμν : ad ζ *om. Leid. 19 Q* || coegerit : coegit *Q*εμνσ.

XCIV *de inscript*, *cf.* p. CXVI || **1** l. : p. *E*ρσ || licinius *om.* ντ || aliquot : -quod *NP* || aliquot expeditiones : e. a. ν || prosperas : asp- γλ || **2** tetrarches : -has *Q*μ -ha σ || praefectos *K Guelf Leid. 19* -tus *rell.* ||. cecidit : occ- *D Guelf* ζσ || **3** cn. *om. Q*νσ.

XCV *de inscript.*, *cf.* p. CXVI || **1** c. *om.* εζ || **2** IIII : CCCC γ CCCCLXII *E*ρτ || LXX *om. E*λρ || seruitiorum : -uorum *Q*μνρσ || ergastulorumque : et ergastulorum ν || crixo : -iso *uel* -isso *D Guelf K Ry* εζνσ a. crisso π.

Pulcher et le préteur P. Varénus[3]. [3]A Cyzique, le proconsul L. Lucullus détruisit par la famine et par l'épée l'armée de Mithridate, chassa de Bithynie le roi dont les forces avaient été brisées à la suite de divers désastres sur terre et naufrages sur mer, et le força à s'enfuir dans le Pont[4].

## ⟨Abrégé⟩ du livre 96[1]

[1]Le préteur Q. Arrius tailla en pièces Crixus, chef des esclaves fugitifs, avec 20 000 hommes[2]. [2]Le consul Cn. Lentulus essuya une défaite contre Spartacus[3]. [3]Le consul L. Gellius et le préteur Q. Arrius furent vaincus par le même Spartacus dans une bataille rangée[4]. [4]Sertorius fut assassiné par M. Perperna, M. Antonius et d'autres conjurés dans un banquet, la huitième année de son commandement[5] ; ce fut un grand général qui, contre deux généraux en chef, Pompée et Métellus, fut même le plus souvent vainqueur, mais qui, à la fin, se montra à la fois cruel et prodigue[6]. [5]Le commandement du parti fut transféré à Marcus[7] que Pompée vainquit, prit et fit exécuter, après avoir repris les Espagnes presque dix ans après le début de la guerre[8]. [6]Le proconsul C. Cassius et le préteur Cn. Manlius subirent des échecs en combattant contre Spartacus et cette guerre fut confiée au préteur M. Crassus[9].

excitato Claudium Pulchrum legatum et P. Varenum praetorem proelio uicerunt. [3]L. Lucullus procos. ad Cyzicum urbem exercitum Mithridatis fame ferroque deleuit, pulsumque Bithynia regem uariis belli ac naufragiorum casibus fractum coegit in Pontum profugere.

## Ex libro XCVI

[1]Q. Arrius praetor Crixum, fugitiuorum ducem, cum $\overline{\text{xx}}$ hominum cecidit. [2]Cn. Lentulus cos. male aduersus Spartacum pugnauit. [3]Ab eodem L. Gellius cos. et Q. Arrius praetor acie uicti sunt. [4]Sertorius a M. Perperna et M. Antonio et aliis coniuratis in conuiuio interfectus est octauo ducatus sui anno; magnus dux et aduersus duos imperatores, Pompeium et Metellum, uel frequentius uictor, ad ultimum et saeuus et prodigus. [5]Imperium partium ad Marcum translatum, quem Cn. Pompeius uictum captumque interfecit, ac recepit Hispanias decimo fere anno quam coeptum erat bellum. [6]C. Cassius procos. et Cn. Manlius praetor male aduersus Spartacum pugnauerunt idque bellum M. Crasso praetori mandatum est.

**2** praetorem *om.* *E*λρτ ‖ **3** a *ante* bithynia *add.* ν ‖ pontum *Leid. 19 PQ Ry* ημνσχ : portutum *N*π portum *rell.*

XCVI *de inscript.*, *cf.* p. CXVI ‖ **1** q. arrius : marcus ιλ marcius *Leid. 19* ερτ marius χ q. ualerius σ q. arius *nonnulli* ‖ crixum : -issum *Guelf KQ* ‖ **3** ab eodem ηνχ : ab eodem cos. (*om.* cos. *ante* et) *rell.* *praeter P* (a. e. lentulo cos.) ‖ gellius : gerius *Guelf* εζ gallus ι ‖ praetor *Ry* ηνχ : -ores *rell.* ‖ **4** m. perperna et et m. antonio *N* : m. a. et m. perperna *rell.* ‖ saepe par *ante* uel *add. D Guelf* ζν ‖ uel : *aut* ν ‖ et (*ante* saeuus) *om. D Ry* ν ‖ saeuus et prodigus : desertus et proditus ην ‖ **5** perper(n)nam *post* marcum *add. Guelf* ‖ interfecit : -remit ν ‖ quam *D Guelf Leid. 19* γζηχ : quo *KQ*θμσ *om. rell.* ‖ erat : est *D*εζ ‖ **6** et (*ante* cn.) *om.* *Q*μνσ ‖ praetori *om. EK.*

## ⟨Abrégé⟩ du livre 97[1]

[1]Le préteur M. Crassus[2] lutta d'abord avec succès contre la partie des fugitifs qui était composée de Gaulois et de Germains et tua 35 000 ennemis et leurs chefs Castus et Gannicus[3]. [2]Il termina ensuite la guerre contre Spartacus, 60 000 hommes ayant été tués avec lui[4]. [3]Le préteur M. Antonius mit un terme par sa mort à la guerre qu'il avait entreprise avec peu de succès contre les Crétois[5]. [4]Le proconsul M. Lucullus soumit les Thraces[6]. [5]L. Lucullus lutta avec succès dans le Pont contre Mithridate, après avoir tué plus de 60 000 ennemis[7]. [6]Devenus consuls, M. Crassus et Cn. Pompée (Pompée fut élu à la suite d'un sénatus-consulte, avant d'avoir géré la questure et alors qu'il était chevalier romain) rétablirent la puissance tribunicienne[8]. [7]En outre, le préteur M. Aurélius Cotta fit transférer le pouvoir judiciaire aux chevaliers romains[9]. [8]Mithridate fut forcé, en raison de la situation désespérée où il se trouvait, de s'enfuir près de Tigrane, roi d'Arménie[10].

## ⟨Abrégé⟩ du livre 98[1]

[1]Macharès, fils de Mithridate et roi du Bosphore, reçut de Lucullus le titre d'ami[2]. [2]Les censeurs Cn. Lentulus et L. Gellius exercèrent une censure sévère, 64 sénateurs ayant été exclus de l'assemblée[3]. [3]Après avoir procédé à la clôture du lustre, ils recensèrent 900 000 citoyens[4]. [4]Le préteur L. Métellus mena avec succès

## Ex libro XCVII

[1]M. Crassus praetor primum cum parte fugitiuorum quae ex Gallis Germanisque constabat feliciter pugnauit, caesis hostium $\overline{\text{XXXV}}$ et ducibus eorum Cas*to* et Gannico. [2]Cum Spartaco dein debellauit, caesis cum ipso $\overline{\text{LX}}$. [3]M. Antonius praetor bellum aduersus Cretenses parum prospere susceptum morte sua finiit. [4]M. Lucullus procos. Thracas subegit. [5]L. Lucullus in Ponto aduersus Mithridaten feliciter pugnauit, caesis hostium amplius quam $\overline{\text{LX}}$. [6]M. Crassus et Cn. Pompeius coss. facti (*S. C.* Pompeius, antequam quaesturam gereret, ex equite Romano) tribuniciam potestatem restituerunt. [7]Iudicia quoque per M. Aurelium Cottam praetorem ad equites Romanis translata sunt. [8]Mithridates desperatione rerum suarum coactus ad Tigranen, Armeniae regem, confugit.

## Ex libro XCVIII

[1]Machares, filius Mithridatis, Bospori rex, a L. Lucullo in amicitiam receptus est. [2]Cn. Lentulus et L. Gellius censores asperam censuram egerunt IIII et LX senatu motis. [3]A quibus lustro condito censa sunt ciuium capita $\overline{\text{DCCCC}}$. [4]L. Metellus praetor in Sicilia

XCVII *de inscript.*, *cf.* p. CXVI ‖ **1** et *ante* hostium *add.* *NP* ‖ hostium : inimicorum ηνχ hostibus μ ‖ ducibus : -uce *K*ηνπχ ‖ casto *Iahnius* : *om.* *K Leid. 19* ηνχ c(a)esis *rell.* ‖ et *om.* ηνχ ‖ **2** dein debellauit : deinde bell- *nonnulli* ‖ $\overline{\text{LX}}$ : $\overline{\text{XL}}$ *D Guelf* ζν $\overline{\text{L}}$ *E* $\overline{\text{LXX}}$ *Q*μσ ‖ **3** susceptum : gestum *EKQ Ry* γλμνρστ uel gestum *supra* susceptum *P*[2] ‖ **4** § *4 post* § *5 K* : *om.* *Ry* ‖ **6** coss. — pompeius *om.* λ ‖ sunt *post* facti *add.* ηνχ ‖ s. c. *Rossbachius* : sicut *codd.* (sed *Leid. 19*) ‖ restituerunt : -tuit *E*ρτ.

XCVIII *de inscript.*, *cf.* p. CXVI ‖ **3** lustro — condito : -um -um ν ‖ $\overline{\text{DCCCC}}$ : $\overline{\text{DCCCCL}}$ *Q*λπ $\overline{\text{CCCL}}$ ν $\overline{\text{CVIII}}$ *D*ε $\overline{\text{CVIIII}}$ ζ.

en Sicile des opérations contre les pirates[5]. [5]Le temple de Jupiter au Capitole, qui avait été détruit par un incendie et réparé, fut dédié par Q. Catulus[6]. [6]L. Lucullus mit en déroute, au cours de plusieurs combats en Arménie, Mithridate, Tigrane et d'immenses forces appartenant à l'un et à l'autre roi[7]. [7]Le proconsul Q. Métellus, à qui l'on avait confié la guerre contre les Crétois, assiégea la ville de Cydonia[8]. [8]C. Triarius, légat de Lucullus, combattit avec peu de succès contre Mithridate[9]. [9]Lucullus fut empêché de poursuivre Mithridate et Tigrane et de couronner sa victoire par une sédition de ses soldats, parce qu'ils ne voulaient pas le suivre : il s'agissait de deux légions de Valérius dont les hommes abandonnèrent Lucullus en disant qu'ils avaient accompli leur temps de service[10].

## ⟨Abrégé⟩ du livre 99[1]

[1]Le proconsul Q. Métellus prit d'assaut Cnoson, Lyctus, Cydonia et un très grand nombre d'autres villes[2]. [2]Le tribun de la plèbe L. Roscius présenta un projet de loi d'après lequel les quatorze premiers gradins au théâtre devaient être assignés aux chevaliers romains[3]. [3]Cn. Pompée ayant reçu l'ordre, conformément à un projet de loi soumis au peuple[4], de poursuivre les pirates qui avaient interrompu le commerce de l'annone, les chassa en moins de 40 jours de toute la surface de la mer ; leur ayant fait la guerre en Cilicie et ayant reçu la soumission des pirates[5], il leur donna des terres et des villes. [4]⟨Le livre⟩ contient en outre le récit des opérations menées par Q. Métellus contre les Crétois[6] ainsi que les lettres échangées par Métellus et Cn. Pompée. [5]Q. Métellus se plaint de ce que la

aduersus piratas prospere rem gessit. [5]Templum Iouis in Capitolio, quod incendio consumptum ac refectum erat, a Q. Catulo dedicatum est. [6]L. Lucullus in Armenia Mithridaten et Tigranen et ingentes utriusque regis copias pluribus proeliis fudit. [7]Q. Metellus procos. bello aduersus Cretenses mandato Cydoniam urbem obsedit. [8]C. Triarius, legatus Luculli, aduersus Mithridaten parum prospere pugnauit. [9]Lucullum, ne persequeretur Mithridaten ac Tigranen summamque uictoriae inponeret, seditio militum tenuit, quia sequi nolebant, id est *d*uae legiones Valerianae, quae impleta a se stipendia dicentes Lucullum reliquerunt.

## Ex libro XCIX

[1]Q. Metellus procos. Cnoson et Lyc*t*um et Cydoniam et alias plurimas urbes expugnauit. [2]L. Roscius trib. pl. legem tulit ut equitibus Romanis in theatro XIIII gradus proximi adsignarentur. [3]Cn. Pompeius lege ad populum lata persequi piratas iussus qui commercium annonae intercluserant intra quadragesimum diem toto mari eos expulit, belloque cum his in Cilicia confecto acceptis in deditionem piratis agros et urbes dedit. [4]Praeterea res gestas a Q. Metello aduersus Cretenses continet et epistulas Metelli et Cn. Pompei inuicem missas. [5]Que-

**5** consumptum : abs- *E*ρτ ‖ ac : erat ν ‖ erat *om.* ν ‖ **6** ingentes : immensas ν ‖ pluribus : flo- *N*π ‖ pluribus proeliis : multis certaminibus ν ‖ **7** sibi *post* bello *add.* ν ‖ **8** mithridaten — ac (§ *9*) *om.* *Q*μ ‖ **9** l. *ante* lucullum *add.* *E* λρτ ‖ persequeretur : pros- *Guelf* σ ‖ tenuit : terruit *E*ρ ‖ quia : qui ν ‖ cum *ante* nolebant *add.* *D Guelf* ζ ‖ id — reliquerunt *secl. Iahnius* ‖ id est : et ζ id *Leid. 19* τ ‖ duae *Rossbachius* : quod *D* qu(a)e *NP*εθ quia *rell.* ‖ quae *om.* *Guelf Leid. 19 Q*μ ‖ a se : esse *Leid. 19 Q*.

XCIX *de inscript.*, *cf.* p. CXVI ‖ **1** q. : l. χ ‖ lyctum *ed. Moguntina* : li(y)cium *codd.* ‖ urbes : ciuitates ν ‖ **3** persequi : pros- *Q*ν ‖ cilicia : sicilia *D Guelf Q*ζν ‖ **4** gestas *om.* ν ‖ **5** q. *Ry* π : *om.* ηνχ -que *rell.*

gloire qu'il attendait de ses actions lui soit ravie[7] par Pompée qui avait envoyé son légat en Crète pour recevoir la reddition des villes. [6]Pompée rend compte de l'obligation où il était d'agir ainsi[8].

## ⟨Abrégé⟩ du livre 100[1]

[1]Le tribun de la plèbe C. Manilius proposa, à la grande indignation de la noblesse, une loi confiant à Pompée la guerre contre Mithridate[2]. [2]... Son[3] discours fut bon. [3]Après avoir achevé la soumission des Crétois, Q. Métellus donna des lois à l'île qui jusqu'alors avait été libre[4]. [4]Parti pour faire la guerre contre Mithridate, Cn. Pompée renouvela le traité d'amitié avec Phraate, roi des Parthes[5]. [5]Il vainquit Mithridate dans une bataille de cavalerie[6]. [6]⟨Le livre⟩ contient en outre le récit de la guerre entre Phraate, roi des Parthes et Tigrane, roi des Arméniens, et de celle qui eut lieu ensuite entre Tigrane le fils et son père[7].

## ⟨Abrégé⟩ du livre 101[1]

[1]Cn. Pompée força Mithridate, vaincu dans une bataille nocturne, à s'enfuir vers le Bosphore[2]. [2]Il reçut

ritur Q. Metellus gloriam sibi rerum a se gestarum a Pompeio praeripi, qui in Cretam miserit legatum suum ad accipiendas urbium deditiones. [6]Pompeius rationem reddit hoc se facere debuisse.

## Ex libro C

[1]C. Man*i*lius tr. pl. magna indignatione nobilitatis legem tulit, ut Pompeio Mithridaticum bellum mandaretur. [2]... Contio eius bona. [3]Q. Metellus perdomitis Cretensibus liberae in id tempus insulae leges dedit. [4]Cn. Pompeius ad gerendum bellum aduersus Mithridaten profectus cum rege Parthorum, Phraate, amicitiam renouauit. [5]Equestri proelio Mithridaten uicit. [6]Praeterea bellum inter Phraaten, Parthorum regem, et Tigranen, Armeniorum, ac deinde inter filium Tigranen patremque gestum continet.

## Ex libro CI

[1]Cn. Pompeius Mithridaten nocturno proelio uictum coegit Bosporon profugere. [2]Tigranen in dedi-

**5** sibi *om. Leid. 19* ηνχ || rerum *om. D*ζ || a se *om. E*ιλρτ || sublatam *post* a pompeio *add. Leid. 19* γληνχ || praeripi *E*ιρτ : praeterii *NP* praeteriri *rell.* praeuerti *Rossbachius* || miserit : -rat *D Guelf* εζ || **6** romae *ante* rationem *add. Q*νσ || reddit : dedit *D Guelf* reddidit *E.*

C *de inscript., cf.* p. CXVI || **1** c. *Leid. 19* θνχ : gn. ε t. η *om.* σ cum *rell.* || manilius *r* : manlius *codd.* || magna indignatione : i. m. ηνχ || mithridaticum bellum : b. m. ν || *lacunam ante* contio *indicaui, suadente Rossbachio* || **3** perdomitis : dom- *Q*μν || leges : -gem *D Guelf* ζν || dedit : tulit ν || **4** phraate *Leid. 19* θ : phraarte η phraaste λ -acte σ pharaste γ pharte ρ -arde τ pharaste *E* prahate *KNP*ε praharte ν -tem χ pharnace *D Guelf* ζ pretogato *Q* || **6** phraaten : *cf.* § *4* || parthorum regem : r. p. ν || regem *post* armeniorum *Q*μν || deinde : demum ν || filium tigranen : t. f. *E*ρτ.

CI *de inscript., cf.* p. CXVI || **1** bosporon *D*[1] *Leid. 19* : bosfo- (pho-) *P*γεζθι bosf-(ph)orum *plerique.*

la reddition de Tigrane et, après lui avoir enlevé la Syrie, la Phénicie et la Cilicie, rétablit le royaume d'Arménie[3]. [3]Un complot fomenté par ceux qui avaient été condamnés pour brigue au cours de leur candidature au consulat et qui visait à assassiner les consuls, fut réprimé[4]. [4]En poursuivant Mithridate, Cn. Pompée pénétra chez des peuples lointains et inconnus. [5]Il combattit contre les Hibères et les Albains qui lui refusaient le passage et les vainquit[5]. [6]⟨Le livre⟩ contient en outre le récit de la fuite de Mithridate à travers le pays des Colchiens et des Hénioques, ainsi que des actions accomplies par lui dans le Bosphore[6].

## ⟨Abrégé⟩ du livre 102[1]

[1]Cn. Pompée réduisit le Pont en province[2]. [2]Pharnace, fils de Mithridate, déclara la guerre à son père. [3]Comme Mithridate était assiégé par lui dans son palais et que le poison qu'il avait pris n'avait pas l'efficacité suffisante pour le faire mourir, il fut tué par un soldat gaulois nommé Bitocus, à qui il avait demandé de l'aide[3]. [4]Cn. Pompée soumit les Juifs et prit leur sanctuaire, inviolé jusqu'à cette époque[4], à Jérusalem[5]. [5]L. Catilina, ayant subi deux échecs dans sa candidature au consulat, complota, avec le préteur Lentulus, Céthégus et plusieurs autres, le meurtre des consuls et des sénateurs, l'incendie de la Ville et la destruction de l'État, après avoir en outre préparé une armée en Étrurie. [6]Cette conjuration fut extirpée grâce à l'activité de M. Tullius Cicéron. [7]Une fois Catilina chassé de la Ville, on mit au supplice tous les autres conjurés[6].

tionem accepit eique ademptis Syria, Phoenice, Cilicia, regnum Armeniae restituit. [3]Coniuratio eorum qui in petitione consulatus ambitus damnati erant facta de interficiendis consulibus obpressa est. [4]Cn. Pompeius cum Mithridaten persequeretur in ultimas ignotasque gentes penetrauit. [5]Hiberos Albanosque, qui transitum non dabant, proelio uicit. [6]Praeterea fugam Mithridatis per Colchos Heni*o*chosque et res ab eo in Bosporo gestas continet.

## Ex libro CII

[1]Cn. Pompeius in prouinciae formam Pontum redegit. [2]Pharnaces, filius Mithridatis, bellum patri intulit. [3]Ab eo Mithridates obsessus in regia cum ueneno sumpto parum profecisset ad mortem, a milite Gallo, nomine Bitoco, a quo ut adiuuaret se petierat, interfectus est. [4]Cn. Pompeius Iudaeos subegit, fanum eorum Hierosolyma, inuiolatum ante id tempus, cepit. [5]L. Catilina bis repulsam in petitione consulatus passus cum Lentulo praetore et Cethego et c*o*mpluribus aliis coniurauit de caede consulum et senatus, incendiis urbis et obprimenda re p., exercitu quoque in Etruria conparato. [6]Ea coniuratio industria M. Tulli Ciceronis eruta est. [7]Catilina urbe pulso, de reliquis coniuratis supplicium sumptum est.

**2** accepit : rec- ι ‖ eique : et quae *DNPζ* atque *E Leid. 19* ειμρτ ‖ phoenice : -cia et μνσ ‖ **5** -que *om. Q*μν ‖ non : minime ν ‖ heniochosque *ed. Moguntina* : et(h)nicosque *NP*γεηλνχ et ethnicos *Leid. 19 Ry* hernicosque *Guelf KQ*θσ *alii alia.*

CII *de inscript.*, *cf.* p. cxvi ‖ **2** bellum — mithridates (§ *3*) *om.* λμ ‖ **3** et *ante* ab eo *add. D Guelf* ζ ‖ a *om. E*ε ‖ adiuuaret se : adiuuaretur ν ‖ **4** in *ante* hierosolyma *add. KQ*μνσ ‖ **5** compluribus *Iahnius* : cum pluribus *NP*π pluribus *rell.* ‖ aliis *om.* ν ‖ et *post* urbis *om.* ν ‖ **6** eruta : -upta *DQ*λμρτ exstincta *K*σ ‖ **7** supplicium sumptum : omnino sumptum s. ν.

## ⟨Abrégé⟩ du livre 103[1]

[1]Catilina et son armée furent massacrés par le proconsul C. Antonius[2]. [2]P. Clodius, accusé † d'être entré en habits de femme dans un lieu sacré où il est interdit à un homme d'entrer et d'avoir violé la femme ... du pontife Métellus, fut acquitté[3]. [3]Le préteur C. Pontinus soumit à Solo (?) les Allobroges qui s'étaient révoltés[4]. [4]P. Clodius passa à la plèbe[5]. [5]C. César réduisit les Lusitaniens[6]. [6]Ce dernier étant candidat au consulat et cherchant à prendre le pouvoir dans l'État, une entente secrète fut formée entre trois grands personnages de la cité, Cn. Pompée, M. Crassus et C. César[7]. [7]César fit voter sous son consulat des projets de loi agraire au prix d'une violente agitation et malgré le sénat et le second consul, M. Bibulus[8]. [8]Le proconsul C. Antonius conduisit en Thrace une campagne peu favorable[9]. [9]M. Cicéron fut, en vertu d'une loi que proposa P. Clodius, tribun de la plèbe, envoyé en exil pour avoir fait périr des citoyens sans jugement[10]. [10]César, étant parti dans sa province de Gaule, soumit les Helvètes, peuple nomade qui, cherchant un habitat, voulait faire route par la province de Narbonnaise qui relevait de César[11]. [11]⟨Le livre⟩ contient en outre la description des Gaules[12]. [12]Pompée célébra un triomphe sur[13]... les enfants de Mithridate et sur Tigrane, fils de Tigrane, et il fut salué par l'assemblée tout entière du nom de Magnus[14].

## Ex libro CIII

[1]Catilina a C. Antonio procos. cum exercitu caesus est. [2]P. Clodius accusatus quod in habitu mulieris in sacrarium, [in] quo uirum intrare nefas est, †cum intrasset et uxorem... Metelli pontificis stuprasset, absolutus est. [3]C. Pontinus praetor Allobrogas qui rebellauerant ad Solonem domuit. [4]P. Clodius ad plebem transiit. [5]C. Caesar Lusitanos subegit. [6]Eoque consulatus candidato et captante rem p. inuadere conspiratio inter tres ciuitatis principes facta est, Cn. Pompeium, M. Crassum, C. Caesarem. [7]Leges agrariae a Caesare cos. cum magna contentione inuito senatu et altero cos. M. Bibulo latae sunt. [8]C. Antonius procos. in Thracia parum prospere rem gessit. [9]M. Cicero lege a P. Clodio tr. pl. lata quod indemnatos ciues necauisset in exilium missus est. [10]Caesar in prouinciam Galliam profectus Heluetios, uagam gentem, domuit, quae sedem quaerens per prouinciam Caesaris Narbon<ens>em iter facere uolebat. [11]Praeterea situm Galliarum continet. [12]Pompeius de ... liberis Mithridatis <et> Tigrane, Tigranis filio, triumphauit Magnusque a tota contione consalutatus est.

CIII *de inscript.*, *cf.* p. CXVI || **2** habitu mulieris : m. l. ν || in (*ante* sacrarium) *om.* ν || in (*post* sacrarium) *secl. Gruterus* || intrare *om. P* || *crucem post* nefas est *pos. Rossbachius* || cum — absolutus est *om. Q* || cum : *om.* γλμσ cumque ν || et *om.* ην || *lacunam ante* Metelli *indicaui* || pontificis *om. K* || est *om.* ην || **3** c. : cn. *DENPι* || allobrogas : -ges *D* || **6** consulatus *om.* σ || consulatus — inuadere *om.* μ || tres *om. Ελρτ* || ciuitatis principes : p. c. *Qνσ* || et *ante* c. caesarem *add. D Guelf Q ζνσ* || **7** magna : maxima ν || **9** a p. clodio : ab appio claudio *Qμσ* || quod : quia *Qμσ* || est *Qμνσ* : *om. rell.* || **10** caesar *om. DNPεζπ* || uagam gentem *Nπ* : g. u. *rell.* || narbonensem *Gronovius* : -bonam *D Guelf ζ* -nem *rell.* || uolebat *K Leid. 19 Q Ry ηιμνπρσχ* : nol- *DE* -bant *rell.* || **12** *lacunam post* pompeius de *indic. Weissenbornius* || et *ante* tigrane *add. Gronovius* || tigrane *Ry ηι* : t. et *rell.* || consalutatus : salu- *KQμσ*.

## <Abrégé> du livre 104[1]

[1]La première partie du livre[2] contient la description de la Germanie (situation et mœurs des habitants)[3]. [2]Comme C. César conduisait son armée contre les Germains (qui, sous le commandement d'Arioviste, étaient passés en Gaule), à l'appel des Éduens et des Séquanes dont le territoire était occupé, il mit fin par une allocution à l'agitation née parmi ses soldats qui redoutaient des ennemis nouveaux et, après leur avoir livré bataille et les avoir vaincus, chassa de Gaule les Germains[4]. [3]M. Cicéron (avec l'appui...[5] de Pompée et du tribun de la plèbe T. Annius Milon parmi d'autres) fut rappelé d'exil, à l'immense joie du sénat et de l'Italie tout entière[6]. [4]La charge de l'annone fut confiée pour une période de cinq années à Cn. Pompée[7]. [5]César reçut, après leur avoir livré bataille et les avoir vaincus, la reddition des Ambiani, des Suessions, des Viruomandui et des Atrébates, peuples belges qui formaient une immense multitude, et il combattit ensuite, en courant de gros dangers, les Nerviens, qui constituaient l'une de leurs cités[8] ; il détruisit cette nation qui combattit jusqu'à ce que, de 60 000 hommes armés, 500 seulement survécussent et que, de 600 sénateurs, il en subsistât seulement trois[9]. [6]Une loi ayant été votée sur la réduction de Chypre en gouvernement provincial et la confiscation de l'argent du roi, l'exécution de cette affaire fut confiée à M. Caton[10]. [7]Ptolémée, roi d'Égypte, ayant, en raison des traitements injustes que les siens lui faisaient subir, <abandonné> son royaume, vint à Rome[11].

## Ex libro CIV

[1]Prima pars libri situm Germaniae moresque continet. [2]C. Caesar cum aduersus Germanos qui Ariouisto duce in Galliam transcenderant exercitum duceret, rogatus ab Aeduis et Sequanis, quorum ager possidebatur, trepidationem militum propter metum nouorum hostium ortam adlocutione exercitus inhibuit et uictos proelio Germanos Gallia expulit. [3]M. Cicero Pompeio inter alios †exerente et T. Annio Milone tr. pl. ingenti gaudio senatus ac totius Italiae ab exilio reductus est. [4]Cn. Pompeio per quinquennium annonae cura mandata est. [5]Caesar Ambianos, Suessionas, Viruomanduos, Atrebates, Belgarum populos, quorum ingens multitudo erat, proelio uictos in deditionem accepit, ac deinde contra Neruios, unam ex h*o*rum ciuitatibus, cum magno discrimine pugnauit eamque gentem deleuit, quae bellum gessit donec ex $\overline{\text{LX}}$ armatorum *D* superessent, ex DC senatoribus tres tantum euaderent. [6]Lege lata de redigenda in prouinciae formam Cypro et publicanda pecunia regia M. Catoni administratio eius rei mandata est. [7]Ptolemaeus, Aegypti rex, ob iniurias quas patiebatur a suis ⟨relicto⟩ regno Romam uenit.

CIV *de inscript.*, *cf.* p. CXVI || **2** aduersus : contra ν || transcenderant : desc- ηνσ || cum *ante* exercitum *add.* ν || trepidationem : -ne *DE Guelf P Ry* λρ || ortam : -ta *DE*ζιλρτ || uictos : -tor *E*λρτ || omni *post* gallia *add.* ν || **3** *crucem ante* exerente *pos. Rossbachius* : exerente *E Leid.* 19 *N P Ry* θ orante *Q*ημν orate χ hortante *K*σ exercente *rell.* (*de hoc loco desperato, u. adnot.*) || milone *om. E Leid. 19* γλρτ || totius : uniuersae ν || **5** uiruomanduos *Ry* π : uiro- *uel* uirum- *plerique* || ingens : quidem maxima ν || uictos : eu- ν || unam *KQ*μσχ : unius *rell.* || horum *ego* : harum ηνχ *om. Guelf* ex his *rell.* || ciuitatibus *KQ*μπσ : -tatum ηνχ -tate (is) *rell.* || magno : maximo ν || D *Zangemeisterus* : *om. DE Guelf* ζλρτ quinque γ CCC μνσ a (A) *rell.* || DC : XCV ν CX τ || tantum : -modo ν || **6** in *DK*ζην : *om. rell.* || formam : -ma *EP Ry* γε *om.* μσ || et *om. E*ρτ || publicanda : compli- *E*ρτ || eius : -sdem ν || **7** patiebatur : -bantur ν || relicto *ante* regro *add. Halmius* a suis *ibid. add. DEK* || regno *om. Leid. 19* γηιλτ || *post* regno *add.* pulsus *E Guelf K*ημνρσχ dimisso *add. D.*

[8]C. César vainquit, au cours d'un combat naval, les Vénètes, peuple limitrophe de l'Océan[12]. [9]⟨Le livre⟩ contient en outre le récit des opérations conduites avec le même succès par ses légats[13].

## ⟨Abrégé⟩ du livre 105[1]

[1]La tenue des comices étant empêchée par les intercessions du tribun de la plèbe C. Caton, le sénat prit des vêtements de deuil[2]. [2]M. Caton subit un échec dans sa candidature à la préture, Vatinius lui ayant été préféré[3]. [3]Comme le même Caton tentait de s'opposer au projet de loi attribuant pour cinq ans les provinces aux consuls, à Pompée, les Espagnes, à Crassus, la Syrie et la guerre des Parthes, il fut conduit en prison sur l'ordre du tribun de la plèbe C. Trébonius, l'auteur du projet de loi[4]. [4]Le proconsul A. Gabinius ramena Ptolémée dans son royaume d'Égypte, après en avoir chassé Archélaüs que les Égyptiens s'étaient donné pour roi[5]. [5]Après avoir vaincu les Germains en Gaule, César franchit le Rhin et soumit la partie de la Germanie la plus proche ; ensuite, par l'Océan, il passa en Bretagne, sans obtenir, la première fois, beaucoup de succès, en raison de l'obstacle des tempêtes, une deuxième fois, avec plus de chance, et, après avoir massacré un très grand nombre d'ennemis, il fit passer en son pouvoir une notable partie de l'île[6].

## ⟨Abrégé⟩ du livre 106[1]

[1]Julie, fille de César, femme de Pompée, mourut et le peuple lui rendit hommage en l'ensevelissant au

[8]C. Caesar Venetos, gentem Oceano iunctam, nauali proelio uicit. [9]Praeterea res a legatis eius eadem fortuna gestas continet.

## Ex libro CV

[1]Cum C. Catonis tribuni plebis intercessionibus comitia tollerentur, senatus uestem mutauit. [2]M. Cato in petitione praeturae praelato Vatinio repulsam tulit. [3]Idem cum legem impediret, qua prouinciae consulibus in quinquennium, Pompeio Hispaniae, Crasso Syria et Parthicum bellum, dabantur, a C. Trebonio tr. pl., legis auctore, in uincula ductus est. [4]A. Gabinius procos. Ptolemaeum reduxit in regnum Aegypti, eiecto Archelao, quem sibi regem adsciuerant. [5]Victis Germanis in Gallia Caes*ar* Rhenum transcendit et proximam partem Germaniae domuit, ac deinde Oceano in Britanniam primo parum prospere tempestatibus aduersis traiecit, iterum [parum] felicius, magnaque multitudine hostium caesa aliquam partem insulae in potestatem redegit.

## Ex libro CVI

[1]Iulia, Caesaris filia, Pompei uxor, decessit, honosque ei a populo habitus est, ut in campo Martio se-

**8** uenetos *ante* nauali ν ‖ scilicet *post* iunctam *add.* ν ‖ **9** res *post* fortuna *add.* *Q*μνσ ‖ eius : suis *E*λρτ.

CV *de inscript.*, *cf.* p. cxvi ‖ **1** c. : m. λμρ ‖ tribuni : tribus *N*π ‖ **3** consulibus : -lares ν ‖ hispaniae : -a ζρτ ‖ caesari gallia et germania *post* bellum *add.* ν ‖ dabantur : -batur *E*ρτ ‖ **4** a : aut *N* aur- θ aurelius *D*εζ ‖ reduxit in regnum : in r. red. ν ‖ eiecto : et *N* et e. ε re- *Q*ησχ relicto ν ‖ ad *ante* adsciuerant *add.* *N*π ‖ **5** uictis *NP*π : caesar uictis *rell.* ‖ caesar *Iahnius* : c(a)esis (cesisque *Guelf* ζ) *codd.* ‖ et *om.* *Q*μνσ ‖ primo *om.* ν ‖ iterum : -mque *Leid. 19* *Q*νσχ ‖ parum (*ante* felicius) *secl.* *Gronovius* ‖ magnaque : maximaque ηνχ ‖ multitudine — aliquam *om.* ρ ‖ multitudine hostium : hominum m. ηνχ ‖ hostium *om.* *K*θν ‖ aliquam : reli- *Q*ηνσχ.

CVI *de inscript.*, *cf.* p. cxvi.

Champ de Mars[2]. [2]Plusieurs peuples gaulois, avec, à leur tête, Ambiorix, ⟨roi⟩ des Éburons, firent défection[3]. [3]Ces derniers massacrèrent Cotta et Titurius, légats de César, qu'ils avaient encerclés en leur tendant des embuscades, avec l'armée qu'ils commandaient[4]. [4]Et comme les camps des autres légions étaient eux aussi assiégés et défendus à grand peine, et, parmi eux, celui de la légion à laquelle, chez les Trévires[5], commandait Q. Cicéron, César livra lui-même bataille aux ennemis et les mit en déroute[6]. [5]M. Crassus franchit l'Euphrate pour porter la guerre chez les Parthes; comme il avait été vaincu au cours d'une bataille dans laquelle tomba aussi son propre fils et qu'il avait regroupé sur une colline les restes de son armée, il fut invité à une entrevue, comme s'ils voulaient traiter de la paix, par les ennemis commandés par Suréna et fait prisonnier; puis comme, pour éviter de subir vivant de mauvais traitements, il opposait de la résistance, il fut tué[7].

## ⟨Abrégé⟩ du livre 107[1]

[1]Ayant vaincu les Trévires en Gaule, C. César passa à nouveau en Germanie et, n'y ayant trouvé aucun ennemi, revint en Gaule, vainquit les Éburons et les autres cités qui avaient conspiré et poursuivit Ambiorix en fuite[2]. [2]P. Clodius fut tué par T. Annius Milon, candidat au consulat, sur la Via Appia, à Bovillae, et la plèbe brûla son corps dans la curie[3]. [3]Comme des bagarres avaient lieu entre les candidats au consulat, Hypsaeus, Scipion et Milon, qui luttaient entre eux en faisant appel aux armes et à la violence, Cn. Pompée étant chargé (?) de les réprimer[4]... et il fut nommé consul pour la troisième fois par le sénat, en son absence

peliretur. [2]Gallorum aliquot populi Ambiorige duce, Eburonum ⟨rege⟩, defecerunt. [3]A quibus Cotta et Titurius, legati Caesaris, circumuenti insidiis cum exercitu cui praeerant caesi sunt. [4]Et cum aliarum quoque legionum castra oppugnata magno labore defensa essent, inter quae eius cui in Treueris praeerat Q. Cicero, ab ipso Caesare hostes proelio fusi sunt. [5]M. Crassus bellum Parthis inlaturus Euphraten flumen transiit, uictusque proelio in quo et filius eius cecidit, cum reliquias exercitus in collem recepisset, euocatus in conloquium ab hostibus uelut de pace acturis, quorum dux erat Surenas, conprehensusque et, nequid uiuus pateretur repugnans, interfectus est.

## Ex libro CVII

[1]C. Caesar Treueris in Gallia uictis iterum in Germaniam transiit, nulloque ibi hoste inuento reuersus in Galliam Eburonas et alias ciuitates, quae conspirauerant, uicit et Ambiorigem in fuga persecutus est. [2]P. Clodi a T. Annio Milone candidato consulatus Appia uia ad Bouillas occisi corpus plebs in curia cremauit. [3]Cum seditiones inter candidatos consulatus, Hypsaeum, Scipionem, Milonem essent, qui armis ac ui contendebant, ad comprimendas eas

**2** aliquot : multi ν ‖ eburonum *Ry* ηνρτχ : eburno- *plerique* ‖ rege (*post* eburonum) *add. Rossbachius* (*ante* eb- *Gronovius*) ‖ defecerunt *om. Q*σ ‖ **3** titurius *Sigonius* : t(h)igorus *KNP*θπ tigo(u)rius *D*εζ t. ueturius *E*γιλρτ t. ligarius *Leid. 19 Q*μσ t. aurunculeius ηνχ ‖ circumuenti insidiis : i. c. ν ‖ **4** magno : maximo ν ‖ eius : eos ημνσχ erat *Leid. 19* ‖ cui in *K* : quin *N* qui *Leid. 19* qui in *rell.* ‖ proelio *om. D*εζ ‖ **5** flumen : -uium μσ ‖ eius *om. Q Ry* γμσ ‖ uelut : ut ν ‖ acturis : -rus εν ‖ -que *om. K*νσ ‖ et *om. E*εγλτ ‖ ne quid *om. E* ‖ interfectus est : -remptus est et ita periit ν.

CVII *de inscript., cf.* p. CXVI ‖ **1** hoste inuento : i. h. ν ‖ eburonas *Sigonius* : eub- *codd.* ‖ regem *post* ambiorigem *add.* μνσ ‖ fuga : -am *E*ρτ ‖ est *EK*ρστ : *om. rell.* ‖ **2** t. annio *om. E*ρτ ‖ **3** scipionem — contendebant *om.* μ ‖ et *ante* milonem *add. D Guelf K Leid. 19 Q*ζηνσχ.

et sans collègue, ce qui ⟨n'était⟩ jamais ⟨arrivé⟩ à quelqu'un d'autre[5]. [4]Une enquête ayant été décidée sur la mort de P. Clodius, Milon fut condamné après un procès et envoyé en exil[6]. [5]Un projet de loi fut déposé, permettant de tenir compte en son absence de la candidature de César au consulat, malgré l'opposition et les objections de M. Caton[7]. [6]⟨Le livre⟩ contient en outre le récit des opérations menées par C. César contre les Gaulois qui, sous la direction de l'Arverne Vercingétorix, firent presque tous défection, ainsi que celui des sièges difficiles de certaines villes, parmi lesquels celui d'Avaricum, chez les Bituriges, et de Gergovie, chez les Arvernes[8].

## ⟨Abrégé⟩ du livre 108[1]

[1]C. César vainquit les Gaulois à Alésia et reçut la soumission de toutes les cités gauloises qui avaient été sous les armes[2]. [2]C. Cassius, questeur de M. Crassus, tailla en pièces les Parthes qui étaient passés en Syrie[3]. [3]M. Caton subit un échec dans sa candidature au consulat, les consuls créés étant Ser. Sulpicius et M. Marcellus[4]. [4]C. César soumit les Bellovaques avec d'autres peuples gaulois[5]. [5]⟨Le livre⟩ contient en outre le récit des conflits nés entre les consuls[6] à propos de l'envoi d'un successeur à C. César, le consul Marcellus manœuvrant au sénat pour que César dût venir briguer le consulat, alors qu'en vertu de la loi qui avait été votée, celui-ci devait garder ses provinces jusqu'au moment où il devait devenir consul[7]; il contient aussi le récit des campagnes menées en Syrie par M. Bibulus[8].

Cn. Pompeio legato... et a senatu cos. tertio factus est absens et solus, quod nulli alii umquam... [4]Quaestione decreta de morte P. Clodi Milo iudicio damnatus in exilium actus est. [5]Lex lata est ut ratio absentis Caesaris in petitione consulatus haberetur, inuito et contradicente M. Catone. [6]Praeterea res gestas a C. Caesare aduersus Gallos qui prope uniuersi Vercingentorige Aruerno duce defecerunt, et laboriosas obsidiones urbium continet, inter quas Auarici Biturigum et Gergouiae Aruernorum.

## Ex libro CVIII

[1]C. Caesar Gallos ad Alesiam uicit omnesque Galliae ciuitates quae in armis fuerant, in deditionem accepit. [2]C. Cassius, quaestor M. Crassi, Parthos, qui in Syriam transcenderant, cecidit. [3]In petitione consulatus M. Cato repulsam tulit, creatis coss. Ser. Sulpicio M. Marcello. [4]C. Caesar Bellouacos cum aliis Gallorum populis domuit. [5]Praeterea cont*entiones* inter consules de successore C. Caesari mittendo, agente in senatu Marcello cos. ut Caesar ad petitionem consulatus ueniret, cum is lege lata in [id] tempus consulatus prouincias obtinere deberet, resque a M. Bibulo in Syria gestas continet.

**3** pompeio legato : -ius -tus *Q*γηιμνσχ eius legatus *Leid. 19* || *post* legato *lac. indic. Rossbachius*; *de hoc loco corrupto, u. adnot.* || et *om.* ημνχ || tertio *post* senatu *E*ρτ || nulli alii : nemini ηνχ *om.* γ || unquam *om.* γ || *hic lacunam indic. Sigonius* : accidit *post* unquam *add. D Guelf* ζ contigit *add. K Leid. 19* ηνχ factum *add.* ι || **5** lata *EKNP*γλ : dicta *Q*ημνσχ data *rell.* || **6** auarici : -cum *D Guelf* ζθιλρτ || et *om.* ηνχ || aruernorum : auern- *multi.*

CVIII *de inscript.*, *cf.* p. cxvi || **1** c. caesar *Leid. 19* ηιχ : cum c. *N* cum c. caesar *rell.* || alesiam : -xiam μνχ || **2** cassius *Frobenius* : c(a)esius *codd.* || m. : c. *NP Ry* εθιμπχ || **3** et *ante* m. marcello *add. DE* λμνρστ || **5** contentiones *ed. Aldina* : continet *codd.* || caesari : -is *EQ*ελστ || m. *ante* marcello *add. Q*εμνσ || id *secl. Gronovius* || in syria gestas : **g. i. s. v.**

## ⟨Abrégé⟩ du livre 109[1] qui est le premier de la guerre civile[2]

[1]Relation est faite des causes[3] et des débuts des guerres civiles, ainsi que des conflits concernant l'envoi d'un successeur à C. César, alors que celui-ci refusait de licencier ses armées si Pompée ne licenciait pas les siennes[4]. [2]⟨Le livre⟩ contient aussi le récit des actes accomplis par le tribun de la plèbe C. Curion, d'abord contre César, ensuite pour César[5]. [3]Comme un sénatus-consulte avait été fait ordonnant l'envoi d'un successeur à César, les tribuns de la plèbe Marc Antoine et Q. Cassius ayant été chassés de la Ville parce que, par leurs intercessions, ils empêchaient le vote de ce décret[6]... et le sénat confia aux consuls et à Cn. Pompée la charge de veiller à ce que la république ne subît aucun dommage[7]. [4]C. César vint en Italie avec son armée poursuivre la guerre contre ses ennemis personnels, prit Corfinium avec L. Domitius et P. Lentulus et les laissa aller, et chassa d'Italie Cn. Pompée et tous les autres membres de son parti[8].

## ⟨Abrégé⟩ du livre 110[1] qui est le second de la guerre civile[2]

[1]C. César assiégea Marseille qui avait fermé ses portes et, après avoir laissé ses légats C. Trébonius et D. Brutus mener le siège de cette ville[3], il partit pour l'Espagne où il reçut, à Ilerda, la soumission de L. Afranius et de M. Pétréius, légats de Pompée, avec leurs sept légions[4] ; il les laissa tous partir sans leur faire aucun mal, Varron, légat de Pompée, s'étant lui aussi soumis à

## Ex libro CIX qui est ciuilis belli primus

[1]Causae ciuilium armorum et initia referuntur contentionesque de successore C. Caesari mittendo, cum se dimissurum exercitus negaret nisi a Pompeio dimitterentur. [2]Et C. Curionis tr. pl. primum aduersus Caesarem, dein pro Caesare actiones continet. [3]Cum senatus consultum factum esset ut successor Caesari mitteretur, M. Antonio et Q. Cassio tr. pl., quoniam intercessionibus id senatus c. impediebant, urbe pulsis... mandatumque a senatu coss. et Cn. Pompeio, ut uiderent nequid res p. detrimenti caperet. [4]C. Caesar bello inimicos persecuturus cum exercitu in Italiam uenit, Corfinium cum L. Domitio et *P.* Lentulo cepit eosque dimisit, Cn. Pompeium ceterosque partium eius Italia expulit.

## Ex libro CX qui est ciuilis belli secundus

[1]C. Caesar Massiliam, quae portas cluserat, obsedit et relictis in obsidione urbis eius legatis C. Trebonio et D. Bruto profectus in Hispaniam L. Afranium et *M.* Petreium, legatos Cn. Pompei, cum VII legionibus ad Ilerdam in deditionem accepit omnesque incolumes dimisit, Varrone quoque, legato Pompei,

CIX *de inscript.*, *cf.* p. CXVI *et* p. CXVI || **1** caesari : -is *E*ερστ || **2** dein ι : deinde *K*θ *om.* ην de *rell.* || pro *K*θ : *om.* ηνχ p. r. *uel* po. ro. *rell.* || caesare : celare *Q*σ -risque *D Guelf* ζ || **3** omnino *ante* mitteretur *add.* ν || et *ante* m. *add.* *Q*μ || *lac. post* pulsis *indic.* ***Rossbachius***; *cf. adnot.* || -que : *om.* τ est γλ || res p. detrimenti : d. r. p. *E*ρτ || **4** p. *Perizonius* : l. *codd.* || ceterosque — expulit : uniuersosque eius partium italiae omnino ν.

CX *de inscript.*, *cf.* p. CXVI *et* p. CXVI || **1** cluserat : ipsi claus- *Q*μνσ claus- *Guelf* ρτ || in — legatis *om.* *Ry* σ || eius *ante* urbis *E*ρ || urbis — legatis *om.* ην || afranium : af(f)ricanum ***NP***π || m. *Sigonius* : c. *codd.*

son autorité avec son armée[5]. [2]Aux Gaditains, il donna le droit de cité[6]. [3]Les Marseillais, vaincus en deux combats navals, se remirent, après un long siège, au pouvoir de César[7]. [4]C. Antonius, légat de César, fut pris après une campagne malheureuse contre les Pompéiens en Illyrie[8]. [5]Dans cette guerre, des Opitergins, qui habitaient au-delà du Pô et étaient les auxiliaires de César, voyant leur radeau bloqué par les navires ennemis, périrent en s'attaquant mutuellement plutôt que de tomber au pouvoir de leurs ennemis[9]. [6]C. Curion, légat de César en Afrique, après avoir combattu avec succès contre Varus, chef du parti pompéien, fut massacré avec son armée par Juba, roi de Maurétanie[10]. [7]C. César passa en Grèce[11].

## ⟨Abrégé⟩ du livre 111[1] qui est le troisième de la guerre civile[2]

[1]Comme le préteur M. Caelius Rufus provoquait des émeutes dans la Ville en excitant la plèbe à laquelle il faisait miroiter l'espoir de l'annulation des dettes et que sa magistrature avait été abrogée, chassé de la Ville, il se joignit à Milon l'exilé qui avait rassemblé une armée d'esclaves fugitifs[3]. [2]L'un et l'autre furent tués alors qu'ils fomentaient une guerre[4]. [3]Cléopâtre, reine d'Égypte, fut chassée de son royaume par son frère Ptolémée[5]. [4]En raison de la cupidité et de la cruauté du préteur Q. Cassius, les Cordouans, en Espagne, ainsi

cum exercitu in potestatem suam redacto. [2]Gaditanis ciuitatem dedit. [3]Massilienses duobus naualibus proeliis uicti post longam obsidionem potestati Caesaris se permiserunt. [4]C. Antonius, legatus Caesaris, male aduersus Pompeianos in Illyrico rebus gestis captus est. [5]In quo bello Opitergini transpadani, Caesaris auxiliares, rate sua ab hostibus nauibus clusa, potius quam in potestatem hostium uenirent, inter se concurrentes occubuerunt. [6]C. Curio, legatus Caesaris in Africa, cum prospere aduersus Varum, Pompeianarum partium ducem, pugnasset, a Iuba, rege Mauretaniae, cum exercitu caesus est. [7]C. Caesar in Graeciam traiecit.

## Ex libro CXI
## qui est ciuilis belli tertius

[1]M. Caelius Rufus praetor cum seditiones in urbe concitaret nouarum tabularum spe plebe sollicitata, abrogato magistratu pulsus urbe Miloni exuli, qui fugitiuorum exercitum contraxerat, se coniunxit. [2]Vterque, cum bellum molirentur, interfecti sunt. [3]Cleopatra, regina Aegypti, ab Ptolemaeo fratre regno pulsa est. [4]Propter Q. Ca*ss*i praetoris auaritiam crudelitatemque Cordubenses in Hispania cum dua-

**3** uicti γ : uicit *rell.* || tamen *post* longam *add. D Guelf* ζ || potestati : in potestatem ν || **4** aduersus : contra ν || pugnauit et *post* pompeianos *add.* ν || in illyrico — gestis *om.* ν || **5** hostibus : hostium *D Guelf K*ζσ -ilibus *Leid. 19* γηλντ || nauibus — hostium *om. Guelf* || clusa *EKNP Ry* στ : clausa *rell.* || concurrentes : occur- *D*εζνστ || **6** prospere *om.* ηνχ || uarum *post* ducem *D Guelf* εζην || uarum — partium *om.* χ || **7** *§ 7 in 111, 1 transp. Leid. 19.*

CXI *de inscript., cf.* p. CXVI *et* p. CXIX || **1** m. : l. χ c. η || caelius *Leid. 19* : c(a)ecilius *rell.* || quam maxime *ante* concitaret *add.* ην || tabularum : turba- η || plebe η : -is *Leid. 19* plebs *rell.* || **2** molirentur *EQ*ηιλνρσ : -retur *rell.* || interfecti *EK Leid. 19* γιρστ : -rempti *Q*ημνχ -iecti *rell.* || **3** regina aegypti : a. r. *D Guelf* ν || **4** cassi *Xylander* : capti *Guelf* εζ catuli *K Leid. 19* ηνσχ cati *rell.*

que les deux légions de Varron, abandonnèrent le parti de César[6]. [5]Comme Cn. Pompée était assiégé par César à Dyrrachium et que les avant-postes de ce dernier avaient été pris d'assaut au prix de lourdes pertes pour le parti adverse, il brisa le siège et, la guerre étant transférée en Thessalie, fut vaincu en bataille rangée à Pharsale[7]. [6]Cicéron demeura dans le camp, en homme que sa nature ne destinait à rien moins qu'à la guerre[8]. [7]Et César pardonna à tous les membres du parti adverse qui s'étaient remis au pouvoir du vainqueur[9].

## ⟨Abrégé⟩ du livre 112[1] qui est le quatrième de la guerre civile[2]

[1]Relation est faite de la panique désordonnée et de la fuite des membres du parti vaincu aux quatre coins de l'univers[3]. [2]Comme Cn. Pompée avait gagné l'Égypte, il fut — sur l'ordre du roi Ptolémée, son pupille[4], et à l'instigation du précepteur de ce dernier, Théodote, (dont le crédit était grand auprès du roi) et de Pothin — tué par Achillas, qui avait été chargé de cet assassinat, alors qu'il se trouvait dans une barque, avant de gagner la terre[5]. [3]Sa femme Cornélie et son fils Sextus Pompée se réfugièrent à Chypre[6]. [4]Comme César qui était à sa poursuite était arrivé trois jours après et que Théodote lui avait apporté la tête de Pompée et son anneau, il fut irrité et se mit à pleurer. [5]Sans courir de risques, il entra dans Alexandrie en proie au tumulte[7]. [6]Nommé dictateur, César rétablit Cléopâtre sur le trône d'Égypte

bus Var⟨ron⟩ianis legionibus a partibus Caesaris desciuerunt. [5]Cn. Pompeius ad Dyrrachium obsessus a Caesare et, praesidiis eius cum magna clade diuersae partis expugnatis, obsidione liberatus translato in Thessaliam bello apud Pharsaliam acie uictus est. [6]Cicero in castris remansit, uir nihil minus quam ad bella natus. [7]Omnibusque aduersarum partium, qui se potestati uictoris permiserant, Caesar ignouit.

## Ex libro CXII
## qui est ciuilis belli quartus

[1]Trepidantia uictarum partium in diuersas orbis terrarum partes et fuga refertur. [2]Cn. Pompeius cum Aegyptum petisset, iussu Ptolemaei regis, pupilli sui, auctore Theodoto praeceptore, cuius magna apud regem auctoritas erat, et Pothino occisus est ab Achilla, cui id facinus erat delegatum, in nauicula antequam in terram exiret. [3]Cornelia uxor et Sex. Pompeius filius Cypron refugerunt. [4]Caesar post tertium diem insecutus, cum ei Theodotus caput Pompei et anulum obtulisset, infensus est et inlacrimauit. [5]Sine periculo Alexandriam tumultuantem intrauit. [6]Caesar dictator creatus Cleopatram in regnum Aegypti reduxit et inferentem bel-

**4** uarronianis *Gronovius* : uarianis *codd.* || **5** dyrrachium : brundusium *D Gueld* ζηνχ || a caesare *om. Leid. 19* λ || caesare et *om. E*ρτ || liberatus : -rtatis *NP* -ratis *Guelf* εθ || apud — castris *om. Guelf* || **7** permiserant : -runt ελν.

CXII *de inscript.*, *cf.* p. CXVI *et* p. CXIX || **1** trepidantia : -datio *D Guelf K*ζηνχ -dantium *Leid. 19* || uictarum : -torum *NP*π || in : per *Q*μνσ || et : e σ || refertur : -runtur *Q*λμνσ || **2** sui *N* : cum *P om. rell.* || et *ante* auctore *add. Leid. 19 Q*ηθμνσχ || theodoto : -doro *KNPQ Ry* ζηθμχ -docto *E*λ || magna — auctoritas erat : maxima — e. a. ν || pothino : pho- *multi* || achilla ι : archelao *rell.* || id facinus erat delegatum : d. i. f. e. ν || **3** pompeius : -ei *K*ζ || cypron : -rum *E*νσ || **4** tertium : -iam *Q*νσ || theodotus : -dorus *Q*γνσ || eius *post* anulum *add. D Guelf* || **5** § *5 om. Guelf* || sine *codd.* : nec sine *Gronovius.*

et réussit, en courant personnellement de grands dangers, à vaincre Ptolémée qui lui faisait la guerre à l'instigation des mêmes hommes qui l'avaient poussé à faire tuer Pompée. [7]Alors que Ptolémée fuyait, sa barque coula dans le Nil[8]. [8]<Le livre> contient en outre le récit de la pénible expédition qu'accomplit M. Caton avec ses légions à travers les déserts d'Afrique[9] et celui de la guerre menée sans grand succès par Cn. Domitius contre Pharnace[10].

## ⟨Abrégé⟩ du livre 113[1] qui est le cinquième de la guerre civile[2]

[1]Comme le parti de Pompée avait consolidé ses forces en Afrique, le commandement en fut confié à P. Scipion, Caton, à qui le commandement était offert à part égale, lui cédant la place[3]. [2]Comme on délibérait sur la destruction de la ville d'Utique, en raison des sympathies que cette cité éprouvait pour César, et que M. Caton avait maintenu son opposition à cet acte, alors que Juba poussait à la détruire, la protection et la surveillance de la ville furent confiées à Caton[4]. [3]Cn. Pompée, fils de Magnus, ayant rassemblé en Espagne des forces dont ni Afranius ni Pétréius ne voulaient recevoir la direction, recommença la guerre contre César[5]. [4]Pharnace, fils de Mithridate et roi du Pont, fut vaincu, sans que le moindre retard fût apporté à la guerre[6]. [5]Comme des émeutes avaient été provoquées à Rome par le tribun de la plèbe P. Dolabella, qui proposait une loi annulant les dettes et que, pour cette raison, la plèbe était en effervescence, M. Antoine, maître de la cavalerie, fit entrer des soldats dans la Ville

lum Ptolemaeum isdem auctoribus, quibus Pompeium interfecerat, cum magno suo discrimine euicit. [7]Ptolemaeus dum fugit, in Nilo nauicula subsedit. [8]Praeterea laboriosum M. Catonis in Africa per deserta cum legionibus iter et bellum a Cn. Domitio aduersus Pharnacen parum prospere gestum continet.

## Ex libro CXIII
## qui est ciuilis belli quintus

[1]Confirmatis in Africa Pompeianis partibus imperium earum P. Scipioni delatum est, Catone, cui ex aequo deferebatur imperium, cedente. [2]Et cum de diruenda urbe Vtica propter fauorem ciuitatis eius in Caesarem deliberaretur, idque ne fieret M. Cato tenuisset, Iuba suadente ut dirueretur, tutela eius et custodia mandata est Catoni. [3]*C*n. Pompei⟨us⟩, Magni filius, in Hispania contractis uiribus, quarum ducatum nec Afranius nec Petreius excipere uolebant, bellum aduersus Caesarem renouauit. [4]Pharnaces, Mithridatis filius, ⟨r⟩ex Ponti, sine ulla belli mora uictus est. [5]Cum seditiones Romae a P. Dolabella tr. pl. legem ferente de nouis tabulis excitatae essent et ex ea causa plebs tumultuaretur, inductis a M. Antonio, magistro equitum, in urbem militibus octingenti *e* plebe caesi sunt. [6]Caesar ueteranis cum

**6** ptolemaeum *post* auctoribus *Q*μνσ ‖ magno : maximo ν ‖ euicit : uicit *D Guelf Q*γζλμνσ ‖ **8** a *Q*μνσ : *om. rell.* ‖ aduersus : contra ν ‖ pharnacen *DE* (fər-) γι : prahac(t)en *plerique.*

CXIII *de inscript.*, *cf.* p. CXVI *et* p. CXIX ‖ **1** pompeianis : -pei *E Leid. 19* λρτ ‖ imperium earum : e. i. ησ ‖ earum *om.* νχ ‖ catone : -i *DNPQ Ry* εθ ‖ aequo : quo *D Ry* σ ‖ imperium *om. E*γλτ ‖ **2** tenuisset : -nuit *E*ιλρτ timuisset *K*θ censuisset γ ‖ **3** cn. pompeius *Sigonius* : gn. pompei $K^2$ inde p. *E*γλρτ pompei *Q*ημνσχ in pompei *rell.* ‖ filius : -ium *DNP Ry* εθι ‖ afranius : africanus *NP Ry* ζπ scipio *K*θ ‖ uolebant : -bat *E*μ ‖ **4** rex ponti *ed. Moguntina* : ex ponto *codd.* ‖ **5** octingenti e *Frobenius* : -tis a *codd.*

et 800 hommes furent massacrés dans la plèbe[7]. [6]César accorda à ses vétérans, qui s'étaient révoltés, le congé qu'ils demandaient[8] et, une fois passé en Afrique, combattit, en courant de grands périls, contre les troupes du roi Juba[9].

## ⟨Abrégé⟩ du livre 114[1] qui est le sixième de la guerre civile[2]

[1]Cécilius Bassus, chevalier romain du parti de Pompée, provoqua une guerre en Syrie, après que Sextus César, abandonné par sa légion qui était passée à Bassus, eut été tué[3]. [2]César défit le préteur[4] Scipion et Juba à Thapsus, après avoir pris d'assaut leur camp[5]. [3]Comme Caton, à cette nouvelle, s'était frappé de son épée à Utique et qu'on le soignait à la suite de l'intervention de son fils, il mourut au milieu même des soins qu'on lui donnait, après avoir rouvert sa blessure, à 48 ans[6]. [4]Pétréius tua Juba et se tua lui-même[7]. [5]Alors qu'il était cerné sur un navire, P.[8] Scipion ajouta à une mort glorieuse un mot qui l'était aussi. [6]Les ennemis demandant en effet le général, il leur dit : « Le général se porte bien ! »[9]. [7]Faustus et Afranius furent mis à mort[10]. [8]Le fils de Caton obtint son pardon[11]. [9]Brutus, légat de César en Gaule, combattit et vainquit les Bellovaques qui s'étaient soulevés[12].

## ⟨Abrégé⟩ du livre 115[1] qui est le septième de la guerre civile[2]

[1]César célébra quatre triomphes, sur la Gaule, sur l'Égypte, sur le Pont et sur l'Afrique et offrit un banquet et des spectacles de tout genre[3]. [2]Il accorda, à la demande du sénat, la permission de rentrer au con-

seditione missionem postulantibus dedit, et cum in Africam traiecisset, aduersus copias Iubae regis cum discrimine magno pugnauit.

## Ex libro CXIV
## qui est ciuilis belli sextus

[1]Bellum in Syria Caecilius Bassus, eques Romanus Pompeianarum partium, excitauit, relicto a legione Sexto Caesare, quae ad Bassum transierat, occisoque eo. [2]Caesar Scipionem praetorem Iubamque uicit ad Thapsum, castris eorum expugnatis. [3]Cato audita re cum se percussisset Vticae et interueniente filio curaretur, inter ipsam curationem rescisso uulnere expirauit anno aetatis XLVIII. [4]Petreius Iubam seque interfecit. [5]P. Scipio in naue circumuentus honestae morti uocem quoque adiecit. [6]Quaerentibus enim imperatorem hostibus dixit : imperator se bene habet. [7]Faustus et Afranius occisi. [8]Catonis filio uenia data. [9]Brutus legatus Caesaris in Gallia Bellouacos rebellantes proelio uicit.

## Ex libro CXV
## qui est ciuilis belli septimus

[1]Caesar quattuor triumphos duxit, ex Gallia, ex Aegypto, ex Ponto, ex Africa, epulum et omnis generis spectacula dedit. [2]M. Marcello consulari

**6** missionem — copias *om.* ρ ‖ aduersus : contra ν.

CXIV *de inscript., cf.* p. CXVI *et* p. CXIX ‖ **1** caccilius : caelius *E*ρτ ‖ et *ante* relicto *add.* *Q*μνσ ‖ quae : qui *EQ*γνρτ ‖ **3** rescisso : scisso *K* reciso ν ‖ suae *post* aetatis *add. D Guelf* ‖ XLVIII : XLIX ν LXVIII γσ ‖ **4** interfecit : -eremit ν ‖ **6** imperatorem hostibus : h. i. *Q*μνσ ‖ se bene : b. se ν ‖ **8** § *8 om.* ε ‖ filio : -ia *EN*πρτ : -ie *Ry* ‖ uenia data : uenundata *E*ρτ ‖ **9** bellouacos : -agos *EK Leid. 19* *Q*ηθιλμρσ ‖ proelio *om.* ηνχ.

CXV *de inscript., cf.* p. CXVI *et* p. CXIX ‖ **1** ex (*ante* africa) : et λ ‖ epulum — dedit *om. E Leid. 19* λρτ ‖ dedit : edidit ν.

sulaire M. Marcellus. [3]De ce bienfait de César, Marcellus ne put profiter, ayant été tué à Athènes par son client, Cn. Magius[4]. [4]Il organisa un recensement qui donna le chiffre de 150 000 citoyens[5]. [5]Il partit lutter contre Cn. Pompée en Espagne où, après de nombreuses campagnes menées par les deux partis et la prise d'assaut de plusieurs villes, il remporta, en courant de grands risques, une victoire complète près de la ville de Munda[6]. [6]⟨Cn.⟩ Pompée ⟨fut tué⟩, Sextus s'enfuit[7].

## ⟨Abrégé⟩ du livre 116[1] qui est le huitième de la guerre civile[2]

[1]César célébra un cinquième triomphe, sur l'Espagne[3]. [2]Et comme le sénat lui avait voté par décret de très nombreux et très grands honneurs (entre autres, qu'il fût appelé père de la patrie et déclaré sacrosaint et dictateur à perpétuité)[4], suscitèrent de la haine contre lui le fait[5] qu'il ne se leva pas quand il siégeait devant le temple de Vénus Génitrix, à l'arrivée des sénateurs qui lui décernaient ces honneurs, le fait qu'il replaça sur son siège le diadème que le consul Marc Antoine, son collègue, qui participait à la course des Luperques, avait posé sur sa tête, et qu'il fit abroger le pouvoir des tri-

senatu rogante reditum concessit. [3]Quo beneficio eius Marcellus frui non potuit, a Cn. Magio cliente suo Athenis occisus. [4]Recensum egit, quo censa sunt ciuium capita C̅L̅. [5]Profectusque in Hispaniam aduersus Cn. Pompeium, multis utrimque expeditionibus factis et aliquot urbibus expugnatis summam uictoriam cum magno discrimine ad Mundam urbem consecutus est. [6]⟨Necatus est Cn.⟩ Pompeius, Sex. effugit.

## Ex libro CXVI
## qui est ciuilis belli octauus

[1]Caesar ex Hispania quintum triumphum egit. [2]Et cum plurimi maximique honores a senatu decreti essent, inter quos ut parens patriae appellaretur et sacrosanctus ac dictator in perpetuum esset, inuidiae aduersus eum causam praestiterunt, quod senatui deferenti hos honores, cum ante aedem Veneris Genetricis sederet, non adsurrexit, et quod a M. Antonio cos., collega suo, inter lupercos currente diadema capiti suo impositum in sella reposuit, et

**2** reditum concessit : c. r. ην || **3** quo *E*ρ : quintus *Leid. 19* qui *rell.* || marcellus *ante* beneficio *Leid. 19* ημνσχ || non : minime ν || magio cliente *EK Leid. 19* λρτ : m. cillone cliente *Q*ημνσχ magno cl. *rell.* || est *post* occisus *add.* *E*ρτ || **4** recensum : et censum *Q*νσ censum *D*μ recessum *Ry* || C̅L̅ : C̅ *D Guelf* ζ decies centena et C̅L̅ *K*σ || **5** -que *om. D Guelf Q*μνσ || hispaniam : -nia *D*ν || aduersus *om. Q* || multis utrimque : u. m. ν || utrimque : -triusque *D Guelf* || magno : maximo ν || et paene suorum fuga *post* discrimine *add.* *K*σ || **6** necatus est cn. (*lacunam indic. Iahnius*) *ante* pompeius *coniec. Rossbachius* || sex *om. Ry* || effugit : aufugit λ.

CXVI *de inscript.*, *cf.* p. CXVI *et* p. CXIX || **1** ex *KQ*μνσχ : de *E*γιλρτ in *rell.* || hispania : -am *Guelf Ry* ζ || **2** plurimi : multi quam ηνχ || a : ei a ν || patriae : pater *EQ*μνρστ || causam *ante* aduersus *Q*μνσ || quod : et q. σ || hos honores : hon- hos *D Guelf* ζ || cum *om. EQ*ρτ || aedem *post* genetricis *D Guelf* ζ || non : minime ν || a $D^2$ : *om. rell.* || collega *Ry* εζηινχ : -(a)e *rell.* || inter — suo *om. D*ζ || suo *om. Guelf*ρ.

buns de la plèbe Épidius Marullus et Caesetius Flavus ⟨qui cherchaient à le rendre⟩[6] impopulaire, sous prétexte qu'il visait le pouvoir royal[7]. [3]Ces raisons firent qu'une conjuration fut fomentée contre lui, avec, à sa tête, M. Brutus et ⟨C.⟩ Cassius et, du parti de César, Déc. Brutus et C. Trébonius ; il fut tué dans la curie de Pompée de vingt-trois coups qui lui furent portés et le Capitole fut occupé par ses assassins[8]. [4]Le sénat ayant ensuite décidé l'amnistie pour ce crime, après avoir reçu des otages pris parmi les enfants d'Antoine et de Lépide, les conjurés descendirent du Capitole[9]. [5]En vertu du testament de César, C. Octavius, petit-fils de sa sœur, fut institué son héritier pour moitié, et son nom lui fut donné par adoption[10]. [6]Comme on transportait le corps de César au Champ de Mars, il fut brûlé par la plèbe devant les rostres[11]. [7]La fonction de dictateur fut supprimée à jamais[12]. [8]Comme Chamatès, individu de très basse origine, qui se prétendait fils de C. Marius, suscitait des émeutes parmi la plèbe crédule, il fut mis à mort[13].

## ⟨Abrégé⟩ du livre 117[1]

[1]C. Octavius vint d'Épire (César l'avait en effet envoyé d'avance là-bas pour la guerre qu'il projetait de faire en Macédoine)[2] à Rome, y fut accueilli par des présages favorables et prit le nom de César[3]. [2]Au milieu

quod Epidio Marullo et Caesetio Flauo trib. pl. inuidiam *ei* tamquam regnum adfectanti... potestas abrogata est. [3]Ex his causis conspiratione in eum facta, cuius capita fuerunt M. Brutus et ⟨C.⟩ Cassius et ex Caesaris partibus Dec. Brutus et *C.* Trebonius, in Pompei curia occisus est XXIII uulneribus occupatumque ab interfectoribus eius Capitolium. [4]Obliuione deinde caedis eius a senatu decreta, obsidibus Antoni et Lepidi de liberis acceptis coniurati a Capitolio descenderunt. [5]Testamento Caesaris heres ex parte dimidia institutus est C. Octauius, sororis nepos, et in nomen adoptatus [est]. [6]Caesaris corpus cum in campum Martium ferretur, a plebe ante rostra crematum est. [7]Dictaturae honos in perpetuum sublatus est. [8]Chamates, humillimae sortis homo, qui se C. Mari filium ferebat, cum apud credulam plebem seditiones moueret, necatus est.

## Ex libro CXVII

[1]C. Octauius Romam ex Epiro uenit (eo enim illum Caesar praemiserat bellum in Macedonia gesturus) ominibusque prosperis exceptus et nomen Caesaris sumpsit. [2]In confusione rerum ac tumultu *M.* Lepidus pontificatum maximum inter*cep*it. [3]Et M. An-

**2** flauo : -uio *E*στ ‖ inuidiam : -a *E*γιλρστχ ‖ ei *Sigonius* : a γ et *rell.* ‖ *lacunam vost* adfectanti *indic. Iahnius* : mouentibus *r* ν ‖ **3** c. *add. Sigonius* ‖ et ex caesaris — trebonius *om.* σ ‖ m. (*sic*) trebonius *post* m. brutus (*post* capita fuerunt) ηνχ ‖ dec. : d. *E* decius *Q*ζλμ ‖ c. (*ante* trebonius) *Sigonius* : m. *codd.* ‖ **4** et *om. D* ‖ de *om. K*ν ‖ **5** heres *post* dimidia *DE Guelf Leid. 19 N*γζιρτ ‖ est *om. Q Ry* ημνσχ ‖ sororis : ex sorore ηνχ ‖ est (*post* adoptatus) *secl. Rossbachius* ‖ **6** ferretur : def- *E*λρτ ‖ **8** chamates : c(h)armates *plerique* c. amatius *Sigonius* ‖ c. mari : emari *N*π ‖ seditiones : -nem *E*τ.

CXVII *de inscript.*, *cf.* p. CXVI ‖ **1** illum caesar : c. i. *D Guelf* ζ ‖ illum *om.* θ ‖ ominibusque *Frobenius* : omnibus *P* hominibus μ omnibusque *rell.* ‖ prosperis : -re νσ ‖ exceptus : -is νστ ‖ et : etiam ν *om.* σ ‖ **2** tumultu m. *Sigonius* : tumultu *D Guelf Q*ζημνσχ -tuum *rell.* ‖ lepidus *K*εζν : -um *rell.* ‖ pontificatum *KQ*ηνχ : pontificum tum *rell.* ‖ intercepit *Sigonius* : -remit *K*νχ -rfecit *rell.*

de la confusion et du tumulte, M. Lépide mit la main sur le grand pontificat[4]. [3]Comme le consul Marc Antoine exerçait sans mesure un pouvoir tyrannique, qu'il avait fait voter par la violence une loi sur l'échange des provinces[5] et qu'il avait causé à César aussi, qui demandait son aide contre les assassins de son oncle, de graves préjudices, César, en vue de se ménager pour lui et pour l'État des forces contre Antoine, souleva les vétérans qui avaient été conduits dans des colonies[6]. [4]La quatrième légion et la légion de Mars passèrent aussi d'Antoine à César ; puis, en raison de la cruauté de Marc Antoine, qui faisait exécuter ici et là dans son camp ceux qui lui étaient suspects, de nombreux soldats désertèrent pour rejoindre César[7]. [5]Déc. Brutus, pour barrer la route à Antoine qui cherchait à gagner la Gaule Cisalpine, occupa Modène avec son armée[8]. [6]⟨Le livre⟩ contient en outre le récit de la dispersion des hommes des deux partis pour prendre possession des provinces ainsi que celui des préparatifs de la guerre[9].

## ⟨Abrégé⟩ du livre 118[1]

[1]En Grèce, M. Brutus, prétendant agir pour le bien de l'État[2] et faire la guerre à Marc Antoine, fit passer sous son commandement l'armée ainsi que la province auxquelles P. Vatinius commandait[3]. [2]A C. César qui, tout homme privé qu'il était, avait pris les armes pour la république, un commandement proprétorien fut accordé par le sénat avec les ornements consulaires, à quoi fut ajouté le titre de sénateur[4]. [3]Marc Antoine assiégea Déc. Brutus à Modène et les ambassadeurs que lui envoya le sénat pour traiter de la paix obtinrent peu de résultats pour l'établissement de cette paix[5].

tonius cos. cum impotenter dominaretur legemque de permutatione prouinciarum per uim tulisset et Caesarem quoque petentem ut sibi aduersus percussores auunculi adesset, magnis iniuriis adfecisset, Caesar et sibi et rei p. uires aduersus eum paraturus deductos in colonias ueteranos excitauit. [4]Legiones quoque quarta et Martia signa ab Antonio ad Caesarem tulerunt, deinde et complures saeuitia M. Antoni, passim in castris suis trucida⟨n⟩ti⟨s⟩ qui e*i* suspecti erant, ad Caesarem desciuerunt. [5]Dec. Brutus ut petenti Cisalpinam Galliam Antonio obsisteret, Mutinam cum exercitu occupauit. [6]Praeterea discursum utriusque partis uirorum ad accipiendas prouincias apparatusque belli continet.

## Ex libro CXVIII

[1]M. Brutus in Graecia sub praetexto rei p. et suscepti contra M. Antonium belli exercitum, cui P. Vatinius praeerat, cum prouincia in potestatem suam redegit. [2]C. Caesari, qui pri*uat*us rei p. arma sumpserat, pro praetore imperium a senatu datum est cum consularibus ornamentis adiectumque ut senator esset. [3]M. Antonius Dec. Brutum Mutinae obsedit, missique ad eum a senatu legati de pace parum ad

**3** permutatione — tulisset : prouinciarum p. t. per uim ν ‖ aduersus — uires *om. D* ‖ percussores auunculi : a. p. ηνχ ‖ adfecisset *Leid. 19* : ad(f)fuit ηνχ -fectum est τ -f(f)ectus est *rell.* ‖ et (*ante* sibi) : ut *Leid. 19* ‖ uires *om. E*τ ‖ deductos : tus *Guelf Ry* ζθμ ‖ colonias ηχ : -iam *Guelf K*γ -nia *rell.* ‖ **4** quarta : quattuor *EK*γεζρτ ‖ et (*ante* martia) *om. E*γμνσ ‖ et (*ante* complures) *om. KQ*μνσ ‖ complures : plu- *KQ*νσ ‖ trucidantis *Gronovius* : -cidat *Leid. 19* -dati *rell.* ‖ qui *Gronovius* : quia *codd.* ‖ ei *Iahnius* : et *codd.*

CXVIII *de inscript.*, *cf.* p. CXVI ‖ **1** praetexto *E Guelf P*γ : -tato *N*π -tu *rell.* ‖ p. *N Ry* ε : *om. rell.* ‖ potestatem suam : -te sua *D Guelf* ‖ **2** priuatus *Gronovius* : primus *codd.* ‖ pro praetore (propr.) *N Ry* εζλπ : pro po. ro. (*uel* pro p. r.) *rell.* ‖ **3** a senatu legati : l. a. s. ν.

[4]Le peuple romain prit le vêtement de guerre[6]. [5]En Épire, M. Brutus fit passer sous son autorité le préteur C. Antonius avec son armée[7].

## ⟨Abrégé⟩ du livre 119[1]

[1]C. Trébonius fut tué en Asie, victime des embûches de P. Dolabella[2]. [2]Pour ce crime, Dolabella fut déclaré ennemi public par le sénat[3]. [3]Comme le consul Pansa avait subi des échecs en luttant contre Antoine, le consul A. Hirtius survint avec son armée et, en mettant en déroute les troupes de Marc Antoine, égalisa les chances des deux partis[4]. [4]Vaincu ensuite par Hirtius et César, Antoine s'enfuit en Gaule et s'adjoignit M. Lépide avec les légions placées sous son commandement ; il fut déclaré ennemi public par le sénat avec tous ceux qui étaient dans ses lignes[5]. [5]A. Hirtius qui, après sa victoire, était tombé dans le camp même de l'ennemi, et C. Pansa, qui était mort de la blessure reçue au cours de la défaite subie par lui, furent inhumés au Champ de Mars[6]. [6]A l'égard de C. César, le seul des trois généraux à survivre, le sénat se montra trop peu reconnaissant (alors qu'il décrétait pour D. Brutus, que César avait délivré du siège de Modène, les honneurs du triomphe), en faisant mention de César et de ses soldats d'une façon insuffisamment reconnaissante[7]. [7]C'est pourquoi C. César, s'étant, par l'intermédiaire de M. Lépide, réconcilié avec Marc Antoine, vint à Rome avec son armée et, après avoir contraint à rester chez eux[8], en raison de l'arrivée de cette armée, ceux qui lui étaient hostiles, fut élu consul alors qu'il avait 19 ans[9].

componendam eam ualuerunt. [4]Populus R. saga sumpsit. [5]M. Brutus in Epiro C. Antonium praetorem cum exercitu potestati suae subegit.

## Ex libro CXIX

[1]C. Trebonius in Asia fraude P. Dolabellae occisus est. [2]Ob id facinus Dolabella hostis a senatu iudicatus est. [3]Cum Pansa cos. male aduersus Antonium pugnasset, A. Hirtius cos. cum exercitu superueniens fusis M. Antoni copiis fortunam utriusque partis aequauit. [4]Victus deinde ab Hirtio et Caesare Antonius in Galliam confugit et M. Lepidum cum legionibus quae sub eo erant sibi iunxit, hostisque a senatu cum omnibus qui intra praesidia eius essent iudicatus est. [5]A. Hirtius, qui post uictoriam in ipsis hostium castris ceciderat, et *C.* Pansa ex uulnere quod in aduerso proelio exceperat, defunctus in campo Martio sepulti sunt. [6]Aduersus C. Caesarem, qui solus ex tribus ducibus supererat, parum gratus senatus fuit, qui Dec. Bruto obsidione Mutinensi a Caesare liberato triumphi honore decreto Caesaris militumque eius mentionem non satis gratam habuit. [7]Ob quae C. Caesar reconciliata per M. Lepidum cum M. Antonio gratia Romam cum exercitu uenit et praeclusis aduentu eius his qui in eum iniqui erant, cum XVIIII annos haberet, consul creatus est.

**3** componendam eam : e. c. *Q*μνσ ‖ **5** in epiro : in egypto *Q*σ.

CXIX *de inscript.*, *cf.* p. CXVI ‖ **2** hostis a senatu : a s. inimicus ν ‖ **3** fortunam : -na *Guelf NP*γεζπ ‖ **4** eo *N*π : ipso *rell.* ‖ essent : erant *E*λμν ‖ **5** a. : aurelius *Guelf NP*ζθπτ ‖ in *om.* ηνσχ ‖ ipsis : -ius *Guelf* μνσ *om.* χ ‖ hostium : inimicorum νχ ‖ c. *Sigonius* : l. *codd.* ‖ **6** triumphi honore : h. t. μνσ ‖ **7** praeclusis *codd.* : perculsis *ed. Moguntina* ‖ his : iis ν *om.* σ ‖ XVIIII : XVIII γλμ ‖ XVIIII annos : a. XVIIII ν.

## ⟨Abrégé⟩ du livre 120[1]

[1]Le consul C. César déposa un projet de loi prévoyant l'ouverture d'une enquête contre ceux par les menées desquels son père César avait été assassiné ; en vertu de cette loi furent cités à comparaître et condamnés par défaut M. Brutus, C. Cassius et Déc. Brutus[2]. [2]Comme, en outre, Asinius Pollion et Munatius Plancus avaient, en se joignant à lui avec leurs armées, augmenté les forces de Marc Antoine[3] et que Déc. Brutus, chargé par le sénat de poursuivre Antoine, s'était enfui après avoir été abandonné par ses légions, celui-ci fut mis à mort sur l'ordre d'Antoine, au pouvoir de qui il était tombé, par le Séquane Capénus[4]. [3]C. César fit la paix avec Antoine et Lépide : était établi pour cinq ans un triumvirat chargé de « constituer » la république et formé de lui-même, Lépide et Antoine[5] ; chacun proscrirait en outre ses propres ennemis. [4]Dans cette proscription, on trouve les noms de nombreux chevaliers romains et de 130 sénateurs et, parmi eux, de L. Paulus, frère de M. Lépide, de L. César, oncle d'Antoine et de M. Cicéron[6]. [5]Celui-ci fut tué par Popilius, un soldat légionnaire, à l'âge de 63 ans ; sa tête fut également, avec sa main droite, placée sur les rostres[7]. [6]⟨Le livre⟩ contient en outre le récit des campagnes menées en Grèce par M. Brutus[8].

## Ex libro CXX

[1]C. Caesar cos. legem tulit de quaestione habenda in eos quorum opera Caesar pater occisus esset; postulatique ea lege M. Brutus, C. Cassius, Dec. Brutus absentes damnati sunt. [2]Cum M. Antoni uires Asinius quoque Pollio et Munatius Plancus cum exercitibus suis adiuncti ampliassent, et Dec. Brutus, cui senatus ut persequeretur Antonium mandauerat, relictus a legionibus suis profugisset, caesus iussu Antoni, in cuius potestatem uenerat, a Capeno Sequano [interfectus est]. [3]C. Caesar pacem cum Antonio et Lepido fecit ita ut III uiri rei p. constituendae per quinquennium essent ipse et Lepidus et Antonius et ut suos quisque inimicos proscriberent. [4]In qua proscriptione plurimi equites R., CXXX senatorum nomina fuerunt, et inter eos L. Pauli, fratris M. Lepidi, et L. Caesaris, Antoni auunculi, et M. Ciceronis. [5]Huius occisi a Popillio, legionario milite, cum haberet annos LXIII, caput quoque cum dextra manu in rostris positum est. [6]Praeterea res a M. Bruto in Graecia gestas continet.

CXX *de inscript.*, *cf.* p. CXVI || **1** c. *om.* *EK*γρστ || cos. *om.* *Q*μσ || caesar (*ante* pater) *NP*γμπ : *om. rell.* || esset ηνχ : est *rell.* || ea lege *iterant post* absentes *D Guelf* εζ || **2** antoni *Halmius* : -nio *D Leid. 19* ζηινχ -nius *rell.* || et ν : *om. rell.* || mandauerat : -rit ν || profugisset *post* mandauerat *Guelf* || profugisset (cum pr. ε confugi- ζ) caesus *post* uenerat *codd. praeter* ηνχ || caesus — sequano *om. Guelf* || et *ante* a *add.* λτ || interfectus est *secl. Rossbachius* || **3** uiri : duo u. *N*ε uiri duo *P* hi uiri *DE Guelf* ιλρτ || quidem *ante* per *add.* ηνχ causa *add. Leid. 19* *Q*μσ || essent : prae- ηχ || et *om.* *Ry* ημσχ || statuerunt *post* antonius *add.* ν || **4** r. *N* : et *D Guelf* ζ *om. rell.* || fuerunt : -rant ηχ || et (*ante* m. ciceronis) *om.* ν || **5** huius : cuius νσ || popillio : -ilio *nonnulli* || caput quoque *om. D Guelf* ζ (*corr.* $D^2$) || quoque *om.* *E*γλρστ || dextra manu : m. d. ν.

## ⟨Abrégé⟩ du livre 121 [1]
## qui fut édité, dit-on, après la mort d'Auguste [2]

[1]C. Cassius, que le sénat, avait chargé de poursuivre avec une armée Dolabella, déclaré ennemi public, s'appuya sur l'autorité officielle de l'État pour faire passer en son pouvoir la Syrie, avec les trois armées qui étaient dans la même province, et força à mourir Dolabella qu'il avait assiégé dans la ville de Laodicée [3]. [2]C'est aussi sur l'ordre de M. Brutus que C. Antonius, son prisonnier, fut mis à mort [4].

## ⟨Abrégé⟩ du livre 122 [1]

[1]M. Brutus mena pendant quelque temps [2] avec succès une campagne contre les Thraces ; quand il eut fait passer sous son autorité et sous celle de C. Cassius toutes les provinces et toutes les armées d'au-delà des mers, tous deux se réunirent à Smyrne pour mettre au point leurs plans concernant la guerre à venir [3]. [2]Ils prirent en commun la décision de pardonner à Publicola, leur prisonnier, en considération de son frère, M. Messala [4].

## ⟨Abrégé⟩ du livre 123 [1]

[1]Sex. Pompée, fils de Magnus — qui, après avoir regroupé des esclaves fugitifs et des proscrits venant d'Épire [2], avait longtemps, avec son armée, sans posséder le moindre territoire, exercé la piraterie sur mer — s'empara d'abord de Messine, ville de Sicile, puis de

## Ex libro CXXI
## qui editus post excessum Augusti dicitur

[1]C. Cassius, cui mandatum a senatu erat ut Dolabellam hostem iudicatum bello persequeretur, auctoritate rei p. adiutus Syriam cum tribus exercitibus, qui in eadem prouincia erant, in potestatem suam redegit, Dolabella⟨m⟩ in urbe Laodicia obsessum mori coegit. [2]M. quoque Bruti iussu C. Antonius captus occisus est.

## Ex libro CXXII

[1]M. Brutus aduersus Thracas parum⟨per⟩ prospere rem gessit, omnibusque transmarinis prouinciis exercitibusque in potestatem eius et C. Cassi redactis coierunt Smyrnae uterque ad ordinanda belli futuri consilia. [2]M. Messalae Publicolam fratrem uinctum communi consilio condonauerunt.

## Ex libro CXXIII

[1]Sex. Pompeius, Magni filius, collectis ex Epiro proscriptis ac fugitiuis cum exercitu diu sine ulla loci cuiusquam possessione praedatus in mari Messanam, oppidum in Sicilia, primum, dein totam

CXXI *de inscript.*, *cf.* p. cxvi *et* p. cxx || **1** c. *om.* *KQ*θμ || ut *om.* *E*ρτ || dolabellam (*ante* in urbe) : -la *DENP Ry* ζπ || laodicia : laud- *N*λρ || **2** m. antonii frater *post* c. antonius *add.* σ || et *post* captus *add.* *D Guelf* ζ || a q. cicerone *post* occisus *add.* σ.

CXXII *de inscript.*, *cf.* p. cxvi || **1** parumper *P. La Roche* : parum *codd.* || belli futuri : f. b. ν || **2** uinctum *DEP Ry* γεζνπχ : iunct- η uic- *rell.* || condonauerunt : -demna- *DEKQ*λμσχ.

CXXIII *de inscript.*, *cf.* p. cxvi || **1** collectis *N* : elec- *P*ιλ electus *E*ρτ lectis *rell.* || ex epiro : e. cypro μσ e pyrrho θ || messanam *K*λμ νρστ : -na *rell.* || dein *NP Ry* γ : deinde *rell.*

toute la province et, après avoir tué le préteur Pompéius Bithynicus, vainquit en combat naval Q. Salvidénus, légat de César[3]. [2]César et Antoine passèrent en Grèce avec leurs armées pour faire la guerre contre Brutus et Cassius[4]. [3]Q. Cornificius livra bataille en Afrique à T. Sextius, chef du parti de Cassius, et le vainquit[5].

## ⟨Abrégé⟩ du livre 124[1]

[1]C. César et Antoine livrèrent bataille, près de Philippes, à Brutus et Cassius, avec des résultats contradictoires, une aile de chaque armée étant victorieuse et le camp de chaque parti étant lui aussi pris d'assaut par ceux qui avaient été vainqueurs. [2]Mais la mort de Cassius rendit inégales les chances des partis : s'étant trouvé dans l'aile qui avait été mise en fuite, il pensa que toute l'armée était en déroute et se donna la mort. [3]Puis, le deuxième jour[2], M. Brutus fut vaincu et mit fin lui aussi à sa vie, en obtenant par ses prières de Straton, son compagnon de fuite, qu'il le transperçât de son épée[3]. [4]Il avait environ 40 ans... parmi eux, Q. Hortensius fut exécuté[4].

## ⟨Abrégé⟩ du livre 125[1]

[1]César, ayant laissé Antoine de l'autre côté de la

prouinciam occupauit occisoque Pompeio Bithynico praetore, Q. Saluidenum, legatum Caesaris, nauali proelio uicit. [2]Caesar et Antonius cum exercitibus in Graeciam traiecerunt bellum aduersus Brutum et Cassium gesturi. [3]Q. Cornificius in Africa T. Sextium, Cassianarum partium ducem, proelio uicit.

## Ex libro CXXIV

[1]C. Caesar et Antonius apud Philippos uario euentu aduersus Brutum et Cassium pugnauerunt ita ut dextra utriusque cornua uincerent et castra quoque utrimque ab his qui uicerant expugnarentur. [2]Sed inaequalem fortunam partium mors Cassi fecit qui cum in eo cornu fuisset quod pulsum erat, totum exercitum fusum ratus mortem consciuit. [3]Altera dein d⟨i⟩e uictus M. Brutus et ipse uitam finiit exorato Stratone, fugae comite, ut sibi gladium adigeret. [4]Annorum erat circiter XL, ... inter quos Q. Hortensius occisus est.

## Ex libro CXXV

[1]Caesar relicto trans mare Antonio (prouinciae *ea*

**1** a *ante* pompeio *add.* ν ‖ q. : *om.* ν qui *DE Guelf NP Ry* γζλμρ ‖ saluidenum : -demum *E Ry* μν ‖ **2** in *om. Guelf P Ry* ζλτ ‖ gesturi : -stum *D Guelf* εζ ‖ **3** sextium : -tum λρτ.

CXXIV *de inscript.*, *cf.* p. CXVI ‖ **1** c. *om. D*σ ‖ aduersus : contra ν ‖ dextra utriusque : u. d. ν ‖ uincerent : uicerint ην -tur *EQ*μρστ ‖ **2** quidem *post* mors *add.* ηχ ‖ sibi *post* mortem *add. D Guelf* ζσχ ‖ **3** altera : -ro *Guelf Leid. 19* ηιμντχ alter *Q Ry* γ ‖ dein die *Iahnius* : deinde *codd.* ‖ proelio *post* dein die (deinde) *add.* ηνχ ‖ adigeret *Ry* ελπ : adi(i)ceret *rell.* ‖ **4** erat *om. E*ιλρτ ‖ aetatis *post* erat *Leid. 19 Q*μσ *post* circiter ηνχ ‖ *lacunam post* XL *indic. Sigonius.*

CXXV *de inscript.*, *cf.* p. CXVI ‖ **1** antonio *post* relicto η ‖ trans mare : transmarinae ν ‖ ea *Iahnius* : et *E* ex *rell.* ex ea *Walter.*

mer (les provinces situées dans cette partie de l'Empire avaient été attribuées à ce dernier), revint en Italie et procéda à une répartition des terres entre ses vétérans[2]. [2]Il réprima dans son armée, au prix d'un grave péril, les séditions que des soldats, corrompus par Fulvie, femme d'Antoine, avaient provoquées contre leur général[3]. [3]Le consul L. Antonius, frère de Marc Antoine, sur les conseils de la même Fulvie, fit la guerre à César[4]. [4]Ayant fait rentrer dans son parti les populations dont les terres avaient été assignées aux vétérans[5] et mis en déroute M. Lépide, qui dirigeait avec une armée la défense de la Ville, il fit irruption dans Rome en ennemi[6].

## ⟨Abrégé⟩ du livre 126[1]

[1]Comme César avait 23 ans, il assiégea dans la ville de Pérouse L. Antonius qui, après avoir tenté plusieurs sorties, fut repoussé ; il le força par la famine à se rendre et lui pardonna à lui et à tous ses soldats, détruisit Pérouse et, après avoir fait passer sous son autorité toutes les armées du parti adverse, mit fin à la guerre sans la moindre effusion de sang[2].

## ⟨Abrégé⟩ du livre 127[1]

[1]Les Parthes, sous le commandement de Labiénus qui avait appartenu au parti de Pompée, firent irruption

parte imperi positae ei cesserant) reuersus in Italiam ueteranis agros diuisit. [2]Seditiones exercitus sui quas corrupti a Fuluia, M. Antoni uxore, milites aduersus imperatorem suum concitauerant, cum graui periculo inhibuit. [3]L. Antonius cos., M. Antoni frater, eadem Fuluia consiliante bellum Caesari intulit. [4]Receptis in partes suas populis quorum agri ueteranis adsignati erant, et M. Lepido, qui custodiae urbis cum exercitu praeerat, fuso hostiliter in urbem inrupit.

## Ex libro CXXVI

[1]Caesar cum esset annorum XXIII, obsessum in oppido Perusia L. Antonium conatumque aliquotiens erumpere et repulsum fame coegit in deditionem uenire ipsique et omnibus militibus eius ignouit, Perusiam diruit, redactisque in potestatem suam omnibus diuersae partis exercitibus bellum citra ullum sanguinem confecit.

## Ex libro CXXVII

[1]Parthi Labieno, qui Pompeianarum partium fuerat, duce in Syriam inruperunt uictoque Decidio

**1** parte : -es *E* || positae : *om.* ηνχ potestate *K Leid. 19 Q*μσ || ei *KQ*ηλνρχ : *om. rell.* || cesserant ρ : cessit ηνχ rec- *E Leid. 19* γιλτ recesserat *rell.* || **2** corrupti *Ascensius* : -recti *Q Ry* μρστ -repti *rell.* || aduersus : contra ν || concitauerant : coniura- *E*ρτ || graui : grandi ν || **3** consiliante : -sulente *Guelf K*λμνσ || **4** cum exercitu *om. E*λτ || praeerat : -rant *KNP*ε parte erat *D* || fuso *om.* σ scis(s)o ηχ.

CXXVI *de inscript.*, *cf.* p. CXVI || **1** obsessum : -sus *Guelf NP*εζπ || oppido : -dum *DQ Ry* εζσ || repulsum : comp- *Q*μσ || quidem *post* omnibus *add.* ν.

CXXVII *de inscript.*, *cf.* p. CXVI || **1** duce *om. E*τ || decidio : decio *E Leid. 19* γιλρτ didio ηνχ.

en Syrie et, après avoir vaincu Décidius Saxa, légat de Marc Antoine, occupèrent toute cette province[2]. [2]Comme Marc Antoine ⟨était poussé à⟩ faire la guerre à César[3]... sa femme Fulvie... pour que... ne fît pas obstacle à la concorde des généraux, il fit la paix avec César et épousa sa sœur Octavie[4]. [3]Il révéla par ses dénonciations que Q. Salvidénus avait échafaudé des projets criminels contre César ; Salvidénus fut condamné et se donna la mort[5]. [4]P. Ventidius, légat d'Antoine, livra bataille aux Parthes, les vainquit et les chassa de Syrie après avoir tué leur chef, Labiénus[6]. [5]Comme un ennemi proche de l'Italie, Sextus Pompée, occupait la Sicile et faisait obstacle au commerce de l'annone, César et Antoine conclurent avec lui une paix qui était ardemment réclamée, avec cette clause qu'il aurait la Sicile comme province[7]. [6]⟨Le livre⟩ contient en outre le récit des troubles qui eurent lieu en Afrique ainsi que des guerres qui s'y déroulèrent[8].

## ⟨Abrégé⟩ du livre 128[1]

[1]Comme Sextus Pompée rendait à nouveau la mer dangereuse par ses brigandages et ne respectait pas la paix qu'il avait acceptée, César, qui avait entrepris contre lui une guerre devenue nécessaire, livra deux batailles navales à l'issue douteuse[2]. [2]P. Ventidius, légat de Marc Antoine, livra bataille aux Parthes en Syrie, les vainquit et tua leur roi[3]. [3]Les Juifs furent eux aussi

Saxa, M. Antoni legato, totam eam prouinciam occupauerunt. [2]M. Antonius cum ad bellum aduersus Caesarem gerendum ... uxore Fuluia ... ne concordiae ducum obstaret, pace facta cum Caesare, sororem eius Octauiam in matrimonium duxit. [3]Q. Saluidenum consilia nefaria aduersus Caesarem molitum indicio suo protraxit, isque damnatus mortem consciuit. [4]P. Ventidius, Antoni legatus, Parthos proelio uictos Syria expulit Labieno, eorum duce, occiso. [5]Cum uicinus Italiae hostis, Sex. Pompeius, Siciliam teneret et commercium annonae impediret, expostulatam cum eo pacem Caesar et Antonius fecerunt ita ut Siciliam prouinciam haberet. [6]Praeterea motus Africae et bella ibi gesta continet.

## Ex libro CXXVIII

[1]Cum Sex. Pompeius rursus latrociniis mare infestum redderet nec pacem quam acceperat praestaret, Caesar necessario aduersus eum bello suscepto duobus naualibus proeliis cum dubio euentu pugnauit. [2]*P.* Ventidius, legatus M. Antoni, Parthos in Syria proelio uicit regemque eorum occidit.

**1** et *post* saxa *add. codd. praeter E Leid. 19* γηρτχ ‖ totam : uniuersam ηνχ ‖ **2** aduersus : contra ν ‖ gerendum : concitaretur η ‖ *lacunam post* gerendum *indic. H. I. Muellerus* : intenderet *add.* λ impar esset *add.* γ incitaretur *add.* νχ ‖ uxore : -or *Leid. 19* η ‖ fuluia : repudiata *K*θ ‖ *lacunam post* fuluia *indic. ego* : incitaretur *add. D* pulsa *add.* ι relicta *add.* γλ dimissa *add.* ημσχ ‖ concordiae *D Guelf Leid. 19* γηθνσχ : -diam ε -dia *rell.* ‖ **3** saluidenum *E*ι : -demum γηιχ sauidienum *NP* saluidienum *D Leid. 19* εζλ saui- *Guelf* σ *alii alia* ‖ aduersus : contra ν ‖ suo *om. E*λρτ ‖ protraxit : -oiecit ζ -otexit *D*ν pert- σ ‖ **5** et commercium annonae : et a. commeatum νχ ‖ expostulatam c. e. p. *P* : eo postulatam c. p. *Guelf N*εζθ c. eo *post* p. *rell.* ‖ quidem *ante* fecerunt *add.* ν ‖ **6** ibi gesta *E Leid. 19* γλρτ : gesta *KQ*ημνσχ ingesta *NP Ry* θπ ea ζ in ea *D Guelf.*

CXXVIII *de inscript.*, *cf.* p. cxvi ‖ **1** aduersus eum bello : b. contra eum μνσ ‖ cum *om.* ηνχ ‖ **2** p. *Sigonius* : l. *codd.* ‖ proelio *om. Q Ry* γμνσ ‖ occidit : interemit ν.

soumis par les légats d'Antoine[4]. [4]⟨Le livre⟩ contient en outre le récit des préparatifs de la guerre de Sicile[5].

## ⟨Abrégé⟩ du livre 129[1]

[1]Au cours des combats navals aux issues diverses livrés à Sex. Pompée, des deux flottes de César, l'une, à laquelle Agrippa commandait, fut victorieuse, l'autre, que dirigeait César, fut détruite, les soldats débarqués sur terre se trouvant dans un grand péril[2]. [2]Vaincu ensuite, Pompée s'enfuit en Sicile[3]. [3]Comme M. Lépide, venu d'Afrique en principe pour s'allier à César dans la guerre que devait mener celui-ci contre Sex. Pompée, faisait aussi la guerre à César, il fut abandonné par son armée et, sa charge de triumvir lui ayant été retirée, il obtint la vie sauve[4]. [4]M. Agrippa reçut de César le don d'une couronne navale, honneur qui n'avait été conféré à personne avant lui[5].

## ⟨Abrégé⟩ du livre 130[1]

[1]Menant une vie de plaisirs avec Cléopâtre, Marc Antoine, qui était tardivement entré en Médie, attaqua les Parthes avec 18 légions et 16 000 cavaliers, mais comme, après avoir perdu deux légions, il n'avait obtenu aucun résultat satisfaisant, il opéra sa retraite, les

[3]Iudaei quoque a legatis Antoni subacti sunt. [4]Praeterea belli Siculi apparatum continet.

## Ex libro CXXIX

[1]Aduersus Sex. Pompeium uario euentu naualibus proeliis pugnatum est ita ut ex duabus Caesaris classibus altera, cui Agrippa praeerat, uinceret, altera, quam Caesar duxerat, deleta expositi in terram milites in magno periculo essent. [2]Victus deinde Pompeius in Siciliam profugit. [3]M. Lepidus, qui ex Africa uelut ad societatem belli contra Sex. Pompeium a Caesare gerendi traiecerat, cum bellum Caesari quoque inferret, relictus ⟨ab⟩ exercitu, abrogato triumuiratus honore uitam impetrauit. [4]M. Agrippa nauali corona a Caesare donatus est, qui honos nulli ante eum habitus erat.

## Ex libro CXXX

[1]M. Antonius dum cum Cleopatra luxuriatur, tarde Mediam ingressus bellum cum legionibus XVIII et $\overline{\text{XVI}}$ equitum Parthis intulit, et cum, duabus legionibus amissis, nulla re prospere cedente retro

**3** subacti : interempti ν.

CXXIX *de inscript.*, *cf.* p. CXVI ‖ **1** sex ηνχ : sextum *D Guelf Ry* ζ *om. rell.* ‖ ex duabus caesaris classibus : duarum classium caesaris ν ‖ terram : terra *E Guelf KP*εζθιλτ inter ea *D* in quam ν ‖ cum *ante* milites *add. Leid. 19 post* milites νσ ‖ milites *om.* ηχ ‖ magno : quam maximo ηνχ ‖ **2** sextus *ante* pompeius *add. D*ζ ‖ siciliam *codd.* : *de coniect., u. adnot.* ‖ **3** a *om. DNP*εζθ ‖ ei *post* cum *add.* ηνχ ‖ et *ante* caesari *add.* σ ‖ caesari quoque σχ : caesari *D Guelf Leid. 19 Ry* ζ caesar quoque ημνχ caesarque *rell.* ‖ relictus γε : -to *rell.* ‖ ab *add. Frobenius* ‖ **4** nulli : nemini ηνχ a nullis *Q*μ ‖ erat : est *K*ηθνχ.

CXXX *de inscript.*, *cf.* p. CXVI ; *inscript. post* tarde (§ *1*) *Guelf NP Ry* ‖ **1** m. : c. η ‖ dum — tarde *post* erat (*129, 4 — Per. 130 a uerbis* m. antonius mediam *incipiente*) *Guelf NP Ry* ‖ luxuriatur : -aretur σ ‖ tarde : tandem *E*ϱ *om.* μνσ ‖ prouinciam *post* mediam *add.* νσ ‖ cum legionibus — et cum *om. E* ‖ peditum *post* legionibus *D Guelf* ζ.

Parthes se mettant aussitôt à sa poursuite : ce fut dans un immense désordre et en faisant courir de grands dangers à toute son armée qu'il revint en Arménie, après avoir parcouru dans sa fuite 300 milles en 21 jours. [2]Il perdit environ 8 000 hommes du fait du climat. [3]En plus de la guerre parthique qu'il avait entreprise sous de si fâcheux auspices, il eut à subir aussi l'hostilité du climat par sa propre faute, parce que, dans sa hâte de rejoindre Cléopâtre, il ne voulait pas passer l'hiver en Arménie[2].

## ⟨Abrégé⟩ du livre 131[1]

[1]Comme, tout en allant se placer sous la protection de Marc Antoine, Sex. Pompée fomentait une guerre contre lui en Asie, il fut surpris et tué par les légats de celui-ci[2]. [2]Après avoir réprimé une sédition de vétérans qui avait éclaté en causant de grands dommages, César soumit les Iapydes, les Dalmates et les Pannoniens[3]. [3]Antoine fit jeter dans les chaînes Artavasde, roi d'Arménie, qu'il avait fait venir en lui donnant sa parole, et il donna le royaume d'Arménie au fils qu'il avait eu de Cléopâtre : depuis longtemps épris de cette dernière, il avait commencé à la traiter comme sa femme[4].

## ⟨Abrégé⟩ du livre 132[1]

[1]César soumit les Dalmates en Illyrie[2]. [2]Comme Marc Antoine, en raison de son amour pour Cléopâtre dont il avait deux fils, Philadelphe et Alexandre, ne voulait ni venir à Rome ni déposer son *imperium* au terme du triumvirat[3], qu'il fomentait une guerre contre

rediret, insecutis subinde Parthis et ingenti trepidatione et magno totius exercitus periculo in Armeniam reuersus est, XXI die<bus> CCC milia fuga emensus. [2]Circa $\overline{\text{VIII}}$ hominum tempestatibus amisit. [3]Tempestates quoque infestas super tam infeliciter susceptum Parthicum bellum culpa sua passus est, quia hiemare in Armenia nolebat, dum ad Cleopatram festinat.

## Ex libro CXXXI

[1]Sex. Pompeius cum in fidem M. Antoni ueniret, bellum aduersus eum in Asia moliens oppressus a legatis eius occisus est. [2]Caesar seditionem ueteranorum cum magna pernicie motam inhibuit, Iapydas et Dalmatas et Pannonios subegit. [3]Antonius Ar*tauas*den, Armeniae regem, fide data perductum in uincula conici iussit, regnumque Armeniae filio suo ex Cleopatra nato dedit, quam uxoris loco iam pridem captus amore eius habere coeperat.

## Ex libro CXXXII

[1]Caesar in Illyrico Dalmatas domuit. [2]Cum M. Antonius ob amorem Cleopatrae, ex qua duos filios habebat, Philadelphum et Alexandrum, neque in urbem uenire uellet neque finito IIIuiratus tempore

1 insecutis : -tus *Q*εμσ ‖ a *ante* parthis *add.* *Q*σ ‖ diebus *Sigonius* : die *codd.* ‖ 3 tam : iam μ cum *Q*σ terram ε *om.* ν ‖ nolebat : uole- *D*ετ.

CXXXI *de inscript.*, *cf.* p. CXVI ‖ 1 oppressus — occisus est : a legatis eius o. e. ν ‖ 2 seditionem : -nes *D*ρτ ‖ iapydas *EQ*η : -gas *rell.* ‖ et *om.* ηθνχ ‖ 3 artauasden *Frobenius* : artiuridem *Q*ηχ artum(m)dem *plerique* artabanen *Oros. 6, 9, 13.*

CXXXII *de inscript.*, *cf.* p. CXVI ‖ 2 et alexandrum *om.* *E*γλτ ‖ uellet : uelit *E*τ ‖ III uiratus tempore *E Leid. 19 Q*ρ : eius t. triumu. (triumuirorum η) ημνσχ eius ratus tempore *rell.*

Rome et l'Italie, qu'il rassemblait dans ce but des forces immenses aussi bien sur mer que sur terre et qu'il avait signifié le divorce à Octavie, sœur de César, César passa en Épire avec une armée[4]. [3]Relation est faite ensuite des batailles navales et des combats de cavalerie qui furent favorables à César[5].

## ⟨Abrégé⟩ du livre 133[1]

[1]Vaincu sur mer à Actium[2], Marc Antoine s'enfuit à Alexandrie et, assiégé par César, dans une situation désespérée, surtout poussé par le faux bruit de la mort de Cléopâtre, se donna la mort[3]. [2]Quand Alexandrie fut passée sous sa domination et que Cléopâtre fut morte d'une mort volontaire pour ne pas tomber au pouvoir discrétionnaire du vainqueur[4], César revint à Rome et célébra trois triomphes, l'un sur l'Illyrie, l'autre sur la victoire d'Actium, le troisième sur Cléopâtre, mettant un terme à vingt-deux ans de guerres civiles[5]. [3]Comme M. Lépidus, fils de Lépide, qui avait été triumvir, fomentait une guerre à la suite d'une conjuration contre César, il fut pris et exécuté[6].

## ⟨Abrégé⟩ du livre 134[1]

[1]Quand l'ordre eut été rétabli et toutes les provinces organisées de façon définitive[2], C. César fut aussi nommé Auguste ; et le mois de Sextilis, pour lui faire honneur,

imperium deponere bellumque moliretur quod urbi et Italiae inferret, ingentibus tam naualibus quam terrestribus copiis ob hoc contractis remissoque Octauiae, sorori Caesaris, repudio, Caesar in Epirum cum exercitu traiecit. [3]Pugnae deinde naualis et proelia equestria secunda Caesaris referuntur.

## Ex libro CXXXIII

[1]M. Antonius ad Actium classe uictus Alexandriam profugit, obsessusque a Caesare, in ultima desperatione rerum, praecipue occisae Cleopatrae falso rumore inpulsus, se ipse interfecit. [2]Caesar Alexandria in potestatem redacta, Cleopatra, ne in arbitrium uictoris ueniret, uoluntaria morte defuncta, in urbem reuersus tres triumphos egit, unum ex Illyrico, alterum ex Actiaca uictoria, tertium de Cleopatra, imposito fine ciuilibus bellis altero et uicesimo anno. [3]M. Lepidus Lepidi, qui triumuir fuerat, filius coniuratione aduersus Caesarem facta bellum moliens oppressus et occisus est.

## Ex libro CXXXIV

[1]C. Caesar rebus compositis et omnibus prouinciis in certam formam redactis Augustus quoque cognominatus est; et mensis Sextilis in honorem eius

**2** et italiae : italiaeque μνσ ‖ sorori : -ris *KQ*σ ‖ **3** pugnae : -a γλ.

CXXXIII *de inscript.*, *cf.* p. CXVI ‖ **1** m. : c. η ‖ in : et γλ ‖ desperatione rerum : r. d. *Q*νσ ‖ occisae *om.* *E*γλτ ‖ interfecit : -remit ν ‖ **2** potestatem *Guelf* νσ : -te *rell.* ‖ redacta : -ducta γλ -elicta *E* ‖ defuncta : occubuit ν ‖ est *post* defuncta *add.* *Q*μσ ‖ de : ex ν ‖ altero *Leid. 19 Q Ry* γμνσ : et a. *rell.* ‖ uicesimo *E Leid. 19 N P*γζιλτ : trigesimo *rell.* ‖ **3** lepidi qui : q. l. *Q*μνσχ ‖ triumuir : -uiri *Q*μσχ ‖ aduersus : contra ν ‖ et occisus *om.* *P*.

CXXXIV *de inscript.*, *cf.* p. CXVI ‖ **1** c. *om.* *E Guelf K*λμρτ.

fut appelé de son nom[3]. [2]Alors qu'il... il tint ses assises à Narbonne et l'on opéra un recensement des trois Gaules que son père avait vaincues[4]. [3]La guerre ⟨menée⟩ contre les Bastarnes, les Mésiens et les autres nations par M. Crassus... font l'objet du récit[5].

### ⟨Abrégé⟩ du livre 135[1]

[1]La guerre menée par M. Crassus contre les Thraces et par César contre les Espagnols fait l'objet du récit ainsi que la soumission définitive des Salasses, peuplade alpine[2].

### *Les abrégés des livres 136 et 137 manquent*[1]

### ⟨Abrégé⟩ du livre 138[1]

[1]Les habitants de la Rhétie furent soumis par Tib. Néron et Drusus, beaux-frères de César[2]. [2]Agrippa, gendre de César, mourut[3]. [3]Un recensement fut accompli par Drusus[4].

### ⟨Abrégé⟩ du livre 139[1]

[1]Les cités de Germanie situées en deçà et au-delà du Rhin sont attaquées par Drusus et le soulèvement qui s'était produit en Gaule à cause du recensement

appellatus est. [2]Cum ille † conuentum Narbone egit, census a tribus Galliis, quas Caesar pater uicerat, actus. [3]Bellum aduersus Basternas et Moesos et alias gentes a M. Crasso ... referuntur.

## Ex libro CXXXV

[1]Bellum a M. Crasso aduersus Thracas et a Caesare aduersus Hispanos gestum refertur, et Salassi, gens Alpina, perdomiti.

*Librorum CXXXVI et CXXXVII periochae desunt.*

## Ex libro CXXXVIII

[1]Raeti a Tib. Nerone et Druso, Caesaris priuignis, domiti. [2]Agrippa, Caesaris gener, mortuus. [3]A Druso census actus est.

## Ex libro CXXXIX

[1]Ciuitates Germaniae cis Rhenum et trans Rhenum positae oppugnantur a Druso, et tumultus, qui

**2** cum : tum *D Guelf Ry* ζ || *crucem post* ille *pos. Madvigius, ante* cum *Iahnius* || conuentum *om. Q* || egit : -isset *Leid. 19* || eo de *post* **a** (ab) *coniec. Halmius, fors. recte* || caesar *om. E*γλρτ || **3** aduersus : contra ν || m *om Ry* || *lacunam post* crasso *indic. Sigonius* || referuntur : -fertur *Guelf* ν.

CXXXV *de inscript., cf.* p. CXVI || **1** gestum *om. D*γλ || gens alpina : gentes -nae νσ.

CXXXVI-CXXXVII *de his in codd. omissis Per., cf. p.* CXV.

CXXXVIII *de inscript., cf.* p. CXVI || **1** raeti *E Guelf KNP*ελρσ : graecia *rell.* || nerone *om.* γιρτ || caesaris — mortuus : *hic longam interp. habet* ι, *de qua u. supra* p. LXV || priuignis θ : -gno *rell.* || domiti *DEKNP*εθλ : -ta *rell.* || **3** et (*ante* a druso) *add.* μνσ.

CXXXIX *de inscript., cf. p.* CXVI.

est apaisé[2]. [2]L'autel du dieu César fut dédié au confluent de la Saône et du Rhône, l'Éduen C. Julius Vercondaridubnus étant nommé son prêtre[3].

## ⟨Abrégé⟩ du livre 140 [1]

[1]La pacification des Thraces par L. Pison, de même que la soumission des Chérusques, des Tenctères, des Chauques et des autres nations germaines d'au-delà du Rhin par Drusus font l'objet du récit[2]. [2]Octavie, sœur d'Auguste, mourut, après avoir perdu son fils Marcellus dont les monuments commémoratifs sont le théâtre et le portique dédiés en son nom[3].

## ⟨Abrégé⟩ du livre 141 [1]

[1]La guerre menée par Drusus contre les nations transrhénanes fait l'objet du récit[2]. [2]Y combattirent, entre autres personnages importants, Chumstinctus et Avectius, tribuns de la cité des Nerviens[3]. [3]Néron, frère de Drusus, soumit les Dalmates et les Pannoniens[4]. [4]La paix fut faite avec les Parthes, après la restitution

ob censum exortus in Gallia erat, conponitur. [2]Ara dei Caesaris ad confluentem *Ar*aris et Rhodani dedicata, sacerdote creato C. Iulio Vercondaridubno Aeduo.

## Ex libro CXL

[1]Thraces domiti a *L. Pis*one, item Cherusci, *T*enc*ter*i, Chauci aliaeque Germanorum trans Rhenum gentes subactae a Druso referuntur. [2]Octauia, soror Augusti, defuncta, ante amisso filio Marcello cuius monimenta sunt theatrum et porticus nomine eius dicata.

## Ex libro CXLI

[1]Bellum aduersus transrhenanas gentes a Druso gestum refertur. [2]In quo inter primores pugnauerunt Chumstinctus et Auectius, tribuni ex ciuitate Neruiorum. [3]Dalmatas et Pannonios Nero, frater Drusi, subegit. [4]Pax cum Parthis facta est signis a rege

**1** componitur : -ositus *Κ*νσχ -primitur *Guelf Ry* -posuit ρτ || **2** ara dei *D, Rossbachius* : ara *Κ*ηνχ aram *E Leid. 19* γιλρ aridei *Guelf* ζ eidem *Ry* ardi *rell.* ara diui *Heraeus* || caesaris : -ri ηνχ || araris *Ascensius* : maris *codd.* || et *om.* γλ || dedicata : -cat *E Leid. 19* γλτ || sacerdote : -eque νχ || uercondaridubno *Leid. 19 NPQ*ηι : *om. Ry* -dubio *rell.*

CXL *de inscript., cf.* p. cxvi || **1** l. pisone *Sigonius* : scipione ηνσχ caepione *rell.* || cherusci *Leid. 19* εινρχ : cerusti *KBP*γθλπ etrusci *D Guelf Ry, alii alia* || tencteri *Sigonius* : cenchrei *uel* cent(h)rei *plerique* || chauci *om. Q*σ || gentes *post* germanorum *Q*ρτ || **2** m. *ante* marcello *add. Q*μσ || monimenta *NQ Ry* ζλμνπστ : monu- *rell.* || eius *ante* porticus ηνχ || nomine *EQ*εζθιλρτ : -ni *D Guelf Leid. 19 Q Ry* ημνχ -nis *rell.* || dicata : dedi- *E*ζιρσ.

CXLI *de inscript., cf.* p. cxvi || aduersus : contra ν || transrhenanas : -rhenas *D Guelf Ry* γμ frarenas σ || **2** chumstinctus *EKNP*γθμπρ : cons- *Leid. 19 Q*λ -nstinctus μ -stinctius τ -strictus ι tum (t.) senectius *D*ηνχ tum senectus *Guelf Ry* ε t. geuertius ζ chrisonnicus σ || auectius : anec- *D Ry* ηνχ aurelius *Q* et a uectius θ auernius *E* anactius γλ || **4** facta est *E Leid. 19 NP* : facta *rell.*

par leur roi des enseignes prises du temps de Crassus et, ensuite, d'Antoine[5].

## ⟨Abrégé⟩ du livre 142[1]

[1]La guerre menée par Drusus contre les cités germaines d'au-delà du Rhin fait l'objet du récit[2]. [2]Lui-même mourut d'une fracture, son cheval étant tombé sur sa jambe, 30 jours après l'accident. [3]Son corps fut transporté à Rome par son frère Néron qui, appelé à la nouvelle de sa maladie, était accouru en hâte, et il fut enseveli dans le tombeau de C. Julius[3]. [4]Son éloge fut prononcé par son beau-père César Auguste. [5]En outre, de nombreux honneurs lui furent décernés lors de ses obsèques[4].

eorum, quae sub Crasso et postea sub Antonio capta erant, redditis.

## Ex libro CXLII

Bellum aduersus Germanorum trans Rhenum ciuitates gestum a Druso refertur. [2]Ipse ex fractura, equo super crus eius conlapso xxx die quam id acciderat, mortuus. [3]Corpus a Nerone fratre, qui nuntio ualetudinis euocatus raptim adcucurrerat, Romam peruectum et in tumulo C. Iuli reconditum. [4]Laudatus est a Caesare Augusto uitrico. [5]Et supremis eius plures honores dati.

CXLII *de inscript.*, *cf.* p. CXVI || 2 conlapso : el- *D Guelf Ry* ζ || est *post* mortuus *add.* ν || 3 ualetudinis : uali- *EK*μχ || eius *post* ualetudinis *add. Leid. 19* ρτ || adcucurrerat *Leid. 19 NPQ*εθλμ : accurrebat τ accurrerat *rell.* || uenit *ante* peruectum *add.* ν || peruectum : prou- ζ reu- ηλχ || c. iuli *ante* tumulo ηνχ || reconditum *N* : con- *rell.* || 4 est *om.* νσ || uitrico : uic- *E Guelf Q*λμρσ || 5 eius : illius *Q*μσχ || funeribus *ante* plures *add.* ηνχ || dati *N*π : dedit *rell.* || clades Quinctili Vari *add.* (*ex* π?) *P. Pithoeus sub extrema linea* (*et quoque in dextra margine*) *secundae Sigonianae Liui editionis ; de quo additamento, uide* p. CIII || TITI LIUI.PERIO-CHAE., .OMNIUM..LIBRORUM., .ABURBE CONDITA., .EXPLICIT., .LEGE FELICITER BONO TUO *N* Titi Liui periochae omnium librorum ab urbe condita explicite sunt amen *P* TITI LIVI PERIOCHAE omnium Librorum ab urbe condita explicit π; *de ceteris subscript.*, *cf.* p. X-XI.

# NOTES COMPLÉMENTAIRES

*Per. 70*

1. (*Inscriptio*) Années 98 à 92.

2. (*70, 1*) Année 98? (cf. *M. R. R.*, II, 2). Sur M'. Aquilius, cf. la *Per.* précédente et la note 11 ; sur M. Antonius, cf. *Per.* 68, 1 et la note 2.

3. (*70, 2*) Bien qu'il fût coupable (cf. Cicéron *Pro Flacco* 98), il fut acquitté en raison du courage qu'il avait montré dans la lutte contre les esclaves. — Il semble que la forme *indubitate* (9 *recentiores* corrigent? en *indubitanter*) doive être gardée, bien que le *Thesaurus* la déclare « douteuse » et renvoie à *indubitato*.

4. (*70, 3*) Le fait était exact à l'époque de Tite-Live (Cicéron mentionne à maintes reprises — *Verr.* 2, 5, 3 ; *De oratore* 2, 124 ; 188 ; 194-196 — le geste spectaculaire de l'orateur Antoine), mais Quintilien 2, 15, 7 le mentionnera aussi. L'épitomateur l'a-t-il lu? S'en tient-il à son modèle, conformément aux habitudes des abréviateurs (cf. la discussion sur les « anachronismes » de Florus dans l'édition de la *C. U. F.* I, p. LXXXVII sq. et *supra*, *Introd.*, p. XXVI, n. 5)? S'agit-il d'une glose? Nous ne le pensons pas, compte tenu de l'existence de faits analogues chez Tacite et les abréviateurs.

5. (*70, 4*) Année 97? Cf. *M. R. R.*, II, 7 et 8, n. 4. — T. Didius était consul en 98. Il gouvernera l'Espagne Citérieure jusqu'en 93.

6. (*70, 5*) Année 96. Sur Ptolémée Apion, cf. *supra Per.* 62, note 7. Le legs est mentionné par Tacite *A.* 14, 18, 2 ; Justin 39, 5, 2 et Obsequens 49, qui appelle par erreur Apion, *rex Aegypti*.

7. (*70, 6*) Année 92. Sylla était alors propréteur en Cilicie. Ariobarzane, qui régnait en Cappadoce depuis 95, fut détrôné trois fois au profit de Gordios (la première par le roi d'Arménie, Tigrane, gendre de Mithridate) et trois fois rétabli par les Romains ; cf. notamment Plutarque, *Sylla* 5, 6 sq.

8. (*70, 7*) Année 92. Cf. Plutarque, *ibid.* 5, 8 ; c'était la première fois que Parthes et Romains entraient en rapports.

9. (*70, 8*) Année 92. P. Rutilius Rufus, consul en 105, avait servi en 97-96 (sur cette datation, cf. Nicolet, *Ordre équestre*, I, 545) comme légat de Q. (et non C.) Mucius Scaevola le grand pontife, lequel n'était pas, à cette date, proconsul, mais propréteur — il sera consul en 95 (cf. *M. R. R.*, II, 7 et 9, n. 5 et 6). Q. Mucius Scaevola et son légat avaient été des gouverneurs modèles et, comme tels, avaient lésé les intérêts des publicains. — La condamnation de P. Rutilius dans un procès *repetundarum* (cf. Nicolet, *ibid.* 544) allait devenir l'exemple

proverbial d'une condamnation injuste : cf. *M. R. R.*, II, 8 et 9, n. 6.

10. (*70, 9*) Année 92. C. Sentius était en fait propréteur, mais Orose 5, 18, 30 l'appelle aussi préteur — cf. *M. R. R.*, II, 16, n. 5. Il avait été préteur urbain en 94 et commandait en Macédoine depuis 93. Il y resta sept ans et devait prendre sa revanche (cf. Orose, *ibid.*).

11. (*70, 10*) Après le 10 décembre 92, date de l'élection de Drusus. Sur son programme politique, cf. la *Periocha* 71.

12. (*70, 11*) Sur cette phrase, analogue à celles qui terminent les *Per.* 62 et 68, cf. les notes 7 à *Per.* 62, 7 et 14 à la *Per.* 68, 11. L'épitomateur doit faire allusion ici, pour la Syrie, aux guerres menées par Antiochus IX Cyzicène qui prit le pouvoir en 96, après l'assassinat d'Antiochus VIII Grypos, et fut lui-même éliminé en 95 par un de ses neveux, Séleucus VI, assassiné à son tour par Antiochus X le Pieux, fils de Cyzicène ; Antiochus X dut lutter alors contre ses trois cousins, dont l'un, Démétrius III, réussit, après la mort d'Antiochus tué par les Parthes, à asseoir son autorité sur la majeure partie du royaume. — En Égypte, Ptolémée X Alexandre réussit, de Chypre, à gagner Alexandrie, en 101 ; il y fit assassiner sa mère, Cléopâtre III ; son frère, Ptolémée IX, régnait à Chypre. — Sur Ptolémée Apion, cf. *supra*, paragraphe 5 et la note 6.

### *Per. 71*

1. (*Inscriptio*) Entièrement consacrée à l'activité du tribun de la plèbe M. Livius Drusus, la *Per.* 71 couvre environ les trois premiers quarts de l'année 91.

2. (*71, 1-4*) On trouvera, groupées par matières, toutes les références dans *M. R. R.*, II, 21 et 24, n. 9. — I. Haug, *Der römische Bundesgenossenkrieg 91-88 v. Chr. bei Titus Livius*, in *W. J. A.*, II, 1947, 10, n. 1, note qu'au paragraphe 1, l'expression *socios et Italicos populos*, ne paraissait pas claire à Mommsen, dans la mesure où elle anticipe sur la guerre sociale à venir. — Au paragraphe 4, *etiam* fait sans doute allusion à l'évolution qui s'est produite au sénat, favorable à Drusus jusqu'en septembre, puis de plus en plus hostile au tribun, compte tenu de l'agitation qui secouait l'Italie et de la révélation (faite par Drusus lui-même) du complot visant à assassiner les consuls. — C'est sans doute au début d'octobre 91 (d'après Cicéron *De Oratore* 1, 24, Drusus était encore vivant à la mi-septembre : cf. *M. R. R.*, II, 24, 4) que Drusus fut assassiné. Le sénat avait, en invoquant des motifs religieux, abrogé toutes les mesures qu'il avait fait voter. — A noter l'extrême clarté et la densité du résumé.

### *Per. 72*

1. (*Inscriptio*) Fin de l'année 91 et début de 90.

2. (*72, 1*) A ces peuples dont l'énumération correspond à la situation géographique, Appien, *B. C.* 1, 39, 175, en ajoute cinq : les Frentani, Hirpini, Pompéiens, Venusini et Apuliens (mais Tite-Live incluait sans doute les deux premiers peuples parmi les Samnites).

3. (*72, 2*) Q. Servilius avait sans doute (cf. *M. R. R.*, II, 20 et 24, n. 4) été préteur l'année précédente (91). Appien, *B. C.* 1, 38, 171-172, qui le qualifie aussi d'ἀνθύπατος, souligne l'usage romain consistant à donner le titre de proconsul à des promagistrats pourvus d'un *imperium* proconsulaire. Il y a lieu de distinguer ce Q. Servilius de Q. Servilius Caepio (cf. *Per.* 73, 6), peut-être préteur lui aussi l'année précédente. Q. Servilius fut assassiné avec son légat Fontéius à la fin de 91 ou au début de 90. Ce fut le signal de la guerre sociale.

4. (*72, 4*) Servius Sulpicius Galba avait sans doute été préteur l'année précédente : cf. *M. R. R.*, II, 24, n. 6. Sur ce personnage qui joua un rôle important dans la guerre sociale, cf. *Per.* 73, 5 et 76, 2 et les notes *ad loc.*

5. (*72, 5*) A Aesernia, colonie latine depuis 273, se trouvaient les légats (?) L. Acilius et L. Cornélius Scipio (Asiagénès?) qui réussirent à s'échapper sous un déguisement : cf. Appien, *ibid.* 1, 41, 182. — Sur le sort d'Aesernia, cf. *Per.* 73, 9. — La ville avait été investie dès la fin 91 (Gabba I, 134).

6. (*72,* 5) Il s'agit d'Alba Fucens. Perperna — cf. Appien, *B. C.* 1, 41, 183 — légat de Rutilius, essaya de la libérer.

7. (*72, 6*) Phrase « de liquidation » (cf. *Introd.*, p. LXI, n. 4) rassemblant en fin de *Periocha* un groupe d'événements (sans doute ceux survenus au printemps 90) que l'épitomateur ne pouvait indiquer en détail.

*Per. 73*

1. (*Inscriptio*) Été 90.

2. (*73, 1*) Il commandait le front sud et essayait de dégager Aesernia (cf. paragraphe 7).

3. (*73, 2*) Nôle n'était pas encore une colonie. — Les Samnites devaient occuper la ville pendant dix ans : cf. *Per.* 89, 11 et la note *ad loc.*

4. (*73, 4*) Il s'agit du consul P. Rutilius Lupus. Il fut tué le 11 juin 90, sur les bords du Tolénus (8 000 Marses y furent massacrés : cf. Orose 5, 18, 11-13 ; un désaccord avait eu lieu entre lui et Marius — cf. aussi Ovide, *Fastes* 6, 563-566 et Orose, *ibid.*), petite rivière d'Italie centrale. Marius, dont le camp était voisin, réussit à ramener le corps du consul à Rome où ses obsèques impressionnèrent vivement la population : cf. Appien, *ibid.* 43, 194 et Florus 2, 6 (3, 18), 12 qui confond Rutilius avec son collègue L. Julius César. Dans tout son récit, Appien, quant à lui, appelle par erreur le consul *Sextus* (prénom du consul de 91) au lieu de *Lucius* ; cf. *M. R. R.*, II, 25 et 29.

5. (*73, 5*) La leçon *Seruius* qui figure comme correction dans l'*editio Moguntina* a été adoptée par O. Rossbach. Nous la reprenons, en partie parce qu'elle se trouve dans le manuscrit η (tous les autres ont *sextus* ou *sextius*). En fait, cf. Gabba, I, 143-144, la leçon *Sex.* pourrait être la bonne (cf. Domazewski, cité par I. Haug, *op. cit.*, 201 sq., qui propose de lire *Sex. Iul.*) — étant donné que la seule victoire romaine importante remportée cette année-là fut celle de

Sex. Julius César (sur les Samnites) : les manuscrits *N*, *P* et *Ry* ont en effet *sul* au lieu de *sulpicius*. Mais s'il s'agit de Ser. Sulpicius Galba, on doit songer au légat dont il est question en 72, 4 et 76, 2 (à moins que ce ne soit P. Sulpicius Rufus : cf. *M. R. R.*, II, 31, note 18).

6. (*73, 6*) Il s'agit de Q. Servilius Cépion, sans doute préteur en 91 (cf. *M. R. R.*, II, 28), qui avait succédé à Rutilius sur le front nord (cf. Appien, *B. C.* 1, 44) et qu'il faut distinguer (cf. n. 3 à *Per.* 72, 2) de Q. Servilius. Selon Orose 5, 18, 14, l'embuscade dans laquelle il tomba avait été tendue par les Vestini et les Marses.

7. (*73, 7*) Cf. Appien, *B. C.* 1, 40-42 (avec les confusions de prénoms signalées note 4 *in fine*). La victoire de L. César doit dater d'août 90 (cf. Gabba, I, 137).

8. (*73, 9*) Sur cette formule, cf. *Introd.*, p. LXXXVI et note 2 à *Per.* 39, 7.

9. (*73, 9*) Cf. Diodore 37, 19, 1-2 et Appien, *ibid.* 40-41.

10. (*73, 9*) Cf. Orose 5, 18, 15. C'est sans doute à cette bataille victorieuse que fait allusion Plutarque, *Marius* 33, 3. — Appien, *ibid.* 45, 202, se trompe certainement (cf. Gabba, note *ad loc.*) en attribuant cette victoire à Sylla.

11. (*73, 9*) Appien, *ibid.* 40, 181 l'appelle Hérius (Ἔριος), comme Velleius Paterculus 2, 16, 1 et la plupart des historiens modernes, conformément à l'épigraphie, où le forme est attestée comme prénom (cf. Schulze, *Z. G. L. E.*, 82). Heraeus adopte dans son édition la correction *Herio* de Gronovius.

12. (*73, 10*) C. Caelius était peut-être préteur cette année-là (cf. *M. R. R.*, II, 30, n. 1 ; cf. 25). — L'indication concernant les Salluviens (Sallyens) atteste que Tite-Live suivait l'ordre chronologique des événements sur plusieurs théâtres d'opération. Il est d'ailleurs possible qu'il y ait un lien entre ce soulèvement et la guerre sociale.

*Per. 74*

(*Inscriptio*) Fin de l'année 90 et début de 89. — Il semble que — cf. le livre 75 — Tite-Live ait placé le passage d'une année à l'autre au milieu du livre 74.

2. (*74, 1*) A la différence du paragraphe 7, Cn. Pompéius Strabon, père du grand Pompée, n'est pas qualifié ici de consul (il le sera l'année suivante). Nous sommes en effet en novembre 90, où Pompée, après avoir été légat du consul Rutilius, le remplaça après sa mort dans son commandement sur le front nord, notamment devant Asculum. — Il s'agit sans doute de la victoire de Firmum : cf. Gabba, I, note aux paragraphes 205 et 206 d'Appien.

Contrairement à Rossbach, nous considérons le texte de la plupart des manuscrits (*fudit, obsedit*) comme inacceptable (*obseditque* de certains *recentiores* est sans doute une correction) ; le rapprochement avec *Per.* 78, 2 qu'invoque Rossbach n'est pas probant, puisque le second verbe est alors doté d'un complément. — La conjecture de Kornemann *Asculum obsedit* est séduisante et est acceptée, comme allant de soi, par Broughton, *M. R. R.*, II, 29 et Gabba, I, 43. Nous préférons supposer ici une lacune avant *obsedit*.

3. (*74, 3*) Année 90. Peut-être est-ce à cet épisode que se réfère Plutarque (*Marius* 33, 4), qui cite un échange de propos ironique entre Marius et Poppaedius Silo ; cf. Gabba, *loc. cit.* — C'est sans doute peu après que Marius demanda à être relevé de son commandement, en raison de la fatigue due à son âge.

4. (*74, 4*) Bien que confirmée par Appien, *ibid.* 1, 49, 212, cette affirmation, du moins sous cette forme, est inexacte (cf. Gabba, I, note au paragraphe 212), des affranchis ayant déjà été, en période de crise, recrutés dans les légions : cf. en 296 (Tite-Live 10, 21, 4) et en 217-216 (Tite-Live 22, 11, 8). De toute façon, les affranchis étaient enrôlés régulièrement pour les équipages de la flotte (cf. en 191 : Tite-Live 36, 2, 15, et en 181 : 40, 18, 7 ; etc.). Appien, *ibid.* précise qu'il s'agissait cette fois d'assurer la garde des régions côtières, de Cumes à l'embouchure du Tibre (cf. Brunt 15 et n. 2). — Sur les conséquences de ce recrutement des affranchis, cf. Harmand 252 et n. 56.

5. (*74, 5*) Année 90. A. Plotius était légat de L. Porcius Cato, le futur consul de 89, avec le titre de propréteur : cf. *M. R. R.*, II, 19 et n. 3 ; 28-29 et Orose 5, 18, 17. — La correction *Etruscos* de Duker (les manuscrits donnent plusieurs variantes : *umbros*, *cimbros* et surtout *marsos*) s'impose, car elle est confirmée par Florus 2, 6 (3, 18), 13 et Orose 5, 18, 17 ; cf. Gabba, I, note à Appien, 1, 49, 211 et *M. R. R.*, *ibid.* 28.

6. (*74, 6*) Année 89. Nicomède IV de Bithynie avait été remplacé, à l'instigation de Mithridate, par son demi-frère, Socrate ; pour Ariobarzarne, cf. *Per.* 70, 6 et la note *ad loc.* Rétabli par Sylla en 92, chassé à nouveau par Mithridate en 91, il fut rétabli une seconde fois, sans doute en 81, par C. Cassius, propréteur (avec titre de proconsul) en Asie, qui rétablit aussi Nicomède IV : cf. *M. R. R.*, II, 34 et 38, n. 6. — C. Cassius était assisté de plusieurs légats.

7. (*74, 7*) Janvier-février 89. Sur le titre de consul attribué à Cn. Pompéius Strabon, cf. la note 2 et Appien, *ibid.* 1, 50, 216. — Orose 5, 18, 18 se trompe en présentant la victoire de Pompée comme remportée sur les habitants d'Asculum assiégée par les Romains : cf. Gabba, I, note à Appien paragraphe 216.

8. (*74, 8*) Il était préteur urbain. Selon Valère-Maxime 9, 7, 4 (*de sed. plebis Romanae*), les débiteurs avaient été ameutés par le tribun de la plèbe L. Cassius ; cf. Appien, *ibid.* 1, 54.

9. (*74, 9*) Le propréteur C. Sentius (cf. *Per.* 70, 9 et la note) continuait à lutter contre les Thraces dont les incursions se répétaient chaque année : cf. *Per.* 76, 8 et 81, 3.

*Per. 75*

1. (*Inscriptio*) Première moitié de l'année 89.

2. (*75, 1*) Année 89. Il s'agit de l'ancien consul de 99, alors légat de Sylla. Plutarque (*Sylla* 6, 16-17) note que, faisant preuve d'une indulgence intéressée, celui-ci ne châtia pas les coupables du meurtre.

3. (*75, 5*) Début de 89. Les troupes du consul L. Porcius Cato étaient non seulement indisciplinées (recrutement urbain? cf. Harmand 251), mais déjà gagnées à la cause de Marius qui les avait

commandées précédemment ; le bruit courut même que le consul avait été tué par le fils de Marius : cf. Gabba, I, 149.

4. (*75, 6*) Année 89. Le légat Cosconius est sans doute (cf. *M. R. R.*, II, 36 et 39, n. 21) le futur préteur de 78 ; il prit Venouse. — Sur Lucanus (Lucanius, selon Münzer), cf. *M. R. R.*, *ibid.* 37 et 39, n. 24. — Marius Egnatius ne doit pas être confondu avec le général samnite Trébatius mentionné par Appien *ibid.* 52, 228 : cf. Gabba, I, 155.

5. (*75, 7*) Année 89. Sylla prit d'abord Stabies le 29 avril (cf. Pline 3, 70), puis Pompéi ; il battit ensuite une armée samnite à Nôle et se porta contre les Hirpins, puis dans le Samnium ; cf. *M. R. R.*, II, 36. — Le vif éloge que l'épitomateur fait ici de Sylla conduit à se demander si Tite-Live n'avait pas utilisé les *Mémoires* du dictateur.

*Per. 76*

1. (*Inscriptio*) Fin de l'année 89 et début de 88.

2. (*76, 1*) Léger désaccord avec Florus 2, 6 (3, 18), 13 qui fait intervenir Gabinius contre les Marses, et avec Orose 5, 18, 25 (prénom *C.* au lieu de *A.*).

3. (*76, 2*) Année 89. Ser. Sulpicius Galba ou P. Sulpicius Rufus? Cf. *M. R. R.*, II, 37 et 39, n. 27 et Gabba, I, 144, note aux paragraphes 205-206 d'Appien. — Orose 5, 18, 25 mentionne lui aussi « Sulpicius », sans précision.

4. (*76, 3*) Année 88? L'appellation « proconsul » semble le prouver, mais plusieurs faits sont troublants : 1) cette indication précède celle de la prise d'Asculum (paragraphe 5) qui eut lieu à la fin de 89 ; 2) la mention de la reddition des Vestins entre les mains du même Pompéius Strabo est déjà faite en *Per.* 75, 3. Ou bien l'épitomateur s'est trompé en appelant Pompée proconsul — ou bien (cf. *M. R. R.*, II, 45, n. 9) il est possible que les Vestins se rendirent en 89 et les Péligniens en 88, l'épitomateur combinant les deux notices ; ou bien la *Periocha* ne suit pas l'ordre chronologique, ce qui (cf. *supra*, note 11 à 69, 7) est loin d'être exceptionnel (même avis chez Gabba *ibid.* 155).

5. (*76, 4*) Année 89. *Cinna* et *Pio* sont des corrections, la première de Jahn, la seconde, de Sigonius, généralement admises, au lieu de *murena* ou *pinna*, pour le premier mot, *pin(n)a*, pour le second (confusions dues à une répétition fautive dans l'archétype?) — Si le nom de L. Cornélius Cinna, le futur consul des années 87-84, alors sans doute légat de Pompéius Strabo, ne fait pas difficulté, il n'en est pas de même du second, dans la mesure où, si *pinna* est une répétition, il ne « guide » plus la correction proposée. Certains sont tentés de lire (M.) Caecilius Cornutus, sans doute préteur en 90 (cf. *M. R. R.*, II, 31, n. 13 et 45, n. 6 et 11) plutôt que Caecilius (Métellus) Pius, préteur cette année-là et futur consul de 80, qui opérait alors dans le sud, où il avait succédé à Cosconius.

6. (*76, 5*) Fin de 89. C'est en effet comme consul que Pompéius Strabo célébra un triomphe *de Asculaneis Picentibus* ; cf. *M. R. R.*, II, 32.

7. (*76, 6*) Année 88. Il s'agit de Mam. Aemilius Lépidus, le futur consul de 77. Il devait servir comme légat de Q. Caecilius Métellus Pius, à qui est attribuée en général la victoire sur Poppaedius Silo (cf. *M. R. R.*, II, 42-43).

8. (*76, 7*) Hiver 89-88 ; cf. *supra*, *Per.* 74, 6 et la note *ad loc.*, et Will 398. C'était la troisième expulsion d'Ariobarzarne et de Nicomède (qui avait lui-même, à l'instigation de Rome, opéré un raid à l'intérieur du royaume de Mithridate). Sur ces faits, cf. Appien, *Mithr.* 10-11.

9. (*76, 8*) Années 89-88 ; cf. la *Per.* 74, 9 et la note *ad loc.* Les Thraces avaient dû agir à l'instigation de Mithridate : cf. *M. R. R.*, II, 42-43. Sur C. Sentius, cf. *Per.* 74, 9 et la note *ad loc.*

***Per.* 77**

1. (*Inscriptio*) La *Periocha* est, à l'exception du paragraphe 9, entièrement consacré aux événements intérieurs (année 88). Les fragments 16 à 18 (Édition de la *C. U. F.*, p. 213-214 et 249-251) de Tite-Live se rattachent à ce livre.

2. (*77, 1*) Année 88. Sur P. Sulpicius Rufus et les lois qu'il fit voter, cf. *M. R. R.*, II, 49.

3. (*77, 1*) C'est probablement à la fin de 89 que les hostilités avaient commencé entre Rome et ses alliés, d'une part, Mithridate, de l'autre : cf. Gabba, I, 162.

4. (*77, 1*) Les consuls de 88 sont L. Cornélius Sylla et Q. Pompéius Rufus ; sur les faits, cf. *M. R. R.*, II, 40. — L'exposé de l'épitomateur, très favorable à la cause sénatoriale, révèle les tendances du récit livien (pas un mot du caractère illégal de la marche de Sylla sur Rome).

5. (*77, 3*) Cf. notamment Appien, *B. C.* 1, 60, 272.

6. (*77, 6*) Sur ces faits bien connus, cf. Gabba, I, 176, note au paragraphe 273 d'Appien.

7. (*77, 7*) A cette date et dans de telles circonstances, ces déductions paraissent fort peu vraisemblables. Gabba, I, 171, ne commente pas, mais Appien, dans le passage correspondant (*B. C.* 1, 59, 266), ne dit rien de tel. Brunt 300 pense qu'il s'agit d'une confusion de l'épitomateur : Sylla aurait fait voter une loi prévoyant, quand la situation militaire le permettrait, l'installation des vétérans de la guerre sociale. L'explication est vraisemblable.

8. (*77, 8*) Cf. Appien, *ibid.* 1, 63, 284-285 (fin de l'automne 88?). Sur l'attitude de Pompéius Strabo, cf. E. Badian 273. — Velléius Paterculus 2, 20, 1 souligne, outre la gravité du fait, que c'était la première fois qu'un consul était tué par des soldats romains (mise au point de J. Hellegouarc'h dans son édition de la *C. U. F.*, note *ad loc.*) ; cf. aussi Harmand 277 et 241 (et 244).

9. (*77, 9*) M'. Aquilius (Aquillius, l'orthographe varie) était parti de Rome en 89, à la tête d'une simple mission diplomatique, et c'est de son propre chef (cf. Will 400) qu'il avait assumé un commandement militaire en Bithynie. Récit détaillé des faits chez Appien, *Mithr.* 17-20.

*Per. 78*

1. (*Inscriptio*) La *Periocha* est consacrée en entier à l'offensive de Mithridate en Asie, dans les îles et en Grèce (année 88).

2. (*78, 1*) Q. Oppius avait sans doute été préteur en 89. Il est douteux qu'il ait été alors gouverneur de Cilicie (cf. Will 401) ; il fut pris (livré au roi par les habitants) à Laodicée du Lykos : cf. Appien, *Mithr.* 20.

3. (*78, 1*) Sur M'. Aquil(l)ius, cf. la *Per.* 77, 9 et la note *ad loc.* Il fut pris à Mytilène où il s'était réfugié, tourné en dérision (promené sur un âne) et eut une mort horrible (on lui versa de l'or fondu dans la bouche) : cf. Appien, *ibid.* 21.

4. (*78, 1*) Massacre ordonné d'Éphèse par Mithridate : 80 000 Romains (hommes, femmes et enfants) périrent ; cf. Appien, *ibid.* 22-23.

5. (*78, 2*) Cf. Appien, *ibid.* 24-27. En fait, Rhodes ne fut pas la seule cité à résister : cf. *Per.* 81, 2. Le dernier assaut du roi date de la fin de 88.

6. (*78, 3*) Cf. Appien, *ibid.* 28. Le « philosophe » Aristion, fils d'Athénion (?), à la solde des Pontiques, fit régner alors la tyrannie à Athènes.

7. (*78, 4*) La flotte pontique s'empara de la plupart des îles, notamment de Délos (massacre des Italiens : octobre 88) et de Cos, en partie grâce à l'appui des pirates (cf. Appien, *Mithr.* 92). Les villes de Stratonicée (cf. Appien, *ibid.* 21), de Tabai et de Magnésie du Sipyle (cf. *Per.* 81, 2) tentèrent un moment de résister.

*Per. 79*

1. (*Inscriptio*) La *Periocha* couvre environ les trois premiers quarts de l'année 87.

2. (*79, 1*) Année 87. L. Cornélius Cinna était consul avec Cn. Octavius.

3. (*79, 1*) Au premier rang de ces lois « pernicieuses » (l'épitomateur exprime comme d'habitude, sans doute à l'instar de son modèle, un point de vue favorable au sénat — début de « mise au point » dans Cicéron *Pro Sestio* 77), figurait celle qui inscrivait les « nouveaux citoyens » (cf. *Per.* 84, 4 et Appien, *B. C.* 1, 64, 287 sq.) et les affranchis dans toutes les tribus.

4. (*79, 1*) O. Rossbach (s'appuyant sur Appien, *ibid.* 64, 290, pour qui la majorité des tribuns était favorable au sénat) suppose, comme plusieurs éditeurs avant lui, une lacune avant *sex tribunis.* La plupart des historiens (cf. Gabba, I, 182-183 — après J. Carcopino, *Histoire romaine*, tome II, *Des Gracques à Sulla*, Paris, P. U. F., 1940..., p. 409) pensent au contraire, et à juste titre (cf. *M. R. R.*, II, 52, n. 2), qu'Appien s'est trompé, les « 6 tribuns » étant certainement du parti de Cinna. Il n'y a donc pas lieu de supposer ici une lacune dont aucun indice ne subsiste d'ailleurs dans la tradition manuscrite.

5. (*79, 1*) Le consul élu à sa place était L. Cornélius Mérula, *flamen Dialis.*

6. (*79, 1*) Il s'agit des troupes qui poursuivaient le siège de Nôle (cf. Velléius Paterculus 2, 20, 4 ; Appien, *ibid.* 65, 298) après le départ de Sylla. — Ap. Claudius Pulcher, consul en 79, alors propréteur, resta fidèle au sénat (cf. Gabba, I, note au paragraphe 298 d'Appien) et fut exilé.

7. (*79, 1*) Cf. *M. R. R.*, II, 56.

8. (*79, 2*) Sur cet épisode fréquemment cité (6 fois) dans l'Antiquité : cf. Jal 398 et n. 6. A la différence de la *Per.*, les cinq autres textes font du second combattant un soldat de Sertorius (mais celui-ci servait comme *legatus* de Cinna : cf. *infra* paragraphe 3). Gabba, I, 188, note au paragraphe 307 d'Appien, pense que l'épitomateur (ou Tite-Live) avait pu confondre cette première bataille avec celle livrée au Janicule (*Per.* 80, 4) entre les troupes d'Octavius et celles de Cinna.

9. (*79, 3*) Marius, alors âgé de 70 ans, avait refusé le titre de proconsul que lui offrait Cinna (Plutarque, *Marius* 41, 6).

10. (*79, 3*) Cn. Pompéius Strabo, d'ailleurs malade, intriguait en fait avec Cinna pour obtenir un deuxième consulat ; il se savait, d'autre part, détesté par l'oligarchie sénatoriale. Velléius Paterculus 2, 21, 2 écrit de lui : « Toute sa conduite n'était dictée que par son intérêt ; il semblait épier les occasions, prêt à se porter, lui et son armée, ici ou là, du côté où il verrait briller le plus grand espoir de puissance ». Il allait mourir peu après, lors de la bataille du Janicule, frappé de la foudre dans son camp (septembre 87). Il était si haï que le peuple mit en pièces son cadavre : cf. *Per.* 80, 6 ; Appien, *B. C.* 1, 68, 312 ; *M. R. R.*, II, 49 ; Gabba, I, note au paragraphe 312 d'Appien.

11. (*79, 3*) Il s'agit du consul Cn. Octavius.

12. (*79, 3*) L'un et l'autre agissaient sans doute comme légats *de facto* de Cinna. Q. Sertorius s'était enfui de Rome avec C. Marius le Jeune et les six tribuns mentionnés au paragraphe 1 : cf. Plutarque, *Sertorius* 4, 8 ; Appien, *B. C.* 1, 67, 307. Cn. Papirius Carbo (cf. *M. R. R.*, II, 51) sera trois fois consul par la suite (années 85, 84 et 82).

13. (*79, 4*) Cf. Plutarque, *Marius* 42, 3 ; Appien, *B. C.* 1, 67, 308. — En prenant Ostie, Marius coupait le ravitaillement de Rome.

*Per. 80*

1. (*Inscriptio*) Dernier quart de l'année 87 — janvier 86. Le fragment 19 (cf. les *Corrigenda* en fin de volume) de Tite-Live se rapporte probablement au livre 80.

2. (*80, 1*) La lex *Plautia Papiria* de 89 accordait déjà ce droit aux étrangers pourvus de la citoyenneté honoraire dans une cité italienne : cf. Nicolet, *Rome*, I, 295 (dès 90, la *lex Iulia* avait donné la *ciuitas* aux Latins et aux Italiens restés fidèles). Il s'agit sans doute ici de la mise en application, par sénatus-consultes, de ces deux lois pour les *dediticii* (cf. Gabba, I, 157, note au paragraphe 231 d'Appien, et 190, note aux paragraphes 309-310), notamment pour les Samnites, nouveaux alliés de Cinna.

3. (*80, 3*) Ce Plautius (à distinguer du légat de 90, A. Plotius : cf. *Per.* 74, 5 et la note *ad loc.*) est sans doute M. Plautius Silva-

nus (cf. *M. R. R.*, II, 51 et 53, n. 10), tribun de la plèbe en 89 et coauteur de la loi qui porte son nom.

4. (*80, 4*) Sur Q. Sertorius et Cn. Papirius Carbo, cf. *Per.* 79, 3 et la note *ad loc.* Quoi qu'en dise J. Carcopino (*op. cit.*, p. 411) qui ne cite que partiellement et Granius Licinianus p. 19 Fl. et la *Per.*, la victoire ne resta pas aux Marianistes, puisque le Janicule fut repris par Octavius, grâce à l'intervention des troupes de Pompéius Strabo (cf. Appien, *B. C.* 1, 68-69 et Gabba, I, 190, note aux paragraphes 311-312 d'Appien). L'épitomateur ne signale pas la mort, survenue peu après, de Cn. Pompéius Strabo (cf. *supra*, note 10 à *Per.* 79, 3).

5. (*80, 5*) Cf. Appien, *ibid.* 69, 313 et Orose 5, 19, 19.

6. (*80, 6*) Sur l'attitude ambiguë de Pompéius Strabo, cf. *supra*, note 10 à *Per.* 79, 3. Il y eut aussi plusieurs échanges d'ambassades entre le sénat et Cinna.

7. (*80, 6*) Nous avons maintenu la forme *transiebant* donnée par *N*ζπ (Pithou corrige en effet *transibant* de l'édition Sigonius). Plusieurs exemples d'imparfaits en — *iebant* dans les composés de *eo* sont cités par F. Neue — G. Wagner, *Formenlehre der lateinischen Sprache*, III, Berlin, 1897, p. 319. — Sur le débauchage des troupes adverses et les désertions au cours des guerres civiles, cf. Jal 127 sq ; 329 sq.

8. (*80, 6*) Cf. *M. R. R.*, II, 46.

9. (*80, 6*) Sur M. Antonius, le célèbre orateur, cf. *Per.* 68, 1 et 70, 1 et les notes *ad loc.* Il avait été consul en 99 et censeur en 97 ; cf. *M. R. R.*, II, 49.

10. (*80, 6*) C. Julius Caesar Strabo et L. Julius Caesar étaient frères ; le premier était un poète de talent ; il était alors pontife : cf. *M. R. R.*, II, 51-52 ; le second avait été consul en 90 et censeur en 89 ; cf. notamment Valère-Maxime 9, 2, 2 ; Appien, *B. C.* I, 72, 332.

11. (*80, 7*) Sur Crassus le fils, cf. *M. R. R.*, II, 52, n. 7. — C. Flavius Fimbria était peut-être alors tribun militaire ; Florus 2, 9 (3, 21), 14 en fait un des assassins des Césars (*Caesares a Fimbria in penatibus domorum suarum trucidantur* : cf. *M. R. R.*, II, 49, où il faut lire « murderers » et non « victims »).

12. (*80, 7*) Sur le suicide de P. Licinius Crassus, célèbre orateur et ancien consul de 97, alors légat d'Octavius, cf. *M. R. R.*, II, 50.

13. (*80, 9*) 1er janvier 86.

14. (*80, 9*) Janvier 86. Bien que le nom de ce « sénateur » soit pratiquement le même chez Plutarque, *Marius* 45, 3 (l'édition Flacelière, dans la *C. U. F.*, corrige Λουκίνον en Λικίνον), Broughton (*M. R. R.*, II, 47 et 52, n. 1) estime que le nom Sextus Lucilius, transmis par Velléius Paterculus 2, 24, 2 (ce Lucilius était tribun de la plèbe en 87), est le seul authentique, le prénom Sextus n'apparaissant pas dans la *gens* Licinia. *Contra* : Nicolet, *Ordre équestre*, II, 929 (nº 205), n. 2. — Selon Velléius, la victime aurait été précipitée par le tribun de la plèbe P. Popillius Laenas.

15. (*80, 9*) 13 janvier 86.

16. (*80, 9-10*) Sur ce jugement, cf. notre commentaire au fragment

20 (Édition de Tite-Live, tome 33 de la *C. U. F.*, 214 et 253-256, fragment à attribuer au livre 80 et à numéroter 19 : cf. *infra* p. 165 les *Addenda et Corrigenda* au tome 33). — Nous avons noté récemment un avis concordant chez H. M. Hine, *Livy's judgement on Marius* (*Sénèque N. Q. 5, 1, 84*; *Livy, Per. 80*), in *Liverpool Classical Weekly*, III, 1978, 83-88.

*Per. 81*

1. (*Inscriptio*) Trois premiers mois de l'année 86.

2. (*81, 1*) Les diverses tentatives faites pour corriger le texte (Lutterbacher propose *circumsedit* pour *circumsedente* et *expugnant* pour *expugnare*) nous paraissent arbitraires. Nous préférons, comme Rossbach, supposer une lacune après *expugnare*. Le sens général n'est pas douteux.

3. (*81, 1*) Athènes fut prise par Sylla le 1$^{er}$ mars 86 (pillages et massacres : cf. notamment Plutarque, *Sylla* 14 ; Appien, *Mithr.* 38 sq.).

4. (*81, 2*) Il s'agit de Magnésie du Sipyle qui résistait depuis plus d'un an : cf. Appien, *ibid.* 21, 61 et Pausanias 1, 20, 5 (cf. aussi *supra*, *Per.* 78, 2 et 4 et les notes *ad loc.*).

5. (*81, 3*) Ces incursions, sans doute provoquées par Mithridate, duraient depuis des années. Elles sont toujours indiquées en fin de *Periocha* : cf. *Per.* 74, 9 et 76, 8 et les notes *ad loc.* ; cf. aussi 82, 5.

*Per. 82*

1. (*Inscriptio*) Printemps 86 à janvier 85.

2. (*82, 1*) Bataille de Chéronée, en Béotie (printemps 86) ; cf. notamment Plutarque, *Sylla* 19 et Appien, *ibid.*, 42-45.

3. (*82, 2*) Bataille d'Orchomène, en Béotie (automne 86) : cf. Plutarque, *ibid.* 21, 7 ; Appien, *ibid.* 49-50 ; *M. R. R.*, II, 55. — Le nombre des tués n'est pas précisé par Plutarque, *ibid.* 19, 7-8, qui parle (*ibid.* 7) de 10 000 fuyards : cf. 22, 7 : une « poignée de survivants » sur 120 000 hommes (de l'armée pontique) à propos de la bataille de Chéronée ; cf. Appien, *ibid.* 45.

4. (*82, 3*) Archélaüs servit en fait de négociateur entre Sylla et Mithridate pour fixer avec Sylla (les deux hommes étaient devenus amis lors de l'entrevue de Délion : Plutarque, *Sylla* 22, 4 sq. ; Appien, *ibid.* 54) les conditions de la paix conclue l'année suivante (85) à Dardanos. Celles-ci — cf. *Per.* 83, 7 — comprenaient notamment la remise de la flotte royale (Plutarque, *ibid.* 22, 9 ; Appien, *ibid.* 55), remise qui fut effective à Dardanos : Plutarque, *ibid.* 24, 6 ; Appien, *ibid.* 58. — Archélaüs devait passer en 83 du côté des Romains (il rejoignit Muréna : cf. Appien, *Mithr.* 64). En 74, il combat avec eux : Plutarque, *Lucullus* 8, 4.

5. (*82, 4*) L. Valérius Flaccus avait été élu consul (suffect) le 4 février 86, en remplacement de Marius décédé. — Il arriva en Thessalie au début de l'été 86. C'est à Nicomédie (Appien, *ibid.* 52), en janvier 85, que Fimbria le fit assassiner ; cf. *M. R. R.*, II, 53 et 56 ; Gabba, I, 204.

6. (*82, 5*) Sur les pillages et la répression exercée par Mithridate

contre les villes de la province d'Asie qui s'étaient soulevées après la défaite de ses troupes à Orchomène, cf. Appien, *ibid.* 46-48.

7. (*82, 5*) Cf. la *Per.* 81, 3 et la note *ad loc.*

*Per. 83*

1. (*Inscriptio*) Printemps 85 — printemps 84. — Un certain désordre chronologique dans les paragraphes 5 à 7. Le fragment 19 (à numéroter 20 : cf. les *Addenda et corrigenda* au tome 33 de Tite-Live, *infra* p. 165) de Tite-Live se rapporte vraisemblablement au livre 83 : cf. tome 33 de Tite-Live, *C. U. F.*, 214 et 251-253.

2. (*83, 1*) L'abréviation *fl.* transmise par les anciens manuscrits est celle du gentilice (*Flauius*). On rencontre aussi fréquemment dans les manuscrits des *Periochae*, *Cl.* pour Claudius (autre gentilice) (usage fréquent au IVe siècle).

3. (*83, 1*) Printemps-été 85. Sur l'activité de Fimbria en Asie, cf. *M. R. R.*, II, 59. C'est à Pitanè, port de Pergame, que Fimbria (auquel Lucullus, à la tête d'une flotte syllanienne, refusa d'apporter son aide) faillit bloquer Mithridate.

4. (*83, 2*) Sur le sac d'Ilion, cf. notamment Appien, *Mithr.* 53 ; *M. R. R.*, *ibid.* et le fragment 19 (à numéroter 20) de Tite-Live, cf. *supra*, n. 1 *in fine*.

5. (*83, 4*) Été 85 ; cf. *M. R. R.*, II, 58.

6. (*83, 4*) Pour 85 et 84.

7. (*83, 4*) L. Valérius Flaccus, consul en 100, censeur en 97, homonyme du consul suffect de 86, était le seul ancien censeur patricien vivant ; cf. *M. R. R.*, II, 54 et 629. — Contrairement à son habitude, l'épitomateur ne fait pas état du recensement ni du nombre de citoyens (463 000) ainsi relevé : cf. *M. R. R.*, II, 54.

8. (*83, 4*) Cf. Appien, *B. C.*, 1, 77, 353.

9. (*83, 5*) Printemps 84. C'est à Ancône qu'après avoir fait débarquer un premier contingent en Illyrie (cf. Appien, *ibid.* 1, 78, 357), Cinna fut tué, alors qu'il voulait faire passer son armée en Dalmatie (Liburnia) : cf. *M R. R.*, II, 60. — L'épitomateur anticipe ici, pour grouper dans les trois paragraphes 4, 5 et 6 les événements relatifs à l'activité des Marianistes, sur les faits exposés aux paragraphes 7 et 8.

10. (*83, 7*) Août 85. Paix de Dardanos, bourgade de Troade, où Sylla rencontra Mithridate : cf. *M. R. R.*, II, 58.

11. (*83, 8*) Automne 85. Ce meurtre-suicide eut lieu à Pergame, dans le temple d'Esculape ; cf. *M. R. R.*, II, 59.

*Per. 84*

1. (*Inscriptio*) Printemps-fin de l'année 84.

2. (*84, 1*) Après une lettre expédiée sans doute d'Éphèse dans les derniers jours de 85 (cf. Gabba, I, 206-207), Sylla en envoya une seconde — celle dont il est question ici — sans doute d'Athènes, dans l'été 84 (Gabba, *ibid.* 210), en réponse à la demande du sénat évoquée *Per.* 83, 4 : cf. Appien, *ibid.* 1, 77, 353. Le début de la *Per.* correspond exactement à Appien, *ibid.* 1, 79.

3. (*84, 3*) Sur la réponse que fit M. Castricius, premier magistrat de Plaisance, à cette demande de Carbon, cf. Valère-Maxime 6, 2, 10.

4. (*84, 4*) Fin de 84. En l'absence de toute précision de la part de l'épitomateur (auquel Brunt 92-93 administre à cette occasion une nouvelle volée de bois vert : « very unreliable authority » : cf. *Introd.*, p. xcii), les modernes en sont réduits à supposer qu'il se réfère ici, comme en *Per.* 80, 1 (cf. la note *ad loc.*), à une extension du *suffragium*, déjà accordé en principe par la lex *Plautia Papiria* de 89 à d'autres peuples italiens : cf. Gabba, I, 200 et 211. — Le fait qu'en 86 (cf. *M. R. R.*, II, 54) ou 85? (cf. *supra*, n. 12 à *Per.* 11, 9) le recensement n'ait pas donné un nombre de citoyens (cf. *supra*, note 7 *in fine* à *Per.* 83, 4) beaucoup plus élevé qu'en 115, incite à penser qu'en fait ces concessions progressives du *suffragium* demeuraient prudentes et restrictives.

5. (*84, 5*) Q. Caecilius Métellus Pius (fils de Métellus Numidicus), préteur en 89, qui sera consul en 80, s'était échappé d'Italie où il avait combattu aux côtés du consul Octavius en 87 ; il sera un moment rejoint en Afrique par Crassus, le futur triumvir, qui, parti d'Espagne où il s'était caché six mois, allait rejoindre Sylla en Grèce (Plutarque, *Crassus* 6, 2 ; *Marius* 42, 5-6 ; Appien, *B. C.* 1, 80). Chassé d'Afrique, Métellus se rendit en Ligurie (cf. *M. R. R.*, II, 61), puis auprès de Sylla, en Campanie. — Sur le préteur C. Fabius Hadrianus, cf. *ibid.* 62, n. 1.

6. (*84, 5*) Cette mesure, apparemment pacifiste, visait en fait à déconsidérer Sylla dont on craignait le retour à la tête de son armée. Sylla, bien entendu, refusa de s'y plier : cf. Appien, *B. C.*, 1, 79, 361 et la note *ad loc.* de Gabba, I, 210.

7. (*84, 6*) C'était le cas avant l'année 220, où les affranchis furent « bloqués » dans quatre tribus : cf. *Per.* 20, 16 et la note 18 *ad loc.* La place des affranchis dans les tribus fut aussi débattue en 169 et en 115. Le tribun de la plèbe Sulpicius avait en 88 déposé une *rogatio* dans ce sens : cf. *Per.* 77, 1. Le brusque retour de Sylla à Rome avait empêché le vote du projet (cf. aussi note 3 à *Per.* 79, 1).

*Per. 85*

1. (*Inscriptio*) Année 83 (deux premiers tiers).

2. (*85, 1*) Printemps 83. Sylla débarqua à Brindes ; cf. *M. R. R.*, II, 63-64.

3. (*85, 1*) Près du mont Tifata, en Campanie ; cf. *M. R. R.*, 62 et Gabba, I, 222.

4. (*85, 2*) Les deux consuls de 83 étaient L. Cornélius Scipio Asiagénus et C. Norbanus.

5. (*85, 2*) L'épitomateur, comme Tite-Live, qui s'inspirait sans doute des *Mémoires* de Sylla, exprime à son habitude un point de vue favorable à ce dernier. Plutarque, *Sylla* 28, 1-2, donne une version différente et probablement plus exacte des faits : Sylla s'efforçait en réalité de faire traîner les choses pour pouvoir débaucher l'armée du consul.

6. (*85, 2*) Sur le débauchage des troupes de l'adversaire en temps de guerre civile, cf. Jal 127 sq.

7. (*85, 2*) A Téanum, en Campanie.

8. (*85, 3*) Sur la clémence de Sylla sur le champ de bataille, cf. notamment Velléius Paterculus 2, 25, 2 et la note 4 *ad loc.* de l'édition de la *C. U. F.*

9. (*85, 4*) L'apparat critique de l'édition Rossbach donne ici des indications erronées.

10. (*85, 4*) Sur l'activité de Cn. Pompée à cette occasion, cf. *M. R. R.*, II, 64.

11. (*85, 5*) Cf. Appien, *B. C.* 1, 86, 388 sq. — Sur cette phrase « de liquidation », cf. *Introd.*, p. LXI, n. 4.

***Per. 86***

1. (*Inscriptio*) Fin de l'été 83 (cf. Appien, *B. C.* 1, 86, 393 μέχρι τὸ λοιπὸν τοῦ θέρους) à la fin du printemps 82. — Relatif désordre chronologique dans la *Periocha* : a) certains faits appartenant à l'année 82, sont placés avant d'autres, de l'année 83 ; b) Gabba, I, 228, note que les meurtres ordonnés à Rome par L. Damasippus (paragraphes 5-6) sont mentionnés avant la bataille de Sacriport (printemps 82 : *Per.* 87, 1). Il en est de même dans la tradition « livienne » : Florus 2, 9 (3, 21), 20-21 ; *D. V. I.* 68, 2 ; Orose 5, 20, 4, alors que chez Diodore 38-39, 17 ; Velléius Paterculus 2, 26, 2 et Appien, *ibid.* 1, 87-89, ils sont placés après ; c'est en effet Marius le Jeune qui, bloqué dans Préneste, les ordonna au préteur urbain Brutus Damasippus (cf. Appien, *ibid.* 1, 88, 403). En fait, il semble que massacres et bataille furent concomitants : cf. Velléius Paterculus 2, 26, 2 *dum ad Sacriportum dimicatur.*

2. (*86, 1*) Année 82. Les deux consuls sont C. Marius le Jeune et Cn. Papirius Carbo, déjà consul en 85 et 84. L'épitomateur se trompe sur l'âge de C. Marius : erreur de la tradition manuscrite? O. Rossbach suppose une mélecture dans l'archétype : *XX* pour *XXX*. Toutes les autres sources (Velléius Paterculus 2, 26, 1 ; Appien, *ibid.* 87, 394 ; *D. V. I.* 68, 1) attribuent à Marius le Jeune 26 ou 27 ans ; sur ce personnage, cf. *M. R. R.*, II, 66.

3. (*86, 1*) Sur ce préteur de l'année 83, cf. *Per.* 84, 5 et la note 5 *ad loc.* (*in fine*). Il mourut à Utique : cf. *M. R. R.*, II, 69.

4. (*86, 2*) Année 82. Il s'agit de L. Marcius Philippus, consul en 91, censeur en 86. C'est lui qui devait prononcer contre Lépide, au sénat, en 77, le discours que reproduit Salluste *Hist.* 1, 77 M.

5. (*86, 2*) Il s'agit de Q. Antonius Balbus.

6. (*86, 3*) Fin de 83? Ce « *foedus* » n'est attesté nulle part ailleurs. Les références citées par Gabba, I, 228, à Diodore 38-39, 13 et 37, 2, 14 ne concernent pas un « *foedus* », mais, d'une manière générale, la propagande exercée par chacun des deux partis : cf. Jal 125. Sur tous ces faits, remarquable analyse de Brunt 93-94 : Sylla ne fit aucun recensement. Badian 244, n. 6, pense que Sylla dut au moins s'engager par un « serment » à ne pas modifier les mesures prises par les *populares*. — C. Nicolet veut bien nous signaler aussi le texte de Cicéron, *Phil.* 12, 27 : « Sylla et Scipion, entre Calès et Téanum... échangèrent, sur l'autorité du sénat, les suffrages du peuple et le droit de cité, des conventions et des conditions (*leges et condiciones*) réci-

proques » (*Sulla cum Scipione ...de auctoritate senatus, de suffragiis populi, de iure ciuitatis leges inter se et condiciones contulerunt*).

7. (*86*, *4*) Procédé d'intoxication psychologique analogue à celui auquel Romains et Carthaginois avaient déjà eu recours en 211 : cf. Tite-Live 26, 11, 6-7 ; Florus 1, 22 (2, 6), 47-48, en faisant vendre des terrains occupés... par l'ennemi. Sur le rôle de « Rome », seule source d'autorité légale, en temps de guerre civile, cf. Jal 156.

8. (*86*, *5*) Printemps 82. L. Junius Brutus Damasippus était préteur urbain ; cf. *M. R. R.*, II, 67.

9. (*86*, *6*) Q. Mucius Scaevola avait été consul en 95 ; il était grand pontife depuis 89. Il fut tué sur l'ordre de Marius le Jeune ; cf. *M. R. R.*, II, 73.

10. (*86*, 7) Années 83 et 82. L. Licinius Muréna, propréteur en Asie dès 83 (on ignore la date de sa préture), avait de lui-même envahi le royaume du Pont en 83 et 82, mais il avait été repoussé avec de lourdes pertes. Sylla le rappela (en 81?) ; cf. Appien, *Mithr.* 64-66.

*Per.* *87*

1. (*Inscriptio*) Avril-juin 82.

2. (*87*, *1*) Alors que toutes les autres sources (notamment Velléius Paterculus 2, 26, 2 ; Appien, *B. C.* — qui traduit une source latine : cf. Gabba, I, 230 — 1, 87, 397 : ἐπὶ τὸν καλούμενον Ἱερὸν λιμένα ; Orose 5, 20, 6) situent, comme la *Periocha*, la bataille à Sacriport, près de Préneste (sans doute aux environs de Torre Piombinara : cf. Gabba, *ibid.*), Plutarque, *Sylla* 28, 7 la place à Signia, à 20 kilomètres au sud-est de Préneste ; cf. *M. R. R.*, II, 69.

3. (*87*, *1*) Cf. Appien, *B. C.* 1, 89, 407. En fait, tous les Marianistes avaient quitté la ville quand Sylla y entra et y installa les hommes de son parti (avril-mai 82), avant de repartir en hâte vers le nord (Clusium : cf. *Per.* 88, 1).

4. (*87*, *2*) Marius le Jeune fit quatre tentatives de sortie dans plusieurs directions : cf. Appien, *ibid.* 1, 90-92.

5. (*87*, *3*) Expressions presque semblables chez Plutarque, *ibid.* 28, 16 : « Il (Sylla) eut autant de bonheur du côté de ses lieutenants, Pompée, Crassus, Métellus, Servilius ». — Pour le détail des opérations, cf. la note *ad loc.* dans l'édition des *Vies* (tome VI, 342) de Plutarque dans la *C. U. F.* et Appien, *ibid.* 87-89.

*Per.* *88*

1. (*Inscriptio*) Été-automne 82.

2. (*88*, *1*) Les Marianistes perdaient ainsi l'Étrurie et la Gaule Cispadane. C'était en fait les lieutenants de Sylla qui menaient les opérations : Métellus Pius à Faventia (Via Aemilia), Térentius Varro Lucullus, à Fidentia (cf. *M. R. R.*, II, 68 et 70). Selon Appien, *ibid.* 1, 89, 412, aucun des deux partis ne l'avait emporté à Clusium ; par contre, Velléius Paterculus 2, 28, 1 exprime la même opinion que la *Periocha*. Carbon s'enfuit en Afrique : cf. *M. R. R.*, II, 66. — Sur Fidentia (problème des dates), cf. Brunt 444, n. 3.

3. La bataille eut lieu le 1er novembre 82 (Velléius Paterculus 2, 27, 1) ; cf. *M. R. R.*, II, 69.

4. (*88, 2*) Cf. Appien, *ibid.* 93, 432 et Gabba, I, 249-250.

5. (*88, 2*) Sur la proscription syllanienne, cf. *M. R. R.*, II, 69.

6. (*88, 2*) Il s'agit de Marius Gratidianus ; cf. notamment Plutarque, *Sylla* 32, 4 (rôle de Catilina) et la note *ad loc.* de l'édition de la *C. U. F.*, *op. cit.*, 345 ; *M. R. R.*, II, 72.

7. (*88, 3*) La chute de Préneste date sans doute de la mi-novembre 82 : cf. Gabba, I, 250. — Sur Q. Lucrétius Ofella, cf. *M. R. R.*, II, 72. La discussion reste ouverte sur l'authenticité du patronyme Ofella ou Afella (seul le second est attesté dans la tradition manuscrite ; Nicolet, *Ordre équestre*, II, 930, n. 1, se prononce pour le premier).

8. (*88, 3*) On a voulu voir (cf. la maladresse de l'articulation et la lourdeur de l'expression *id est*) une glose dans ces dernières lignes (O. Jahn les excluait de son édition). Le fait que Velléius Paterculus 2, 27, 4-5 donne les mêmes détails (l'historien ajoute que, selon une autre version, Marius le Jeune se serait suicidé) nous semble la preuve que le texte est authentique. Il en est de même en 98, 9 (cf. la note *ad loc.*). — Pontius Télésinus était le frère du chef samnite tué peu avant à la Porte Colline ; cf. *M. R. R.*, II, 86 ; Gabba, I, 251.

*Per. 89*

1. (*Inscriptio*) Fin de 82-79. — A noter un certain désordre chronologique dans la *Periocha.*

2. (*89, 1*) Fin de 82. M. Junius Brutus avait été préteur en 88 et s'était enfui en Espagne après la victoire des Syllaniens : cf. Appien, *B. C.* 1, 60, 271. Cossyra est aujourd'hui l'île de Pantellaria, entre la Sicile et la Tunisie ; Lilybée est située à l'extrémité occidentale de la Sicile.

3. (*89, 2*) Fin de 82 : cf. *M. R. R.*, II, 66 et 73, n. 1.

4. (*89, 3*) Sylla fut proclamé dictateur après la bataille de la Porte Colline (1er novembre) et avant la fin de l'année 82 : cf. *M. R. R.*, II, 66-67 et 73, n. 2 ; Gabba, I, 271 et Gaudemet 342, n. 7. — C'est apparemment le fait d'être précédé de 24 faisceaux à l'intérieur du *pomoerium* qui constitue un précédent : cf. Gabba, I, 272.

5. (*89, 4*) Sur l'expression *reipublicae statum confirmare*, cf. Grenade 81 ; chez Cicéron, *optimus status r. p.* veut dire quelque chose comme « la meilleure constitution » (C. Nicolet). — « On ne connaît pas de *rogatio* tribunicienne entre 82 et 75 », dit Gaudemet 352 n. 6. Le droit d'*intercessio* fut supprimé et les plébiscites soumis à l'*auctoritas patrum* (*ibid.* 441).

6. (*89, 4*) Sur l'ensemble des mesures législatives de Sylla, cf. *M. R. R.*, II, 74-75. — Sur les mesures prises par Sylla pour compléter et recruter le sénat, cf. Gabba, I, 342-343.

7. (*89, 4*) La leçon qu'on doit lire ici (avant-dernier mot) est fort discutée (cf. l'apparat). Celle que nous avons adoptée (*primo*) nous paraît donner finalement un sens peu différent de celui obtenu par Rossbach au prix d'une correction (*priua*) ingénieuse et paléographiquement très justifiable, mais assez étrange.

8. (*89*, *5*) Comme le note Gabba, I, 257, c'est là une somme dérisoire, compte tenu de la valeur réelle des biens en question : cf. notamment Appien, *B. C.* 1, 98-100 ; Plutarque, *Sylla* 33, 2-3.

9. (*89*, *6*) Sur Q. Lucrétius Ofella, cf. *Per.* 88, 3 et la note *ad loc.* Il vaut mieux (cf. Gabba, I, 276) dater ce meurtre des comices consulaires de 80 que de ceux de 81 ; il est peu vraisemblable qu'à cette dernière date, Ofella ait osé concurrencer la candidature de Sylla lui-même au consulat de 80.

10. (*89*, *7*) Année 81. Cn. Domitius Ahénobarbus, dont on ignore le titre, devait être en Afrique depuis 82 (cf. *M. R. R.*, II, 74, n. 7 et Plutarque, *Pompée* 12, 5). A la différence de la *Periocha* et d'Orose 5, 21, 14, Plutarque (*ibid.* 6) appelle le roi Hiarbas, nom adopté par les modernes : cf. *M. R. R.*, II, 77. — Pompée, né en 106, avait en fait vingt-six ans au début de l'année 79, quand il triompha ; sur la date de ce triomphe et les variantes entre les sources sur l'âge de Pompée, cf. *M. R. R.*, II, 84 et 85, n. 5.

11. (*89*, *8*) Année 82. C. Norbanus avait été consul en 83 : cf. *Per.* 85, 2 et *M. R. R.*, II, 70. — Sur ce suicide qui était un geste de reproche à l'égard des Rhodiens, cf. Badian 269.

12. (*89*, *10*) Année 80. Il s'agit de C. Papius Mutilus, chef samnite qui commandait à Nôle ; l'anecdote est mentionnée aussi par Granius Licinianus (p. 32 Fl. 10-13) qui appelle Bassia la femme du proscrit.

13. (*89*, *11*) Année 81-80. Il semble que, si l'on doit dater en fait de 81 (cf. Gabba 253) la reprise effective de Nôle, on peut admettre (cf. *M. R. R.*, II, 82, n. 1) que des opérations se poursuivirent l'année suivante autour de la ville. — L'indication de l'épitomateur qui situe Nôle, ville bien connue de Campanie, dans le Samnium, est évidemment erronée. Il ne s'ensuit pas qu'il faille pour autant corriger le texte, qu'il s'agisse de *Nolam* (donné par tous les manuscrits, mais *N* et π écrivent le non-sens *sylam tam*, au lieu de *Sylla Nolam*), comme le fait Mommsem qui lit *Aeserniam* (correction adoptée par Schles.) ou de *in Samnio*, que Gronovius, suivi par tous les éditeurs jusqu'à Rossbach (non compris), corrige en *a Samnitibus.* La correction de Mommsen est en effet contredite par Granius Licinianus, p. 32, 9-10 Fl. *Samnites qui Nolae erant* ; celle de Gronovius est paléographiquement injustifiable. L'épitomateur a sans doute, comme cela lui arrive plusieurs fois, été égaré par une lecture trop rapide de Tite-Live qui devait mentionner à plusieurs reprises dans le texte le nom des Samnites ; cf. *Per.* 73, 2. C'est un indice de plus qui conduit à penser que l'épitomateur n'était pas italien... (cf. *Introd.*, p. xxv, n. 8).

14. (*89*, *12*) Année 80. Le chiffre XLVII est trop élevé pour être vraisemblable ; il a sans doute été corrompu dès l'origine de la tradition manuscrite : Duker corrigeait en XXIII, Drakenborch en XXVII. Appien, *B. C.* 1, 100, 470 et 104, 489 parle de 23 légions comprenant 120 000 hommes (cf. Gabba, I, notes aux paragraphes 448, 470 et 489 d'Appien ; Harmand 35, n. 74 (*in fine*) ; 445, n. 43 et 471, n. 243 ; Brunt 442, n. 2). Sur les confiscations, cf. Gabba, *ibid.*, 259-260.

15. (*89, 13*) Année 79; cf. Granius Licinianus, p. 32, 4-8 Fl. et, pour la date, Gabba, I, 253.

16. (*89, 14*) Année 80 (Sylla avait triomphé l'année précédente — 27 et 28 janvier 81 — sur Mithridate). — Mytilène fut prise par L. Licinius Lucullus, légat du gouverneur d'Asie, M. Minucius Thermus : cf. *M. R. R.*, II, 81. Le jeune César participa à la prise de la ville : cf. Suétone *César* 2, 2.

*Per. 90*

1. (*Inscriptio*) Années 80-77.

2. (*90, 1*) Année 78. Sylla mourut au cours des trois premiers mois de 78; l'épitomateur ne mentionne pas son abdication, survenue en juin-juillet 79. — L'inhumation au Champ de Mars était un précédent : d'après Appien, *Préface* 23 et *B. C.* 1, 500 (cf. Gabba, I, 292) et 2, 362, « seuls les Empereurs y sont enterrés » (ἔνθα βασιλεῖς θάπτονται μόνοι).

3. (*90, 2*) Année 78, où les deux consuls étaient M. Aemilius Lépidus et Q. Lutatius Catulus, fils du vainqueur des Cimbres : cf. *M. R. R.*, II, 85.

4. (*90, 3*) Année 77. C'est alors que tous les deux étaient proconsuls, que Catulus chassa Lépide d'Italie. Sur les opérations militaires et la mort de Lépide en Sardaigne, cf. *M. R. R.*, II, 89-90.

5. (*90, 4*) Année 77. M. Junius Brutus, père du « césaricide », probablement légat de Lépide, fut vaincu et pris à Modène : cf. *M. R. R.*, II, 90-91.

6. (*90, 5*) Année 80, où eut lieu la rupture ouverte entre Sertorius et les Syllaniens en Espagne (cf. *M. R. R.*, II, 81); cette date correspond à peu près à celle indiquée dans la *Per.* 96, 5 : cf. la note *ad loc.*

7. (*90, 6*) Années 79-78. L. Hirtuléius, questeur en 79, partisan de Sertorius, avait probablement en 78 le titre de « proquesteur »; sur Hirtuléius et les problèmes que pose ce nom, ici au singulier, cf. notre édition des fragments de Tite-Live dans la *C. U. F.*, tome 33, 259, n. 11. — L. Manlius, peut-être préteur en 79, avait en 78 le titre de proconsul, en Narbonnaise : cf. *M. R. R.*, II, 87; M. Domitius Calvinus (le prénom, le titre et le *cognomen* sont incertains — cf. *M. R. R.*, II, 85, n. 4) fut tué en 79 (cf. *ibid.* 84).

8. (*90, 7*) Année 78. Il s'agit de M. Servilius Vatia Isauricus, consul en 79, proconsul en Cilicie : cf. *M. R. R.*, II, 87. — En fait (cf. *ibid.* 88, n. 2 et 90), les principales opérations menées par Servilius contre les (pirates) Ciliciens eurent lieu de 77 à 75.

*Per. 91*

1. (*Inscriptio*) Années 77-76. En raison de la brièveté (relative) des deux textes, aucun rapprochement ne peut être établi entre la *Periocha* et la partie du livre correspondant de Tite-Live (fragment 21 dans l'édition de la *C. U. F.*) retrouvée à la fin du XVIIIe siècle. Les fragments 22 et 23 se rattachent également au livre 91.

2. (*91, 1*) L'épitomateur insiste à chaque fois (cf. *Per.* 89, 7 et 97, 6) sur ce point; cf. Nicolet, *Ordre équestre*, II, 986.

3. (*91, 1*) Automne 77 : cf. *M. R. R.*, II, 90. C'est seulement l'année suivante (cf. Gabba, I, 301) que Pompée participa effectivement à la lutte contre Sertorius.

4. (*91, 2*) Année 77 : la puissance de Sertorius atteignit alors son apogée ; cf. Plutarque, *Pompée* 17, 1 ; Appien, *B. C.* 1, 108 et le fragment 21 de Tite-Live dans l'édition de la *C. U. F.* (cf. *supra*, note 1).

5. (*91, 3*) Année 77. Appius Claudius Pulcher, consul en 79, avait alors un commandement proconsulaire en Macédoine ; cf. *M. R. R.*, II, 84 et 94. Il devait mourir en 76.

6. (*91, 4*) Année 76. Q. Caecilius Métellus Pius avait été consul en 80. Il avait un commandement proconsulaire en Espagne ultérieure depuis 79. Il défit Hirtuléius (sur ce personnage, cf. *supra*, *Per.* 90, 6 et la note *ad loc.*) à Italica : cf. *M. R. R.*, II, 93 et l'édition des *Fragments* de Tite-Live, tome 33, dans la *C. U. F.*, 259, n. 11 (où il faut remonter de deux lignes la référence à la *Per.* 91). La défaite à laquelle se réfère ici la *Periocha* (cf. Orose 5, 23, 10), survenue en 76, doit être distinguée d'une seconde — non mentionnée dans les *Periochae* — cette fois définitive (Hirtuléius fut tué), survenue en 75 — cf. Frontin *Strat.* 2, 7, 5 ; Orose 5, 23, 12 — qu'infligea au lieutenant de Sertorius le même Métellus : cf. *M. R. R.*, II, 98.

*Per. 92*

1. (*Inscriptio*) Année 75.

2. (*92, 1*) Bataille du Sucro : cf. Plutarque, *Pompée* 19, 3 et Appien, *B. C.* 1, 110, 512-513.

3. (*92, 2*) Bataille de Segontia (Siguenza), aux confins des Celtibères et des Carpetani. D'après Appien, *ibid.* 515, Sertorius vainquit Pompée, mais Métellus culbuta M. Perperna Vento (préteur en 82) ; cf. *M. R. R.*, II, 99.

4. (*92, 3*) Appien ne mentionne pas ce siège, évoqué aussi par Plutarque, *Sertorius* 21, 4 sq. : cf. Gabba, I, 306. Sertorius réussit à briser le siège.

5. (*92, 4*) Il s'agit de C. Scribonius Curio qui avait été consul l'année précédente. Il commandait en Macédoine : cf. *M. R. R.*, II, 99.

6. (*92, 4*) Indications analogues chez Appien, *ibid.* 112, 520 (Métellus avait mis sa tête à prix) ; cf. Plutarque, *Sertorius* 22, 1.

*Per. 93*

1. (*Inscriptio*) Année 74.

2. (*93, 1*) Sur P. Servilius, cf. la *Per.* 90, 7 et la note 8 ; cf. aussi *M. R. R.*, II, 99.

3. (*93, 2*) C'est en 74 que mourut Nicomède IV Philopator : cf. Gabba, I, 307.

4. (*93, 3*) Si le « traité » en question doit dater de 76-75 (cf. *M. R. R.*, II, 99), il faut admettre que la guerre commença en 74 : cf. Gabba, I, 308.

5. (*93, 4*) Phrase sans verbe (cf. *Introd.*, p. LXXXII) ; sur M. Aurélius Cotta, consul en 74, cf. *M. R. R.*, II, 101. C'est son collègue Lu-

cullus (cf. *Per.* 94, 1) qui délivra Cotta bloqué dans Chalcédoine. — Sur la date à laquelle commencèrent les opérations contre Mithridate, cf. la longue note de Broughton, *M. R. R.*, II, 106-108 ; la chronologie des *Periochae* constitue un indice en faveur de l'année 74.

6. (*93, 4*) Le nombre élevé des variantes pour un texte manifestement corrompu nous a conduit, comme tous les éditeurs, à supposer l'existence de lacunes à la fois après *Sertorium* et après *fuit*. Le sens général ne paraît pas douteux.

7. (*93, 4*) Fin de l'année 74 : cf. Gabba, I, 311 et *M. R. R.*, II, 104.

*Per. 94*

1. (*Inscriptio*) Fin de 74 — été 73. — Le fragment 24 (édition de la *C. U. F.*, tome 33, 219 et 262-263) de Tite-Live se rattache probablement à ce livre.

2. (*94, 1*) Année 74. Lucullus quitta Rome avant la fin de son consulat (cf. J. L. Ferrary dans Nicolet, *Rome*, II, 809) ; cf. Plutarque, *Lucullus* 7, 1-3 ; 11, 3-5 ; Appien, *Mithr.* 75. La plus importante victoire romaine fut remportée près du fleuve Rhyndacos : Mithridate, qui assiégeait Cyzique, avait renvoyé en Bithynie la cavalerie dont il n'avait plus besoin ; cf. *M. R. R.*, II, 101. — L'armée de Lucullus était d'autant plus indisciplinée qu'elle était composée en partie des anciennes légions de Fimbria (cf. Appien, *Mithr.* 72 et *infra* note 10 à *Per.* 98, 9 ; sur les rapports entre Lucullus et ces soldats, cf. Harmand 281 et n. 270).

3. (*94, 2*) Cf. Appien, *ibid.* Déjotarus vainquit notamment Eumaque, lieutenant de Mithridate.

4. (*94, 3*) Sans doute l'épitomateur fait-il allusion aux campagnes du printemps et de l'été 73 ; on ne sait rien à ce sujet : cf. Gabba, I, 311 et *M. R. R.*, II, 112.

*Per. 95*

1. (*Inscriptio*) Année 73.

2. (*95, 1*) Sur C. Curio, cf. la *Per.* 92, 4 et la note 5 *ad loc.*

3. (*95, 2*) C'est au printemps ou dans l'été 73 que commença le soulèvement de Spartacus : cf. Gabba, I, 317 ; le *ludus* appartenait à Cn. Cornélius Lentulus Batiatus ; le nombre de gladiateurs varie suivant les auteurs. — L'épitomateur appelle Claudius Pulcher, en lui donnant le titre de légat, le préteur C. Claudius Gaber : cf. *M. R. R.*, II, 115, n. 1 ; en outre le préteur s'appelait Varinius et non Varénus (*ibid.* cf. 110). On ne sait s'il doit être identifié avec le P. Varinius mentionné par Cicéron, *Pro Flacco* 45.

4. (*95, 3*) Cf. *M. R. R.*, II, 111.

*Per. 96*

1. (*Inscriptio*) Année 72.

2. (*96, 1*) La bataille eut lieu en Apulie : cf. Gabba 322. — Q. Arrius était en réalité propréteur (cf. *M. R. R.*, II, 112), mais l'épitomateur confond souvent préteur et propréteur (cf. — pour cette seule *Perio-*

*cha* — paragraphe 3 : *M. R. R.*, II, 121, n. 2 — et paragraphe 6 : note 9).

3. (*96, 2*) Il s'agit du consul de l'année, Cn. Cornélius Lentulus Clodianus ; (son collègue L. Gellius Publicola fut, lui aussi, battu ; cf. le paragraphe suivant). Le sénat leur retira le commandement des troupes : cf. *M. R. R.*, II, 116.

4. (*96, 3*) Sans doute dans le nord du Picénum : cf. Gabba, I, 322.

5. (*96, 4*) Sur M. Perperna Vento, cf. *supra*, *Per.* 92, 2 (et la note *ad loc.*) et *M. R. R.*, II, 120. — Le prénom (M.) d'Antonius (omis dans la *R. E.*) a été corrigé en M'. par Sigonius, correction adoptée par tous les éditeurs. Aucune source ne justifiant, à notre connaissance, cette correction, nous avons rétabli M., donné par les manuscrits, *M. R. R.*, II, 120 (qui omet la référence à la *Periocha*) et Gabba, I, 312. — Sur le meurtre de Sertorius, cf. *M. R. R.*, II, 118.

6. (*96, 4*) Sur la cruauté et la « débauche » de Sertorius à la fin de sa vie, cf. Appien, *B. C.* 1, 113, 526-527 sq. ; par contre, ni Appien ni Diodore 37, 22 *a*, ni surtout Plutarque, *Sertorius* 25-26, qui dit presque le contraire et fait un éloge de la conduite de Sertorius à la fin de sa vie, ne confirment le terme (erreur à l'origine de la transmission manuscrite?) *prodigus* de la *Periocha* (deux *recentiores* et *r* « corrigent » en *proditus*, pratiquement dépourvu de signification).

7. (*96, 5*) C'est-à-dire à Perperna. L'emploi du prénom seul est étrange, mais un seul manuscrit (cf. l'apparat) ajoute *perpernam*.

8. (*96, 5*) L'exécution à Perperna eut lieu au cours de l'été 72 : cf. Gabba, I, 313 ; sur la durée de la guerre, cf. la *Per.* 90, 5 et la note 6 *ad loc.*

9. (*96, 6*) C. Cassius Longinus avait été consul l'année précédente : cf. *M. R. R.*, II, 117. — M. Licinius Crassus Dives était en fait propréteur en 72 : cf. *supra*, note 2 et *M. R. R.*, II, 121, n. 2 ; le commandement de la guerre lui fut probablement confié à la fin de l'été : cf. Gabba, I, 325.

*Per. 97*

1. (*Inscriptio*) Années 72 à 70. Le fragment 25 (édition de la *C. U. F.*) de Tite-Live se rattache au livre 97.

2. (*97, 1*) Année 71. Sur le titre de « préteur » décerné à Crassus, cf. la *Periocha* précédente, note 2.

3. (*97, 1*) Février-mars 71 : cf. le fragment 25 de Tite-Live (note 1 *supra*).

4. (*97, 2*) Printemps 71 ; cf. *M. R. R.*, II, 118 et 123.

5. (*97, 3*) Année 72 (71?). M. Antonius Créticus avait, en réalité, été préteur en 74 ; cf. *M. R. R.*, II, 103 ; 108 n. 2 et 123.

6. (*97, 4*) Année 72. M. Térentius Varro Lucullus, consul en 73, avait un *imperium* proconsulaire en Macédoine : cf. *M. R. R.*, II, (*Addenda*), 646. C'était le frère de l'adversaire de Mithridate : cf. *M. R. R.*, II, 118.

7. (*97, 5*) Années 72-71 : conquête du Pont par Lucullus ; cf. *M. R. R.*, II, 118 et 123.

8. (*97, 6*) Année 70. — Sur ce sénatus-consulte, cf. Gabba, I, 334 ;

sur Pompée « chevalier romain », cf. *Per.* 91, 1 et la note 2 *ad loc.*; sur le consulat de Crassus et de Pompée, cf. *M. R. R.*, II, 126.

9. (*97, 7*) Année 70 : *lex Aurelia.* L'extrême concision du texte déforme la réalité, le pouvoir judiciaire ayant été partagé en fait entre les sénateurs, les chevaliers et les tribuns du trésor. Le prénom d'Aurelius Cotta est en réalité *L.* (il s'agit du futur consul de 65); cf. *M. R. R.*, II, 127.

10. (*97, 8*) Année 71 pour Will, 412; été 72, pour J. Carcopino, *César*[4], p. 589; cf. Appien *Mithr.* 82 et *M. R. R.*, II, 123. — Tigrane était le gendre de Mithridate.

***Per. 98***

1. (*Inscriptio*) Années 70 à 67. Les fragments 26 et 27 (Édition de la *C. U. F.*, 220 et 264-265) de Tite-Live se rattachent au livre 98.

2. (*98, 1*) Année 70; cf. *M. R. R.*, II, 129.

3. (*98, 2*) Années 70-69. Les censeurs (la censure avait été rétablie par Pompée et Crassus en 70) Cn. Cornélius Lentulus Clodianus et L. Gellius Publicola avaient été consuls ensemble en 72. Parmi les exclus figuraient P. Cornélius Lentulus Sura, consul en 71, le futur conjuré de 63 et C. Antonius Hybrida, le futur collègue de Cicéron au consulat; cf. *M. R. R.*, II, 127.

4. (*98, 3*) Année 69 (sur cette datation, cf. *supra*, note 12 à *Per.* 11, 9). Le dernier recensement remontait à l'année 85; cf. Brunt 13 et 93. Ce n'est pas par erreur que *M. R. R.*, II, 127 donne le chiffre de 910 000, comme le veut. Brunt 94, où la référence (note 3) à la *Periocha* est à corriger : *M. R. R.* s'appuie en effet sur Phlégon de Tralles, fr. 12 (6) Jacoby. — Le prochain recensement n'aura lieu qu'en 29-28 : cf. Gagé 85 commentant Auguste *R. G.* 8, 2 (« 42 ans après »).

5. (*98, 4*) L. Caecilius Métellus était en fait propréteur (préteur en 71); la même « inexactitude » est commise par Cicéron *Verr.* 1, 27; 2, 3, 152 et Orose 6, 3, 5; cf. aussi *supra*, n. 2 à *Per.* 96.

6. (*98, 5*) Avant 69. Q. Lutatius Catulus, le consul de 78, sans doute pontife depuis 73 (cf. *M. R. R.*, II, 114), porta le titre de *curator rest. Capitolii* (cf. Varron chez Aulu-Gelle 2, 10, 2) et son nom fut inscrit sur le temple : cf. Cicéron *Verr.* 2, 4, 31, 69 sq.; 38, 82, et *I. L. S.* 35. Le Capitole avait été incendié en 83.

7. (*98, 6*) Année 69. Bataille de Tigranocerte où l'inégalité des forces en présence était flagrante; cf. *M. R. R.*, II, 133 et le fragment 26 de Tite-Live (*supra*, note 1).

8. (*98, 7*) Année 68. Il s'agit de Q. Caecilius Métellus (Créticus), consul l'année précédente (69); cf. *M. R. R.*, II, 139. Cydonia était située sur la côte nord-ouest de l'île.

9. (*98, 8*) Année 67. C. Valérius Triarius, légat de Lucullus depuis 73, avait jusqu'alors remporté plusieurs victoires : cf. *M. R. R.*, II, 148.

10. (*98, 9*) Année 67. Appien, *Mithr.* 90 parle moins de « mutineries » que d'un débauchage légal, provoqué par les autorités romaines, des troupes (notamment des « légions de Valérius »; cf. *M. R. R.*, II, 144 : *lex Gabinia* et cf. *infra*) de Lucullus à qui son

commandement avait été retiré : cf. *M. R. R.*, II, 146. — Comme c'était le cas à la fin de la *Per.* 88, 3 (cf. note 8 *ad loc.*), la liaison lourde et maladroite (mais le texte n'est pas sûr : cf. l'apparat) par *id est* ne prouve pas, comme le pensait O. Jahn, que la dernière phrase de la *Periocha* soit une glose (Rossbach, comme Jahn, l'indique comme telle dans son édition, mais Drakenborch maintenait le texte). Les informations qu'apportent ces lignes, loin d'être en effet superfétatoires, correspondent exactement à ce que nous apprend Appien, *Mithr.* 72 sur les deux (d'où l'ingénieuse correction de Rossbach, cf. l'apparat) légions de Valérius Flaccus, reprises par son légat Fimbria, que Lucullus avait enrôlées dans son armée (cf. *supra*, *Per.* 94, 1 et la note 2 *ad loc.*) et surtout aux indications de Plutarque, *Lucullus* 35, 4-5 et 8 ; pour l'interprétation de ces faits, cf. Harmand 282 et n. 278.

*Per. 99*

1. (*Inscriptio*) Année 67. Le fragment 28 (édition de la *C. U. F.*, 220 et 265 — où il faut corriger 68 en 67 et « l'année précédente » en 69) — de Tite-Live se rattache au livre 99.

2. (*99, 1*) Sur Q. Métellus, cf. *Per.* 98, 7 et la note *ad loc.* et *M. R. R.*, II, 145.

3. (*99, 2*) *Lex Roscia* (L. Roscius Otho) : cf. *M. R. R.*, *ibid.*

4. (*99, 3*) *Lex Gabinia* : cf. *M. R. R.*, II, 144-146.

5. (*99, 3*) Sur la gaucherie (*iis... piratis*) du style, cf. *Introd.*, p. LXXXII.

6. (*99, 4*) Cf. *supra*, note 2.

7. (*99, 5*) La correction *praeuerti* de Rossbach, paléographiquement acceptable, ne nous paraît guère confirmée par Tite-Live 8, 16, 8. *Praeripi* (« intercepter »), leçon transmise par les *recentiores* et adoptée par Heraeus, nous paraît préférable.

8. (*99, 6*) Sur cette mention — correspondant sans doute à des citations chez Tite-Live — des « lettres » dans les *Periochae*, cf. *Introd.*, p. XXVI ; cf. aussi Plutarque, *Pompée* 29. Le légat envoyé par Pompée était L. Octavius ; cf. *M. R. R.*, II, 147.

*Per. 100*

1. (*Inscriptio*) Première moitié de l'année 66.

2. (*100, 1*) *Lex Manilia* ; cf. *M. R. R.*, II, 153.

3. (*100, 2*) Conformément à la suggestion de Bursian qui conjecturait *Ciceronis contio* (suppression de *eius*) et de Rossbach (*in apparatu*), nous avons supposé une lacune — elle devait comporter plusieurs mots — avant *contio* (de même Heraeus) — où figurait probablement le mot *Ciceronis* (l'épitomateur le cite en *Per.* 70, 3).

4. (*100, 3*) Cf. *Per.* 99, 1 et 4 et les notes *ad loc.* et *M. R. R.*, II, 154.

5. (*100, 4*) Sur le traité entre Pompée et Phraate III, cf. Will 419 ; J. Carcopino, *César*[4], 611.

6. (*100, 5*) Ce combat est décrit par Appien, *Mithr.* 98 ; cf. Dion Cassius 36, 47, 3-4 et *M. R. R.*, II, 155.

7. (*100*, *6*) Tigrane le Jeune était le gendre de Phraate ; sur cette guerre, cf. Dion Cassius 36, 45, 3 à 51 et Will 421 sq.

*Per.* *101*

1. (*Inscriptio*) Seconde moitié de l'année 66 — fin de 64.

2. (*101*, *1*) Été 66 ; nombreuses références dans J. Carcopino, *ibid.*, 612, note 134. Cette « fuite » vers le royaume dit du Bosphore dura un an. En réalité, c'est seulement après la défaite de ses alliés Ibères (paragraphe 5) que Mithridate se réfugia, après un voyage aventureux (cf. la note 6 *infra*) commencé au printemps 65, à partir de la côte du Caucase, vers le « Bosphore » (sur ce royaume, cf. *ibid.*).

3. (*101*, *2*) Automne 66 ; Pompée captura et expédia à Rome le fils de Tigrane (cf. *infra*, *Per.* 103, 12). Sur ces faits, cf. Plutarque, *Pompée* 33 ; Appien, *Mithr.* 104 ; Will 422.

4. (*101*, *3*) Années 66-65 ; « première conjuration » de Catilina. Les consuls élus pour 65 furent convaincus de brigue et déchus de leur charge : cf. *M. R. R.*, II, 157.

5. (*101*, *4-5*) Printemps-automne 65 : campagne de Pompée dans le Caucase ; cf. *M. R. R.*, II, 155.

6. (*101*, *6*) Années 65-64. Tite-Live faisait certainement ici le récit de la folle équipée (παραδοξολογία, dit Appien, *Mithr.* 102) qui permit à Mithridate, longeant la côte nord-est de la mer Noire, de rejoindre le royaume du Bosphore (celui-ci s'étendait des deux côtés du détroit— Bosphore Cimmérien — faisant communiquer la mer d'Azov — Palus Méotide — et la mer Noire) où il rétablit son autorité par la force (cf. Appien, *Mithr.* 102 ; 107).

*Per.* *102*

1. (*Inscriptio*) Années 64 (sur le chevauchement chronologique avec la *Per.* 101, cf. *Introd.*, p. LXXVII) et 63. Trois fragments (les nos 29, 30 et 31 de l'édition de la *C. U. F.*, 220-221 et 265-267) de Tite-Live se rattachent au livre 102.

2. (*102*, *1*) Printemps 64 ; cf. *M. R. R.*, II, 159-160.

3. (*102*, *3*) Année 63. Appien, *Mithr.* 111 appelle le soldat βίτοιτος. C'est à Panticapée (= Kertch, pointe orientale de la Crimée) que Mithridate mourut.

4. (*102*, *4*) Inexact. Jérusalem et son temple avaient été pillés en 168-167 par Antiochus VI Épiphane. Sur la prise de la ville (en 63), cf. *M. R. R.*, II, 169-170 ; sur le pillage du temple, cf. les fragments 30 et 31 de Tite-Live (*supra*, note 1).

5. (*102*, *4*) Année 63. Nous considérons *Hierosolyma* comme un ablatif féminin (plusieurs *recentiores* font d'ailleurs précéder le mot de *in*, en opposition à *fanum* ; cf. Orose 6, 6, 2 *ad Hierosolymam urbem*). La forme *Hierosolyma*, *-orum* (neutre pluriel) est plus courante.

6. (*102*, *7*) Cf. *M. R. R.*, II, 166.

*Per.* *103*

1. (*Inscriptio*) Années 62 à 58. Le fragment 32 (édition de la *C. U. F.*

221 et 267) de Tite-Live, rattaché de façon sûre au livre 103, ne présente aucun rapport décelable avec le contenu de la *Periocha*. — Un certain désordre chronologique — non exceptionnel dans les *Periochae* (cf. *Introd.*, p. LXXXIX) — est à noter dans la suite des faits exposés.

2. (*103, 1*) Début de 62. Bataille de Pistoïa, livrée par C. Antonius Hybrida, consul en 63 avec Cicéron ; cf. *M. R. R.*, II, 175.

3. (*103, 2*) Décembre 62 (l'acquittement de Clodius fut prononcé en mai 61). — Le texte de ce passage nous paraît encore plus corrompu qu'aux éditeurs antérieurs : présence insolite de *in*, écarté depuis Gruter, devant *quo* ; *crux* (ou lacune) à placer, selon nous, non seulement devant *cum*, comme le fait Rossbach (la conjecture de Halm, acceptée par Heraeus, équivaudrait à faire acquitter Clodius « parce qu'il » (*quod*) avait commis un sacrilège), mais aussi devant *Metelli pontificis*. Il paraît difficile d'admettre, en effet, que l'épitomateur ait pu commettre une erreur sur un événement aussi connu dans l'Antiquité (cf. les nombreuses références — dont plusieurs contemporaines des faits — dans J. Carcopino, *César*[4], 705, n. 250) que la tentative d'adultère de Clodius avec la femme de César, en « remplaçant » celle-ci par celle du « pontife » Métellus ; s'il s'agit de Q. Caecilius Métellus Céler, le consul de 60 (lequel n'était pas pontife, mais augure), sa femme serait la propre sœur de Clodius, Clodia. — Sans doute l'épitomateur a-t-il pu confondre les adultères, mais nous nous demandons, puisqu'il mentionne implicitement les *Damia*, s'il ne faut pas plutôt supposer, à l'origine de la tradition manuscrite, un saut du même au même (cas), analogue à celui qui s'est produit au paragraphe 12 (cf. *infra*, note 13). Le texte initial aurait été (*cum*) *uxorem* ⟨*Caesaris, post sororem* (*ipsam*), *uxorem*⟩ *Metelli pontificis* (*stuprasset*). Le rapprochement entre les deux (plus) célèbres adultères (ou incestes) de Clodius devait être traditionnel : cf. Plutarque, *Cicéron* 29, 5. Plutarque remarque (*ibid.* 4-6 et *César* 10, 6) que Clodius était accusé d'inceste avec ses trois sœurs, femmes respectivement de Marcius Rex, de Métellus et de Lucullus (cf. Plutarque, *Lucullus* 34, 1). A noter que l'intéressante, parce que fort économique, correction de Sigonius, *uxorem maximi pontificis* (*maximi* pour *Metelli*), correction adoptée, sans autre forme de procès, par la plupart des éditeurs avant Rossbach, est paléographiquement inexplicable ; la présence de *maximi* devant *pontificis* n'est d'ailleurs pas nécessaire : Augustin (*C. D.* 7, 35) note que les « livres de Varron » furent dédiés au « pontife César » (*istos* [*libros*] *Varronis ad Caeserem pontificem scriptos atque editos*) ; cf. Lactance 1, 6, 7.

4. (*103, 3*) Années 62-61. Il s'agit de C. Pomptinus (Pontinus dans la *R. E.*), en fait propréteur (préteur en 63) : cf. *M. R. R.*, II, 176. La traduction « Solo » que nous avons adoptée est liée à la leçon *Solonem* donnée par les manuscrits, mais la forme « normale » doit être *Solonium* (cf. Dion Cassius 37, 48, 1 : Σολώνιον), ville des Allobroges de la Narbonnaise, peut-être aujourd'hui Salanion, dans l'Isère.

5. (*103, 4*) Année 59 ; cf. *M. R. R.*, II, 192.

6. (*103*, *5*) Année 61. César, préteur l'année précédente, avait sans doute le titre de propréteur (Espagne Ultérieure) ; cf. *M. R. R.*, II, 180.

7. (*103*, *6*) Année 60. Formation du « premier triumvirat » ; César était alors consul désigné : cf. *M. R. R.*, II, 185.

8. (*103*, *7*) Année 59 ; cf. *M. R. R.*, II, 187-188.

9. (*103*, *8*) Année 61. C. Antonius Hybrida (cf. la note 2) avait subi une grave défaite ; cf. *M. R. R.*, II, 180.

10. (*103*, *9*) Année 58 (*lex Clodia*) ; cf. *M. R. R.*, II, 195.

11. (*103*, *10*) Année 58 ; cf. *M. R. R.*, II, 197-198.

12. (*103*, *11*) Tite-Live faisait apparemment, au début de son récit de la guerre des Gaules, une description du pays, sans doute plus développée que celle, rapide et schématique, qu'on lit chez César dans le seul chapitre 1 du livre 1 du *B. G.* (les mœurs des Gaulois ne seront décrites qu'en 6, 11-20). — Notre réviseur, J.-P. Callu, veut bien nous signaler le rapprochement, qui s'impose, avec Symmaque, *Lettres* 4, 18, 5 (année 396) (lettre au Gaulois Protadius) : « Vous souhaitez qu'on vous délivre en mains propres les *Annales* des anciennes Gaules. Relisez les derniers volumes du Padouan, ceux qui développent les exploits de Caius César, ou bien, si Tite-Live n'est pas à la hauteur de vos souhaits, prenez le *Journal* de C. César que vous avez détaché de ma petite bibliothèque pour vous le faire adresser en cadeau. Il vous renseignera sur les origines, la topographie, les batailles, sur toutes les mœurs, toutes les coutumes gauloises d'autrefois » (traduction J.-P. Callu) (*Priscas Gallorum memorias deferri in manus tuas postulas. Reuolue Patauini scriptoris extrema quibus res Gai Caisaris explicantur, aut si inpar est desiderio tuo Liuius, sume ephemeridem C. Caesaris decerptam bibliotheculae meae, ut tibi muneri mitteretur. Haec te origines, situs, pugnas et quidquid fuit in moribus aut legibus Galliarum, docebit.*

13. (*103*, *12*) Une omission est presque certaine avant *liberis Mithridatis*. La conjecture de Gronovius ⟨*de Mithridate, ductis ante currum*⟩ est vraisemblable.

14. (*103*, *12*) 28-29 septembre 61 : cf. *M. R. R.*, II, 181. Tous les éditeurs, depuis Sigonius, se sont étonnés du déplacement chronologique, à la fin de la *Periocha*, d'un événement antérieur de trois ans aux faits indiqués précédemment (paragraphe 11). L'« anachronisme » est aggravé par l'affirmation selon laquelle Pompée aurait été salué à cette occasion du surnom de Magnus, alors que cette appellation remontait à 79, sinon à 81 (surnom conféré à Pompée soit en 81, en Afrique, par ses soldats, soit en 79, par Sylla, à Rome ; cf. Pline 7, 96 et Plutarque *Pompée* 13, 7-8). S'il est vrai qu'un certain désordre chronologique règne dans la *Periocha* (cf. *supra*, note 1), on doit noter cependant : 1) que les faits cités au paragraphe 12 sont situés normalement dans la fourchette chronologique de la *Periocha* ; 2) qu'on rencontre dans l'ensemble de l'ouvrage plusieurs exemples de ce report en fin de *Periocha* d'événements importants que l'auteur désire mettre ainsi en valeur (c'est le cas du surnom de Magnus) — cf. Introd., p. LXI ; 3) qu'Appien, *Mithr.* 118 et 121 commet le même « anachronisme » en rapprochant lui aussi le surnom

Magnus du triomphe de 61 ; 4) qu'à regarder le texte de près, l'épitomateur ne dit pas formellement que Pompée aurait « reçu » son surnom à cette occasion. — A noter enfin le scepticisme un peu ironique de Tite-Live lui-même (cf. 30, 45, 6) sur l'origine exacte de tels surnoms ; sans doute celui-ci n'avait-il rien d'officiel (?).

***Per. 104***

1. (*Inscriptio*) Années 58 à 56.

2. (*104, 1*) La présence fort précieuse, car c'est le seul cas dans l'ouvrage, d'un sujet explicitement exprimé (*prima pars libri*), pour le verbe *continet*, sujet ainsi détaché au début de la *Periocha*, paraît un argument déterminant pour sous-entendre *liber* dans toutes les phrases, fort nombreuses, on l'a vu, où ce verbe est employé seul ; cf. *Introd.*, p. LXXXIII.

3. (*104, 1*) La phrase est à rapprocher de celle, presque identique qui, dans la *Periocha* précédente (*Per.* 103, 11, cf. la note *ad loc.*), concerne la Gaule. C'est sans doute à propos des premiers contacts entre César et Arioviste (César *B. G.* 1, 31, 10 sq.) que Tite-Live parlait de la Germanie (César en reporte la « description » au livre 6 : 6, 21-28).

4. (*104, 2*) Année 58 ; harangue prononcée par César à Besançon (*B. G.* 1, 40). Sur la fuite des Germains au-delà du Rhin, cf. *ibid.* 53. Sur l'état d'esprit de l'armée de César à ce moment, cf. Harmand 292 sq.

5. (*104, 3*) Pas plus que nos prédécesseurs, nous n'avons pu découvrir ce que recouvre le mot *exerente* (*exercente* dans plusieurs *recentiores*) ; aucune des variantes ou conjectures (cf. *asserente* de Rossbach) — celle de Walter ⟨*se*⟩ *ex*(*s*)*erente* n'est peut-être pas à écarter — n'est satisfaisante. Le sens général n'est cependant pas douteux.

6. (*104, 3*) Année 57 ; cf. *M. R. R.*, II, 200.

7. (*104, 4*) Année 57 : cf. *ibid.* 203.

8. (*104, 5*) Le texte que nous avons adopté (cf. *Per.* 141, 2 *ex ciuitate Neruiorum*) — conforme à celui de cinq de nos manuscrits — nous semble permettre d'élucider un passage traditionnellement difficile, dont la corruption s'explique aisément par les confusions de cas et les erreurs faites par les copistes dans l'interprétation des abréviations.

L'assimilation d'un nom de peuple à une *ciuitas* se retrouve en *Per.* 107, 1 : *Eburones et alias ciuitates*. On l'observe dans un autre texte contemporain : Servius, *ad Georg.* 3, 204 : ... *Belgae ciuitas est Galliae*... — La conjecture *ciuis* de Rossbach est pour le moins étrange et ne nous paraît nullement justifiée par la référence à Silius Italicus 8, 406 sq. Celle d'Heraeus, d'après César, *B. G.* 2, 15, 5, ⟨*ferociss*⟩*i*(*u*)*mos ex his ciuitatibus*, est ingénieuse, mais dépourvue d'appui paléographique. La lecture *unam ex his ciuitatibus* donnée par plusieurs manuscrits, dont π, nous paraît devoir être retenue.

9. (*104, 5*) Année 57 ; la campagne de César contre les Belges est racontée *B. G.* 2, 1-28.

10. (*104, 6*) Année 58 ; cf. *M. R. R.*, II, 198.

11. (*104*, *7*) Fin 58. Il s'agit de Ptolémée XII Aulète : cf. J. Carcopino, *César*[4], 772.

12. (*104*, *8*) Année 56 ; la campagne de César contre les Vénètes est racontée dans le *B. G.* 3, 7-16 ; cf. *M. R. R.*, II, 211.

13. (*104*, *9*) Année 56. Il s'agit sans doute des opérations menées par les légats Q. Titurius Sabinus (cf. *Per.* 106, 3 et la note *ad loc.*) en Armorique (cf. *B. G.* 3, 17-19) et P. Licinius Crassus en Aquitaine (*B. G.* 3, 20-27) ; cf. *M. R. R.*, II, 211.

*Per. 105*

1. (*Inscriptio*) Années 56 à 54. Les deux fragments 33 et 34 (édition de la *C. U. F.*, 222 et 268) de Tite-Live se rattachent à ce livre.

2. (*105*, *1*) Avril 56. Il s'agit de C. Porcius Cato : cf. *M. R. R.*, II, 209 ; sur les « vêtements de deuil », cf. Dion Cassius 39, 28, 2.

3. (*105*, *2*) Année 55. cf. *M. R. R.*, II, 216. Caton sera élu préteur pour 54.

4. (*105*, *3*) Année 55 : tentative d'opposition de Caton à la *lex Trebonia* ; cf. *M. R. R.*, II, 217-218.

5. (*105*, *4*) Année 55. A. Gabinius avait été consul en 58 et gouvernait la Syrie depuis 57 ; cf. *M. R. R.*, II, 210-211. — Ancien grand-prêtre de Comana du Pont, Archélaüs avait épousé Bérénice IV, fille de Ptolémée XII Aulète et usurpatrice du trône d'Egypte. Il fut tué devant Alexandrie ; cf. Carcopino, *César*[4], 786-787.

6. (*105*, *5*) Années 55 et 54. En 55, César fit une démonstration de force au-delà du Rhin (cf. *M. R. R.*, II, 219) et opéra un premier débarquement en Bretagne (*ibid.* ; cf. *B. G.* 4, 20-36) ; en 54, un second (cf. *M. R. R.*, II, 224 et *B. G.* 5, 1-2 ; 8-22). Les deux fragments de Tite-Live cités à la note 1 se rapportent probablement à la première opération.

*Per. 106*

1. (*Inscriptio*) Années 54 et 53.

2. (*106*, *1*) Septembre 54 ; références dans J. Carcopino, *César*[4], 797, n. 16.

3. (*106*, *2*) Année 54 ; révolte en Gaule Belgique ; cf. *M. R. R.*, II, 224.

4. (*106*, *3*) Année 54. Il s'agit de L. Auronculéius Cotta (cf. *M. R. R.*, II, 225) et de Q. Titurius Sabinus (*ibid.* 226).

5. (*106*, *4*) Erreur de l'épitomateur (à moins qu'il ne s'agisse d'une — facile — confusion paléographique à l'origine de la tradition manuscrite) : Q. Cicéron hibernait non chez les Trévires, mais chez les Nerviens (cf. César, *B. G.* 5, 24, 2 ; 38-52 et *M. R. R.*, II, 226) ; d'où la correction d'Alde Manuce en *Neruiis*, correction adoptée dans la plupart des éditions jusqu'au XIXe siècle.

6. (*106*, *4*) Cf. César, *ibid.* 5, 49 sq.

7. (*106*, *5*) Année 53. La bataille de Carrhes (l'épitomateur ne cite pas le nom : cf. *Introd.* p. XCV) eut lieu le 9 juin ; cf. *M. R. R.*, II, 230 et, pour P. Licinius Crassus le fils, *ibid.* 231.

*Per. 107*

1. (*Inscriptio*) Année 53 et 52.

2. (*107, 1*) Année 53 ; cf César, *B. G.* 6, 7-10 ; 29-44 et *M. R. R.*, II, 230.

3. (*107, 2*) Année 52. Clodius fut tué le 18 janvier (*M. R. R.*, II, 234).

4. (*107, 3*) A partir de *legato* et peut-être même de *Cn. Pompeio* (cf. les variantes), le texte est manifestement corrompu ou lacunaire. Parmi les nombreuses corrections proposées, celle de Gronovius est la plus simple : ⟨*Pompeius*⟩ *delegatus a senatu* (suppression de *et*) et la plus intéressante. Le sens général ne fait cependant guère de doute : le sénat 1) charge Pompée de réprimer l'agitation ; 2) le nomme consul unique.

5. (*107, 3*) Mois intercalaire (entre février et mars 52 *V a. d. Kal. Mart.*) Les concurrents cités sont (outre P. Annius Milo) P. Plautius Hypsaeus, sans doute préteur en 55 (*M. R. R.*, II, 216) et Q. Caecilius Métellus Pius Scipio Nasica, le nouveau beau-père de Pompée, que celui-ci devait faire élire ensuite comme collègue au consulat pour les cinq derniers mois de l'année 52. — Pompée est dit « absent » lors de sa désignation parce qu'il séjournait alors dans une maison des faubourgs de Rome : c'est le προάστειον dont parle Plutarque, *Cato minor* 48, 1-4 ; *Pompée* 54, 8-9. Une brève lacune est certaine après *unquam* ; plusieurs *recentiores* sous-entendent *cecidit* ou *contigit* ; un plus-que-parfait serait préférable.

6. (*107, 4*) Année 52. Le procès de Milon eut lieu en avril.

7. (*107, 5*) Année 52. *Rogatio* dite « des dix tribuns » : *M. R. R.*, II, 236. L'opposition de Caton est mentionnée notamment par Plutarque, *Cato Minor* 49, 1 ; 51, 7 et *Pompée* 56, 3. Dès l'année 55, Caton (*id. Cato minor* 43, 8-9) avait averti Pompée du danger que représentait César.

8. (*107, 6*) Première moitié de l'année 52 ; cf. *M. R. R.*, II, 238.

*Per. 108*

1. (*Inscriptio*) Années 52 à 50. Le fragment 35 (édition de la *C. U. F.*, 222 et 269-271) de Tite-Live se rattache sans doute à ce livre.

2. (*108, 1*) Fin de 52. Alésia fut prise en septembre ; cf. *M. R. R.*, II, 238.

3. (*108, 2*) Année 51. C. Cassius Longinus, questeur en 53, était, depuis cette date, proquesteur en Syrie : cf. *M. R. R.*, II, 242.

4. (*108, 3*) Il s'agit de la candidature de Caton au consulat de 51, où furent élus Ser. Sulpicius Rufus et M. Claudius Marcellus.

5. (*108, 4*) Année 51 ; cf. *M. R. R.*, II, 243.

6. (*108, 5*) Sans doute en mai 51 ; Ser. Sulpicius Rufus s'opposa à son collègue (*M. R. R.*, II, 241).

7. (*108, 5*) Année 51 ; manœuvres de M. Claudius Marcellus : cf. *M. R. R.*, II, 241. Sans doute égaré par l'extrême complexité du problème de la durée légale des pouvoirs de César (jusqu'au 1er mars 50, d'après la *lex Pompeia Licinia*? jusqu'à 49, où il pourrait poser

sa candidature pour le consulat de 48 — intervalle de dix ans entre deux consulats — ?), l'épitomateur se trompe en présentant comme appuyé sur une « loi » le désir qu'avait César de supprimer toute solution de continuité entre le moment où il abandonnerait son commandement et celui où il revêtirait un nouveau consulat.

8. (*108, 5*) Années 51-50. Il s'agit de M. Calpurnius Bibulus, consul en 59, proconsul en Syrie depuis 51 ; cf. *M. R. R.*, II, 242.

*Per. 109*

1. (*Inscriptio*) Années 50 et trois premiers mois de 49. Les trois fragments 36, 37 et 38 (édition de la *C. U. F.*, 223 et 271-272) de Tite-Live sont sans doute à rattacher au livre 109, encore que 38 (expulsion de Caton de Sicile) puisse dépendre du livre 110.

2. (« Sous-titre »). Sur ce sous-titre, cf. *Introd.*, p. CXIX.

3. (*109, 1*) Sur l'expression *causae ciuilium armorum*, cf. Jal 360-363 (notamment 362, n. 1).

4. (*109, 1*) Année 50. L'épitomateur se réfère sans doute aux discussions qui eurent lieu plusieurs fois au sénat au cours de cette année, notamment lors de la séance du 1er décembre 50.

5. (*109, 2*) La palinodie de C. Scribonius Curio se révéla au grand jour lors de la séance du sénat d'avril 50 : cf. *M. R. R.*, 249 ; J. Carcopino, *op. cit.*, 848, n. 304 ; Jal 365, n. 6.

6. (*109, 3*) Comme Rossbach, nous pensons qu'une lacune est certaine après *pulsis*. Rossbach, s'appuyant sur Eutrope 6, 19 et Orose 6, 15, 1, propose de lire *Caesar sine exercitu Romam uenire iussus*. Le tr. pl. Q. Cassius Longinus était le frère (ou le cousin) du futur préteur et tyrannicide de 44, C. Cassius, lui aussi tr. pl. en 49.

7. (*109, 3*) Année 49 : sénatus-consulte du 7 janvier (= 12 décembre 50 julien) ; cf. *M. R. R.*, II, 250 et 256. Les consuls de 49 étaient C. Claudius Marcellus et L. Cornélius Lentulus Crus. Le successeur désigné de César en Gaule était L. Domitius Ahénobarbus, consul en 54 : cf. *M. R. R.*, II, 261. C'est le soir même du 7 janvier que Marc Antoine et Q. Cassius quittèrent Rome pour rejoindre César (cf. *M. R. R.*, II, 258-259).

8. (*109, 4*) Année 49. César franchit le Rubicon le 11 janvier (= 27 décembre 50 julien). Pompée et les consuls quittèrent Rome le 18 ; Corfinium, investie par César le 15 février, fut prise le 21 (un des prisonniers était P. Cornélius Lentulus Spinther, l'ancien consul de 57) ; Pompée s'échappa de Brindes le 17 mars.

*Per. 110*

1. (*Inscriptio*) Avril-mai 49 à la fin de la même année. Les trois fragments 39, 40 et 41 (édition de la *C. U. F.*, 223-224 et 273-277) de Tite-Live se rattachent à ce livre.

2. (« Sous-titre »). Sur ce « sous-titre », cf. *Introd.* p. 000.

3. (*110, 1*) C. Trébonius sera préteur en 48, consul (suffect) en 45 ; cf. *M. R. R.*, II, 269-270. D. Junius Brutus Albinus sera préteur en 45 ; cf. *M. R. R.*, II, 267. C'est au début de juin (mai julien) que César, parti pour l'Espagne, laissa à ses légats le soin de poursuivre le siège de Marseille.

4. (*110, 1*) La bataille d'Ilerda eut lieu le 20 août (= 3 juillet julien) 49. L. Afranius, qui avait été consul en 60, était légat en Espagne citérieure (cf. *M. R. R.*, II, 266) ; M. Pétréius avait commandé sur le terrain les troupes opposées à Catilina à Pistoïa, en 62 (cf. *M. R. R.*, II, 268). Il était légat en Lusitanie. — Afranius et Pétréius ne disposaient en fait que de cinq légions (cf. César, *B. C.* 1, 39, 1 et Florus 2, 13 (4, 2), 29) ; l'épitomateur y a indûment ajouté les deux légions (cf. *Per.* 111, 4 ; César, *ibid.* 2, 18, 1 ; Florus, *ibid.* n'en mentionne qu'une) de Varron.

5. (*110, 1*) Fin de septembre (= août julien) 49 ; sur M. Térentius Varro, cf. *M. R. R.*, II, 269.

6. (*110, 2*) Mêmes dates : sur la présence de César à Gadès, cf. *M. R. R.*, II, 257.

7. (*110, 3*) Marseille capitula à la fin d'octobre (= septembre julien) 49 ; les deux batailles navales sont celles du Frioul (fin juin) et de Tauroentum (Le Brusq), en juillet.

8. (*110, 4*) C. Antonius était un des frères de Marc Antoine ; cf. *M. R. R.*, II, 266.

9. (*110, 5*) Les mêmes faits (épisode de Curicta, dans le golfe de Fiume) sont racontés en détail par Lucain 4, 462-581 et Florus 2, 13 (4, 2), 31-33.

10. (*110, 6*) Vainqueur à Utique (mi-juillet), Curion fut vaincu et tué le 20 août (= 20 juillet julien) 49. Son adversaire romain était P. Attius Varus, peut-être préteur en 53 ; cf. *M. R. R.*, II, 260.

11. (*110, 7*) C'est le 4-5 janvier 48 (= 28-29 novembre 49 julien) que César passa en Epire.

### *Per.* 111

1. (*Inscriptio*) Janvier-août 48. Les quatre fragments 42 à 45 (édition de la *C. U. F.*, 224-225 et 277-279) de Tite-Live se rattachent à ce livre.

2. (« Sous-titre »). Sur ce « sous-titre », cf. *Introd.*, p. CXIX.

3. (*111, 1*) M. Caelius Rufus était préteur pérégrin en 48. — Sur ces faits, cf. notamment la lettre de Caelius à Cicéron (janvier-février 48 = *Fam.* 8, 17) ; César, *B. C.* 3, 20-22 ; Dion Cassius 42, 22-25.

4. (*111, 2*) Été 48? Milon fut tué par les soldats du préteur Q. Pédius, près de Compsa, soit chez les Hirpins (César, *B. C.* 3, 22, 2 ; Velléius Paterculus 2, 68, 3), soit en Apulie (Dion Cassius, *loc. cit.*) ; Caelius, à Thurii (César, *ibid.* 3).

5. (*111, 3*) Début de l'été 48? Ptolémée XIII avait succédé, en 51, à l'âge de dix ans, à Ptolémée XII Aulète, mort cette année-là.

6. (*111, 4*) Printemps 48. — Sur Q. Cassius Longinus, tr. pl. l'année précédente, cf. *Per.* 109, 3 et la note *ad loc.* Il avait un commandement *pro praetore* : cf. *M. R. R.*, II, 276.

7. (*111, 5*) Avril-août 48 (calendrier romain) ; la bataille de Pharsale eut lieu le 9 août (= 28 juin julien) : cf. *M. R. R.*, II, 272. Les trois fragments 42-44 de Tite-Live (cf. la note 1) se rapportent à cette bataille.

8. (*111, 6*) L'expression « dans le camp » est très ambiguë, le lecteur risquant fort de comprendre qu'il s'agissait du camp pompéien

à Pharsale, alors que Cicéron était resté en réalité dans celui de Dyrrachium. Cf. *M. R. R.*, II, 278 et le fragment 45 de Tite-Live, qui indique, de façon tout à fait erronée, que Cicéron était alors en Sicile (!). — Sur le jugement réservé de Tite-Live à l'égard de Cicéron, cf. notre commentaire au fragment 60 de Tite-Live (édition de la *C. U. F.*, 288-289).

9. (*111, 7*) Tite-Live consacrait sans doute, en fin de livre, quelques paragraphes à la *clementia Caesaris* : cf. Jal 464 sq.

*Per.* ***112***

1. (*Inscriptio*) Fin de 48 — mars 47. Les sept fragments 46 à 52 (édition de la *C. U. F.*, 225-226 et 279-283) de Tite-Live se rattachent au livre 112 ; les fragments 47 à 49 concernent des faits (lutte de Q. Cassius Longinus — le Césarien en révolte — en Espagne : cf. *Per.* 111, 4) non évoqués dans la *Periocha.*

2. (« Sous-titre »). Sur ce « sous-titre », cf. *Introd.*, p. CXIX.

3. (*112, 1*) Août-décembre (romains) 48. Exposé détaillé dans J. Carcopino, *César*[4], 926 (la date de 47 est à corriger en 48) à 928 et n. 211 à 213. Un conseil de guerre des Pompéiens se tint à Corcyre, mais il ne fit que révéler leurs divisions : cf. J. Carcopino, *ibid.* 907 et note 157.

4. (*112, 2*) Cf. Ampelius 35 : *Ptolemaeus, Pupillus dictus, qui Pompeium tutorem a senatu accepit* ; Eutrope 6, 21 : *rege Aegypti, cui tutor a senatu* (*Pompeius*) *datus fuerat.*

5. (*112, 2*) Pompée fut assassiné le 28 septembre (16 août julien) 48 ; c'est en général Septimius, ancien soldat de Pompée, qui est cité comme le meurtrier : cf. *M. R. R.*, II, 272 et 276 ; J. Carcopino, *ibid.*, 909 et n. 160 et 161.

6. (*112, 3*) Mêmes références qu'à la note précédente. Le fragment 46 de Tite-Live se rapporte à Cornélie.

7. (*112, 4-5*) César arrive à Alexandrie le 20 octobre (11 août julien) 48.

8. (*112, 6-7*) César, consul depuis le début de 48, avait été, sans doute en octobre (cf. *M. R. R.*, II, 272 et, pour la date, 284, n. 1), proclamé dictateur pour la seconde fois ; il l'avait été une première fois, en 49, alors qu'il assiégeait Marseille (*M. R. R.*, II, 256), par son collègue d'alors au consulat, P. Servilius Isauricus. — César avait d'abord associé Cléopâtre au trône d'Egypte, mais Ptolémée XIII, conseillé notamment par Pothin, déclencha contre lui la guerre dite « d'Alexandrie » qui dura six mois (fin octobre 48-27 mars 47). Sur la mort de Ptolémée XIII, cf. Florus 2, 13 (4, 2), 60.

9. (*112, 8*) Fin de 48-début de 47. Sur l'équipée de Caton, qui mena son armée par terre, de Cyrène à Utique, à travers le désert, cf. *M. R. R.*, II, 278.

10. (*112, 8*) Décembre (novembre julien) 48 (la date de 47 est à corriger en 48 dans J. Carcopino, *ibid.* 920-921). — Cn. Domitius Calvinus, consul en 53, était sans doute alors légat de César dans la province d'Asie. Il fut battu à Nicopolis, dans le Pont (Petite Arménie), par Pharnace II, roi du Bosphore Cimmérien, qui essayait

de reconstituer le royaume de son père Mithridate ; cf. *M. R. R.*, II, 277.

*Per. 113*

1. (*Inscriptio*) 47-début de 46. Le fragment 53 (édition de la *C. U. F.*, 217 et 283) de Tite-Live se rattache à ce livre.

2. (« Sous-titre »). Sur ce « sous-titre », cf. *Introd.*, p. cxix.

3. (*113, 1*) Année 47. Il s'agit de Q. Cornélius Métellus Scipion Nasica, consul en 52, beau-père de Pompée, proconsul et *imperator* : cf. *M. R. R.*, II, 275. Caton était arrivé à Utique en mars 47 (cf. *Per.*, 112, 8 et la note *ad loc.*) : cf. *M. R. R.*, II, 289. Il n'était que propréteur.

4. (*113, 2*) Cf. *M. R. R.*, II, 289.

5. (*113, 3*) Début de 46 : cf. *M. R. R.*, II, 291 et 298. Cn. Pompée le fils avait été, à la fin de 47, envoyé comme légat (ou promagistrat) en Espagne par les Pompéiens d'Afrique ; les deux légions révoltées contre Q. Cassius Longinus se joignirent à lui ; il s'empara de Carthagène, puis de la Bétique, et rallia les chefs pompéiens survivants.

6. (*113, 4*) Bataille de Zéla, dans le Pont : 2 août (12 juin julien) 47. L'allusion à la rapidité de César s'explique par l'extrême brièveté de son voyage, d'Égypte à Antioche, puis dans le Pont (*Veni, uidi, uici*) ; cf. *M. R. R.*, II, 286.

7. (*113, 5*) Année 47. Marc Antoine était maître de la cavalerie depuis décembre 48 : cf. *M. R. R.*, II, 272 et 284, n. 1.

8. (*113, 6*) Fin d'octobre (fin août julien) 47. C'est à Rome, au Champ de Mars, que César licencia ses troupes : cf. notamment Suétone, *César* 70 et Appien, *B. C.*, 2, 92-94.

9. (*113, 6*) Début de 46. César, qui avait débarqué près d'Hadrumète à la fin de décembre 47 (calendrier romain), eut à affronter, dans les mois qui suivirent, plusieurs attaques dangereuses de la cavalerie du roi de Numidie, Juba Ier : cf. Dion Cassius 43, 6, 2.

*Per. 114*

1. (*Inscriptio*) Première moitié de l'année 46. Les deux fragments 54 et 55 (édition de la *C. U. F.*, 227 et 284) de Tite-Live se rattachent au livre 114 (peut-être au livre 112 ou 113, en ce qui concerne le fragment 54).

2. (« Sous-titre ») Sur ce « sous-titre », cf. *Introd.*, p. cxix.

3. (*114, 1*) Sur ces faits, cf. Appien, *B. C.*, 3, 77 (où Λίβωνι doit sans doute être corrigée en Λιβίῳ = Tite-Live) et 4, 58. — Caecilius Bassus, dont Dion Cassius 47, 27, 1 dit qu'il prit le titre de préteur après la mort de Sex. César, n'avait jamais exercé de magistrature : cf. Nicolet, *Ordre équestre*, II, 811. — Sex Julius César, parent de César, était proquesteur *propraetore* : cf. *M. R. R.*, II, 297.

4. (*114, 2*) Nous avons gardé, comme tous nos prédécesseurs, la leçon *praetorem* donnée par la tradition manuscrite unanime, bien qu'elle soit erronée (sur les titres réels de Scipion, cf. *Per.* 113,

note 3) : erreur d'abréviation pour *proconsulem* (correction de Gronovius)?

5. (*114*, *2*) Sur Scipion et Juba, cf. *Per.* 113, 1 et 6 et les notes *ad loc.* La bataille de Thapsus eut lieu le 6 avril (= 6 février julien) 46 ; cf. *M. R. R.*, II, 293.

6. (*114*, *3*) Le suicide de Caton eut lieu six jours après la bataille : cf. *M. R. R.*, II, 298.

7. (*114*, *4*) Sur Pétréius, cf. *supra*, *Per.* 110, 1 et la note 4 ; sur le fameux duel, cf. *M. R. R.*, II, 302.

8. (*114*, *5*) Le prénom P. est erroné. Il s'agit de Q. Caecilius Métellus Pius Scipio Nasica : cf. note 3 à *Per.* 113.

9. (*114*, *5-6*) L'épitomateur procède par prétérition (souci de concision) ; il n'indique pas la façon dont mourut Scipion (qui se jeta dans la mer) ; cf. *M. R. R.*, II, 297.

10. (*114*, *7*) L. Afranius (cf. *supra*, *Per.* 110, 1 et la note 4 *ad loc.*) et Faustus Cornélius Sylla, fils du dictateur, proquesteur *propraetore* (*M. R. R.*, II, 297), furent en réalité mis à mort par l'aventurier, d'origine campanienne, P. Sittius, allié de César, et malgré les ordres de ce dernier.

11. (*114*, *8*) Cf. J. Carcopino, *ibid.*, 944, n. 272.

12. (*114*, *9*) Sur D. Junius Brutus Albinus, alors *legatus pro praetore* de César en Gaule transalpine, cf. *Per.* 110, 1 et la note 3 *ad loc.* Sur la révolte des Bellovaques (région de Beauvais), cf. Appien, *B. C.* 2, 111.

***Per. 115***

1. (*Inscriptio*) Deuxième moitié de l'année 46 — première moitié de l'année 45 (Tite-Live termine plusieurs fois ses livres au milieu d'une année).

2. (« Sous-titre »). Sur ce « sous-titre », cf. *Introd.*, p. CXIX.

3. (*115*, *1*) Les quatre premiers triomphes de César furent célébrés en quatre jours distincts et espacés l'un de l'autre, de la fin août à la fin septembre (= juin-juillet julien) 46. Remarquable exposé dans J. Carcopino, *ibid.*, 960-961 ; cf. *M. R. R.*, II, 293.

4. (*115*, *3*) Début de septembre (=début de juillet julien) 46, où eut lieu la séance du sénat au cours de laquelle César accorda le retour du banni. M. Claudius Marcellus, consul en 51, fut tué, le 25 mai 45, au soir, par Cn. Magius Cilo (le prénom Cn. est transmis par la tradition manuscrite unanime des *Periochae*, mais la lettre *Fam.* 4, 12, 2 de Servius Sulpicius à Cicéron, donne le prénom P., en général admis comme authentique — v. g. par Münzer dans la *R. E.* ; les autres textes — Cicéron, *Att.* 13, 10, 3 et Valère-Maxime 9, 11, 4 omettent le prénom). Nous n'avons pas cru devoir admettre — et donc traduire — le *cognomen* Cil(l)o, bien qu'il soit donné par six *recentiores*, et surtout par Servius Sulpicius lui-même : que faire en effet de *suo* (à moins, bien sûr, que *cliente* — Servius qualifie Magius de *familiaris* et non de *cliens* — ne soit une mélecture de *cilone*, *suo* ayant été ajouté après coup...)?

5. (*115*, *4*) Ce chiffre très faible a été, en général, jugé erroné : l'épitomateur aurait lu trop rapidement Tite-Live et confondu *census*

*populi* (sur ce point, cf. *supra*, note 4 à 98, 3 : année 69) et *recensus plebis frumentariae*. Suétone *César* 41, 5 emploie aussi l'expression *recensum populi*, mais précise que ce « recensement » avait fourni le chiffre de 320 000 assistés — ce qui en limiterait la nature — et que César en réduisit le nombre à 150 000 ; cf. Brunt 104, n. 3 (où le numéro de la *Per.* est à corriger).

C. Nicolet veut bien cependant attirer notre attention sur le fait que, « si erreur il y a, elle est partagée par Plutarque, *César* 55, 5 et Appien, *B. C.* 2, 102 » [en fait, Appien ne cite pas de chiffre, mais note, comme Plutarque, que le chiffre du recensement fut inférieur de moitié à celui d'avant la guerre.] « On peut, dès lors, se demander », ajoute C. Nicolet, « si elle n'était pas déjà chez Tite-Live ». C'est aussi l'opinion de D. Van Berchem, *Les distributions de blé et d'argent à la plèbe romaine*, Genève, 1939, 23 : « Le chiffre de 150 000, issu du *recensus*, correspond au total des citoyens de Rome. C'est bien ainsi que l'ont entendu Tite-Live, Plutarque et Appien, et rien n'autorise à accuser ces historiens de s'être trompés ».

6. (*115*, *5*) Décembre 46. La bataille de Munda eut lieu le 17 mars 45 ; cf. *M. R. R.*, II, 309. La plus importante des villes prises par César avant la bataille avait été Ategua (février 45).

7. (*115*, *6*) Comme Jahn et Rossbach, nous pensons qu'une omission (Rossbach conjecture *necatus est Cn.*) s'est produite à l'origine de la tradition manuscrite avant *Pompeius*. Cn. Pompée fut tué près de Lauro. Sur Sex. Pompée, cf. *M. R. R.*, II, 312.

*Per.* ***116***

1. (*Inscriptio*) Octobre 45-avril 44. Les deux fragments 56 et 57 (édition de la *C. U. F.*, 227-228 et 285) de Tite-Live se rattachent à ce livre.

2. (« Sous-titre ») Sur ce « sous-titre », cf. *Introd.*, p. CXIX.

3. (*116*, *1*) Début d'octobre 45 ; cf. *M. R. R.*, II, 305.

4. (*116*, *2*) Cf. *M. R. R.*, II, 308.

5. (*116*, *2*) Nous avons tenté de reproduire dans la traduction le style lourd et embarassé de cette période complexe.

6. (*116*, *2*) Comme Jahn et Rossbach, nous pensons qu'une omission s'est produite, dès le début de la transmission manuscrite, avant *potestas*. Plutôt que *mouentibus* (*r* et *v*), Heraeus suggère, de façon vraisemblable, *facientibus* : cf. Valère-Maxime 5, 7, 2.

7. (*116*, *2*) Cf. *M. R. R.*, II, 318 ; sur ces deux tribuns, cf. *ibid.* 323 (le premier était chevalier romain : cf. Nicolet, *Ordre équestre*, II, 818-819).

8. (*116*, *3*) Sur M. Junius Brutus, préteur urbain en 44, et C. Cassius Longinus, préteur pérégrin, cf. *M. R. R.*, II, 320-321 ; sur D. Junius Brutus Albinus et C. Trébonius, cf. *Per.* 110, 1 et les notes *ad loc.* Le premier avait été préteur en 45 et était consul désigné pour 42 (*M. R. R.*, II, 328) ; le second, préteur en 48 et consul (suffect) en 45 ; cf. *M. R. R.*, II, 330.

9. (*116*, *4*) Cf. *M. R. R.*, II, 316 (notamment Appien, *B. C.* 2, 122 sq. ; Dion Cassius 44, 20-34).

10. (*116*, *5*) Sur le testament de César, cf. surtout Suétone, *César* 83 et Appien, *ibid.* 2, 143.

11. (*116*, *6*) Cf. Cicéron, *Att.* 14, 10, 1 ; *Phil.* 2, 91 ; Suétone, *ibid.* 84.

12. (*116*, *7*) Avril 44 ; cf. *M. R. R.*, II, 316 (notamment Cicéron, *Phil.* 1, 3-4 ; 32 ; 2, 91, et 115).

13. (*116*, *8*) Avril 44, Il est très probable que la forme *Chamates* transmise par les manuscrits unanimes vient d'une mélecture de C. Amatius (conjecture de Sigonius d'après Appien, *ibid.* 3, 2-3 : 'Αμάτιος). Valère-Maxime 9, 15, 1 emploie le mot grec équivalent Erophilus.

*Per. 117*

1. (*Inscriptio*) Avril-fin de 44.

2. (*117*, *1*) Avril 44. La mention de la Macédoine est considérée en général comme une erreur, César passant pour projeter alors une expédition contre les Parthes (et Octave, pour séjourner à « Apollonie »). En réalité, comme cela ressort de Velléius Paterculus 2, 59, 4 ; Suétone, *Auguste* 8, 4 et Appien, *B. C.* 2, 110, l'armée rassemblée par César devait *d'abord* faire campagne contre les Daces (Gètes), *puis* contre les Parthes (même si ceux-ci sont les seuls à être mentionnés par Plutarque, *Brutus* 22, 2 et Dion Cassius 45, 3, 1) ; la « Macédoine », prise, comme d'habitude chez Tite-Live, au sens large, devait servir de base d'opérations vers le Danube. Le consul Antoine (cf. Appien, *ibid.* 3, 25) rappellera d'ailleurs à la fin de l'année, à propos d'une prétendue « invasion des Gètes » en Macédoine, l'ordre de priorité fixé par César.

3. (*117*, *1*) Sur ces présages, cf. notamment Suétone, *Auguste* 95 et Obsequens 68, mais ceux-ci sont loin d'être tous « favorables ». — L'épitomateur ne répète pas ici ce qu'il a dit en 116, 5, mais se réfère sans doute cette fois à la déclaration faite officiellement par Octave, soit à Brindes (Obsequens, *ibid.*), soit à Rome devant le préteur.

4. (*117*, *2*) Cf. Auguste, *R. G.* 10, 2 *Quod sacerdotium... eo (Lepido) mortuo qui ciuilis motus occasione occupauerat* et Velléius Paterculus 2, 63, 1 *M. Lepido, qui pontifex maximus in C. Caesaris locum furto creatus.* D'autres sources font ressortir à ce propos la responsabilité du consul Antoine ; cf. *M. R. R.*, II, 333.

5. (*117*, *3*) Antoine avait obtenu d'abord la Macédoine, Dolabella, la Syrie. Au début de juin 44 (cf. *M. R. R.*, II, 516), le premier se fit, par un plébiscite, accorder les Gaules. — Sur le ton antiantonien de l'épitomateur, cf. *Introd.*, p. xcv, n. 3.

6. (*117*, *3*) Cf. Auguste, *R. G.* 1, 1 ; Velléius Paterculus 2, 61, 1-2 et surtout Suétone, *Auguste* 10, 5 : *in suum ac reip. auxilium.* — Même si l'ensemble du chapitre de Suétone est en accord avec la *Periocha*, le ton du biographe est beaucoup moins favorable à Octave.

7. (*117*, *4*) Cf. notamment Cicéron, *Phil.* 3, 6 ; Velléius Paterculus, *ibid.* ; Appien, *B. C.* 3, 43, 178 ; Dion Cassius 45, 13, 3. Sur la *saeuitia* d'Antoine (et de Fulvie), cf. notamment Cicéron, *Phil.* 3, 4 sq.

8. (*117*, *5*) D. Junius Brutus Albinus (sur ce personnage, cf. *Per.* 110, 1 et la note *ad loc.*) était parti pour sa province de Cisalpine dès le début d'avril 44 : cf. *M. R. R.*, II, 328 ; Antoine s'était fait attribuer la même province le 1er juin (cf. *supra*, note 5). C'est seulement après le 20 décembre 44 que le sénat reconnut à D. Brutus le droit de garder la Cisalpine ; Brutus s'enferma alors dans Modène (cf. *M. R. R.*, *ibid.*).

9. (*117*, *6*) Allusion probable aux départs de M. Brutus, Cassius et Dolabella (pour Déc. Brutus, cf. la note précédente) pour les provinces que, légalement ou non, ils revendiquaient comme leurs : la Syrie, attribuée officiellement en avril au consul P. Cornélius Dolabella (cf. *M. R. R.*, II, 317), était en fait réclamée par Cassius, officiellement chargé de Cyrène ; M. Brutus, à qui la Crète avait été attribuée (cf. *M. R. R.*, II, 321), partit pour la Macédoine. M. Brutus quitta Rome fin avril, Cassius fin septembre, Dolabella, fin octobre (cf. *ibid.* 317) ; chacun d'eux se mit à lever des troupes. — Sur les confusions faites par certains historiens de l'Antiquité sur les attributions « officielles » de provinces à cette époque, cf. *M. R. R.*, II, 321.

*Per. 118*

1. (*Inscriptio*) Trois premiers mois de l'année 43. — Le fragment 58 (édition de la *C. U. F.*, 228 et 286) de Tite-Live se rattache à ce livre.

2. (*118*, *1*) Sur le ton prooctavien de l'épitomateur (et donc de Tite-Live), cf. *Introd.*, p. XIV, n. 6. Le texte de la *Periocha* est à rapprocher de celui de Velléius Paterculus 2, 62, 3 (à propos de Brutus et de Cassius) : *et ubicumque ipsi essent, praetexentes esse rempublicam* ; cf. Jal 156.

3. (*118*, *1*) Début de 43. — P. Vaninius, consul en 47, préteur en 55, était alors proconsul en Illyricum : cf. *M. R. R.*, II, 331.

4. (*118*, *2*) Début de janvier 43 ; cf. *M. R. R.*, II, 345.

5. (*118*, *3*) Antoine commença à assiéger Modène au début de 43 : cf. *M. R. R.*, II, 342. La *Periocha* se réfère à l'ambassade envoyée à Antoine par le sénat le 4 janvier 43 et composée de L. Marcius Philippus, L. Calpurnius Piso Caesoninus et de Ser. Sulpicius Rufus (ce dernier mourut en route) ; cf. *M. R. R.*, II, 350.

6. (*118*, *4*) Cf. notamment Cicéron, *Phil.* 5, 31 ; 6, 2 ; 9 ; Dion Cassius 46, 31, 2.

7. (*118*, *5*) Mi-mars 43. C. Antonius, préteur l'année précédente, avait reçu du sénat, le 28 novembre 44, un commandement proconsulaire en Macédoine (*M. R. R.*, II, 319), mais ce commandement avait été annulé à la fin de l'année (*ibid.* 342) par le sénat.

*Per. 119*

1. (*Inscriptio*) Janvier-août 43.

2. (*119*, *1*) Mi-janvier 43. Sur C. Trébonius, cf. la *Per.* 116, 3 et la note 8. Il était alors proconsul en Asie. Il avait été capturé par Dolabella qui avait enlevé Smyrne par surprise, au cours de sa route

vers la Syrie dont il avait reçu le commandement : cf. *supra*, *Per.* 117, 6 et la note 9 ; *M. R. R.*, II, 344 et 349.

3. (*119*, *2*) Début de mars 43 : cf. *M. R. R.*, II, 349.

4. (*119*, *3*) Mars-avril 43. C. Vibius Pansa avait quitté Rome vers le 19 mars ; il avait été battu par Antoine, près de Forum Gallorum, où, peu après, Hirtius rétablit la situation : cf. *M. R. R.*, II, 335.

5. (*119*, *5*) Avril 43. Antoine fut battu le 23 et dut lever le siège de Modène : c'est alors qu'il fut déclaré *hostis* (*M. R. R.*, II, 343). M. Aemilius Lepidus avait été consul en 46 ; il était alors proconsul en Narbonnaise et en Espagne citérieure ; sur sa jonction avec Antoine, cf. *M. R. R.*, II, 341-342.

6. (*119*, *5*) A. Hirtius fut tué dans la bataille du 23 avril et Pansa mourut le même jour des suites d'une blessure reçue à Forum Gallorum : cf. *M. R. R.*, II, 335-336. — Sur leurs obsèques au Champ de Mars, cf. *ibid.* 336.

7. (*119*, *6*) Avril-mai 43. Sur le triomphe décerné à D. Brutus, cf. *M. R. R.*, II, 347. Le sénat refusa d'accorder une *ouatio* à Octave : *ibid.* 345. — Sur l' « ingratitude » (nous avons, à l'instar du texte latin, répété le mot « reconnaissant » dans notre traduction) du sénat à l'égard de ce dernier, cf. notamment Velléius Paterculus 2, 62, 5 ; Appien, *B. C.* 3, 74, 304 et 80, 325 ; Dion Cassius 46, 39-41, 5.

8. (*119*, *7*) Nous avons, non sans quelque hésitation, admis, comme Rossbach, le mot *praeclusis*, transmis par la tradition manuscrite unanime, plutôt que la correction *perculsis*, adoptée par la quasi-totalité des éditeurs (paléographiquement très vraisemblable : cf. *Per.* 28, 4, flottement entre *praeclusisque* et *perculsisque*) depuis l'*editio Moguntina* ; Schles. n'indique même pas qu'il s'agit d'une correction. Nous pensons, comme le suggère Man. 117, n. 181 (mais celui-ci renonce à traduire), que l'arrivée de l'armée d'Octave empêcha (en les forçant à rester chez eux) ses adversaires de venir voter (*praecludo* nous paraît signifier ici, comme en *Per.* 28, 4 « tenir écartés » (des opérations de vote). Plusieurs témoignages antiques soulignent en effet l'atmosphère de violence qui entoura le vote : cf. Obsequens 69 *terribilis tumultus* et Eutrope 7, 2, 1 *(Caesar) Romam cum exercitu profectus extorsit ut... consulatus daretur*. La référence à Suétone, *Néron* 32, 4 (*Nero praeclusit cunctos negotiatores*) sur laquelle s'appuie Rossbach, est, à vrai dire, assez peu probante, mais *percello* peut-il, employé seul, signifier « frapper d'épouvante »?

9. (*119*, *7*) 19 août 43 ; depuis le mois de mai, Octave était apparemment resté inactif : cf. *M. R. R.*, II, 346. — Sur les débuts de sa réconciliation avec Antoine, cf. *ibid.* 343 et 346 ; sur le rôle de Lépide, cf. Eutrope 7, 2, 1 et Orose 6, 18, 8. Octave fut élu au consulat avec pour collègue Q. Pédius, préteur en 48 : cf. *M. R. R.*, II, 336 et 346.

*Per. 120*

1. (*Inscriptio*) Mars-décembre 43. Les deux célèbres (mort de Cicéron) fragments 59 et 60 (édition de la *C. U. F.*, 228-230 et 286-289) de Tite-Live se rattachent à ce livre (paragraphe 5 de la *Periocha*).

2. (*120, 1*) Août-octobre 43. La loi fut présentée par le collègue d'Octave au consulat, Q. Pédius (*lex Pedia*) ; cf. *M. R. R.*, II, 337.

3. (*120, 2*) C. Asinius Pollio, sans doute préteur en 45, gouvernait l'Espagne ultérieure avec le titre de proconsul ; L. Munatius Plancus, préteur la même année, la Gaule transalpine ; cf. *M. R. R.*, II, 343. C'est au cours de l'été que leurs légions se joignirent à celles de Marc Antoine (Plancus avait, pour sa part, longtemps hésité) ; cf. *M. R. R.*, II, 348.

4. (*120, 2*) D. Brutus avait d'abord rejoint, le 7 juin, Munatius Plancus en Gaule (*M. R. R.*, *ibid.*) ; il s'enfuit ensuite vers l'Est, dans l'intention de rejoindre M. Brutus en Macédoine : cf. *ibid.* 347. — Velléius Paterculus 2, 64, 1 et Appien, *B. C.* 3, 98 appellent « Camélus » ou « Camilos » (Κάμιλος) l'hôte et meurtrier de Brutus ; Valère-Maxime 4, 7, 6 ; 9, 13, 3 le nomme Furius.

5. (*120, 3*) Octobre-novembre 43. — Sur la traduction de *constituendae*, cf. Grenade 25 et 81 (référence à Appien, *B. C.* 1, 99, 462 : καταστάσις τῆς πολιτείας). — A la différence d'Appien, *B. C.* 4, 2, 4 (île près de Modène) et de Dion Cassius 46, 55, 1 (île près de Bologne), l'épitomateur ne précise pas le lieu de l'entrevue entre les trois hommes ; cf. *M. R. R.*, II, 336 et 343. La lex *Titia* (27 novembre 43) fixait à cinq ans la durée du triumvirat : cf. *M. R. R.*, 338.

6. (*120, 3-4*) Sur la proscription de 43, cf. *M. R. R.*, II, 338. L. Aemilius Paulus avait été consul en 50 ; L. Julius César, en 64. Le chiffre des sénateurs proscrits est de 140 chez Florus 2, 16 (4, 6), 3 sq. et de 132 chez Orose 6, 18, 10 ; cf. Brunt 326, n. 3.

7. (*120, 5*) Cf. *M. R. R.*, II, 357. La *Periocha*, comme Valère-Maxime 5, 3, 4 et Jérôme *Chronique* 158 *b*, mentionne seulement la main droite de Cicéron ; le fragment 59 de Tite-Live, les deux mains.

8. (*120, 6*) De quelles « campagnes menées en Grèce » par M. Brutus s'agit-il? Des opérations qu'il conduisit en Thrace, où il fut acclamé *imperator* par ses soldats, sans doute à la fin de 43 (cf. *M. R. R.*, II, 346 et Dion Cassius 47, 25, 2)? Il faudrait alors dater de cette année-là les campagnes de Thrace mentionnées dans la *Per.* 122, 1 (à moins que *res gestas* désigne seulement ici, d'une manière générale, l'activité de M. Brutus en Grèce?). De toute façon, Brutus dut partir à la fin de l'année rejoindre Cassius à Smyrne (cf. *Per.* 122, 1).

*Per. 121*

1. (*Inscriptio*) Avril-fin de 43.

2. (« Sous-titre »). Sur ce « sous-titre », cf. *Introd.*, p. cxx.

3. (*121, 1*) C'est seulement à la fin d'avril 43 (en dépit des efforts faits par Cicéron, dès le début de mars) que le sénat ratifia l'initiative de Cassius qui s'était attribué le commandement en Syrie (*M. R. R.*, II, 343), où il s'était d'ailleurs installé dès le début de l'année. Cassius avait fait passer sous son commandement, outre la légion de Caecilius Bassus (cf. *Per.* 114, 1 et la note *ad loc.*), les trois légions de L. Staius Murcus (*M. R. R.*, II, 349), les quatre légions d'A. Alliénus (*ibid.* 352) et les trois légions de Q. Marcius Crispus

(*ibid.* 347). C'est sans doute au début de juillet que Dolabella se suicida (*ibid.* 344).

4. (*121, 2*) Fin de 43 ou début de 42. M. Brutus donna sans doute l'ordre d'exécuter le prisonnier à la suite des nouvelles de la proscription à Rome : cf. *M. R. R.*, II, 342. D'après Dion Cassius 47, 24, 4, C. Clodius, qui gardait le prisonnier, aurait exécuté ce dernier de sa propre initiative. Selon une troisième version, C. Antonius aurait été mis à mort sur l'ordre de Q. Hortensius (d'où l'exécution de ce dernier après Philippes : cf. *Per.* 124, 4).

*Per. 122*

1. (*Inscriptio*) Fin de 43?

2. (*122, 1*) La correction *parumper* de P. La Roche est en général acceptée, sauf par Heraeus pour qui le mot n'appartient pas au vocabulaire des *Periochae* et qui conjecture *parum prospere ⟨primum, dein felicius⟩*.

3. (*122, 1*) Sur la réunion de Smyrne, cf. *M. R. R.*, II, 344 et 346-347.

4. (*122, 2*) Dion Cassius 47, 24, 3-6 fait un récit détaillé des deux complots que fomenta L. Gellius Publicola contre Brutus, d'abord, contre Cassius, ensuite. Il lui fut à chaque fois pardonné en raison des liens d'amitié existant entre ces derniers et M. Valérius Messalla Corvinus, demi-frère du coupable. Messalla avait rejoint le camp de Brutus en juillet 43 (*M. R. R.*, II, 355) et devait combattre à Philippes du côté des républicains. Il passa ensuite, comme Publicola, dans le camp adverse. — L. Gellius Publicola fut consul en 36 ; il est associé à Messala par Horace, *Satires* 1, 80, 85. Il mourut dans le camp d'Antoine au cours de la guerre qui commença à Actium (où il commandait l'aile droite).

*Per. 123*

1. (*Inscriptio*) Première moitié de l'année 42.

2. (*123, 1*) L'expression *ex Epiro*, donnée par tous les manuscrits, peut surprendre à cette date et compte tenu de la distance entre l'Epire et la Sicile. Déjà P. J. Blak, *Sex. Pompeius Magnus, Gnaei filius*, Dissert. Leyde, 1879, 16, n. 3, pensait à corriger le texte, Tite-Live ayant, pour lui, mal compris sa source grecque : ἐκ τῆς ἠπείρου (« venant du continent ») ; hypothèse ingénieuse, mais peu acceptable : comment admettre que Tite-Live ait utilisé une source grecque? Nous avions, pour notre part (cf. notre communication à la Société d'Études Latines, du 20 mai 1978, résumée dans *R. E. L.*, 56, 1978, 13-15) songé à une mélecture à l'origine de la tradition manuscrite : *ex epiro* pour *ex* (*a*)*equo* : « après avoir regroupé *aussi bien* des esclaves fugitifs que des proscrits » (cf. Velléius Paterculus 2, 73, 3 *seruitia fugitiuosque in numerum exercitus sui recipiens*). Cependant, l'indication du même historien 2, 72, 5, suivant lequel les proscrits venaient *e Brutianis castris* (des soldats de Brutus séjournèrent en Epire tout au long de l'année 43, et la crainte de voir les triumvirs débarquer au début de 42 dut les pousser à s'en-

fuir) nous a conduit à accepter la lecture unanime des manuscrits. Sans doute, chez Velléius Paterculus, l'évocation du « camp de Brutus » (le lieu n'est pas précisé) fait-elle, à la date (postérieure à Philippes) qui semble découler du contexte, plutôt songer au camp de Macédoine, mais l'historien se réfère peut-être (aussi) à une période antérieure (?)

3. (*123, 1*) Sex. Pompée, nommé par le sénat, en avril 43, *praefectus classi et orae maritimae* avec un *imperium* proconsulaire, avait été, dès la fin de l'année (*lex Pedia*), dépossédé de son titre et proscrit (*M. R. R.*, II, 348). Il opéra alors un débarquement armé en Sicile, où le propréteur (il avait été préteur en 45) A. Pompéius Bithynicus accepta de partager avec lui son commandement ; Sextus l'accusa ensuite de comploter contre lui et le fit assassiner (*M. R. R.*, II, 362). — Q. Salvidiénus (orthographe correcte : cf. Sénèque, *De clementia* 1, 9, 6 ; Appien, *B. C.* 4, 85 ; cf. *M. R. R.*, II, 362 et 366) Rufus fut battu devant Rhégium.

4. (*123, 2*) Été 42.

5. (*123, 3*) Tous les éditeurs signalent l'erreur de l'épitomateur : T. Sextius était partisan non de « Cassius », mais des triumvirs (Blak, *op. cit.*, 16, n. 3, propose de lire *caesarianarum* au lieu de *cassianarum* ; la correction est peut-être à garder). En revanche, il n'est pas sûr qu'il faille, comme l'ont fait certains, « inverser » le texte et faire de T. Sextius le vainqueur, car, en un premier temps, la victoire était bien revenue à Q. Cornificius. Celui-ci, peut-être préteur en 45, avait, dès 44, reçu un commandement proconsulaire en *Africa uetus* ; il fut prorogé dans son commandement, en mars 43, par le sénat qui lui attribua ensuite la province et les troupes de T. Sextius, gouverneur de l'*Africa noua* (*M. R. R.*, II, 345), préteur en 45 ; les triumvirs, à leur tour, attribuèrent à ce dernier la province de Cornificius. Celui-ci battit d'abord son rival (en 42) qu'il assiégea dans Cirta (*M. R. R.*, II, 363) ; mais la situation se renversa et Q. Cornificius, vaincu, se suicida.

### *Per. 124*

1. (*Inscriptio*) La *Per.* 124 est entièrement consacrée à la bataille de Philippes (octobre 42).

2. (*124, 3*) La deuxième bataille de Philippes eut lieu le 23 octobre 42 (*M. R. R.*, II, 358, 360 et 361). Seul Appien, *B. C.* 4, 114, 478 est en accord avec la *Periocha* pour fixer la deuxième bataille au lendemain de la première, les autres sources faisant état d'un délai beaucoup plus long (un mois, pour Gabba V, 3). La correction (*altera*) *dein die* de Jahn paraît s'imposer, celles de Halm (*deinde acie*) et de H. I. Müller (*dein acie*) ne se justifiant guère paléographiquement.

3. (*124, 3*) Straton, originaire d'Egée (= Aigai — Edessa, en Macédoine) était un rhéteur familier de Brutus : cf. Plutarque, *Brutus* 52, 6 sq. ; Velléius Paterculus 2, 70, 4 et Appien, *B. C.* 4, 131, 551 (pour Appien, Straton serait Épirote). Straton devait rejoindre ensuite le camp d'Octave (Plutarque, *ibid.* 53, 2).

4. (*124, 4*) Il est probable que l'épitomateur citait d'autres noms

dans la lacune (cf. Velléius Paterculus 2, 71, 2-3) : le fils de Caton et celui de Lucullus, M. Térentius Varro Gibba (ou Lucullus — frère de M. Licinius Lucullus), Drusus Livius, le père de Livia Drusilla et Quinctilius Varus, le père du vaincu de Teutoburg ; Q. Hortensius, fils de l'orateur, sans doute préteur en 45, avait un pouvoir consulaire en Macédoine depuis 44. Selon certaines sources, il aurait fait lui-même exécuter C. Antonius et aurait été mis à mort sur la tombe de ce dernier : cf. *M. R. R.*, II, 361 et *Per.* 121, 2 et la note 3 *ad loc.*

*Per. 125*

1. (*Inscriptio*) Début de 41 — automne 41.
2. (*125, 1*) Octave rentra en Italie au début de 41 ; sur le « partage » de l'Empire, cf. *M. R. R.*, II, 371 et Gabba, V, 8 ; sur la répartition des terres entre les vétérans, cf. *M. R. R.*, II, 358 et 377-378.
3. (*125, 2*) La *Periocha* est le seul texte à signaler le rôle de Fulvie dans ces séditions : cf. Man. 217.
4. (*125, 3*) Cf. *M. R. R.*, II, 371.
5. (*125, 4*) Sur ces assignations, cf. Gabba, V, p. LIX-LXVIII.
6. (*125, 4*) Lépide avait, au cours de l'été 42, été chargé, lors du départ d'Octave et d'Antoine pour la Grèce, du commandement de l'Italie : cf. Gabba, V, 9. Il s'enfuit de Rome vers Octave à l'arrivée de L. Antonius (fin de l'automne 41) : cf. *M. R. R.*, II, 371.

*Per. 126*

1. (*Inscriptio*) Trois premiers mois de l'année 40. La *Periocha* est tout entière consacrée à la guerre dite de Pérouse.
2. (*126, 1*) Pérouse fut prise à la fin de février ou au début de mars 40 : cf. Gabba, V, 78 et *M. R. R.*, II, 379 et 381. La famine subie par les habitants devait devenir proverbiale : cf. Lucain 1, 41, *Perusina fames* ; Florus 2, 16 (4, 5), 3 *nihil non experta fame* ; *D. V. I.* 85, 2 *Perusii fames*. Sur les nombreuses tentatives de sortie, cf. Appien, *B. C.* 5, 34, 135 sq. — Alors que la *Periocha* fait d'Octave le responsable de la destruction de la ville (seul trait « anti-octavien » de l'ouvrage), celle-ci aurait, selon d'autres sources, été incendiée par un de ses habitants : cf. Man. 217-218 ; par contre, à la différence de la *Periocha*, ces mêmes sources font ressortir à l'envie la cruauté d'Octave à l'égard de la population : cf. notamment Suétone, *Auguste* 15, 1-2 ; Dion Cassius 48, 14, 4 et surtout Sénèque, *De clementia* 1, 11 (*Perusinae arae*).

*Per. 127*

1. (*Inscriptio*) Fin de 41 — été 39. Le fragment 61 (édition de la *C. U. F.*, 230 et 289-292) de Tite-Live, composé de trois scholies d'Horace relatives au « voyage à Brindes » rattachées de façon erronée par leurs auteurs au livre 127, se rattache en fait au livre 128 : cf. le commentaire de l'édition de la *C. U. F.*, 289 sq. et *M. R. R.*, II, 379 et 398.
2. (*127, 1*) L'invasion parthe date de la fin de 41 ou du début

de 40 : cf. Gabba, V, 109. A leur tête, se trouvait Pacorus, fils du roi et Q. Labiénus, fils de T. Labiénus tué à Munda. Q. Labiénus avait été envoyé, en 43, par Brutus et Cassius à la cour parthe et y était resté après Philippes. Q. Décidius Saxa était légat d'Antoine en Syrie depuis 41 : cf. *M. R. R.*, II, 387 et 384.

3. (*127*, *2*) Si l'existence d'une lacune après *gerendum* est admise par tous les éditeurs — lacune que l'on peut aisément combler (cf. dans les *recentiores* : *incitaretur*), la construction de la phrase n'en demeure pas moins énigmatique : nous ne voyons pas notamment comment Schles. peut faire d'*obstaret* un impersonnel (« so that there should be no onstacle »). Une seconde lacune (cf. les nombreuses variantes dans les manuscrits) est possible, mais non certaine, après *Fuluia*. La conjecture de Schwartz *M. Antonius cum... ⟨profectus esset, mortua⟩ uxore fuluia* est intéressante, mais ne résout nullement les difficultés, quoi que semble en penser Man. 218.

4. (*127*, *2*) La « paix de Brindes » (l'épitomateur, comme il le fait souvent (cf. *Introd.*, p. xcv), ne cite pas le nom) date sans doute de la fin de septembre ou du début d'octobre 40 : cf. *Gabba*, V, 107 et *M. R. R.*, II, 379.

5. (*127*, *3*) Fin de 40? Q. Salvidiénus (sur l'orthographe erronée du nom dans les *Periochae*, cf. *Per.* 123, 1 et la note *ad loc.*) Rufus Salvus était consul désigné pour 39. Il commandait à cette date les provinces des Gaules et l'armée concentrée sur le Rhône ; cf. *M. R. R.*, II, 383. — Sur les deux versions (suicide ou exécution) concernant sa mort, cf. Man. 220.

6. (*127*, *4*) Années 40-39. P. Ventidius Bassus avait été préteur et consul (suffect) en 43. Après la paix de Brindes (40), il fut envoyé par Antoine, avec un commandement proconsulaire en Asie, pour une contre-offensive contre les Parthes : cf. *M. R. R.*, II, 383. En 39, il vainquit Q. Labiénus et les Parthes près du mont Taurus, puis dans la chaîne de l'Amanus. Q. Labiénus fut capturé, puis exécuté (ou contraint au suicide) : cf. Man. 220.

7. (*127*, *5*) Années 40-39. Sur les activités de Sex. Pompée en Méditerranée occidentale, cf. *M. R. R.*, II, 382-383. La paix de Pouzzoles — ou de Misène — date sans doute du début de l'été 39 : cf. Gabba, V, 118 et *M. R. R.*, II, 386 et 388. Nous avons adopté la leçon de *P* (lecture erronée dans l'édition Rossbach) *expostulatam*, leçon qui nous paraît justifiée à la fois par la paléographie (elle explique l'erreur de *N* et de plusieurs autres manuscrits qui lisent *eo postulatam*), par l'ancienneté et la qualité de *P*, et surtout par le sens. Il est peut-être imprudent de traduire, comme le fait Schles. approuvé par Man. 220, note 339, « à sa demande » (= de Sextus Pompée). Cette traduction (même si les *Periochae* sont très favorables à Octave) ne semble pas appuyée par la réalité historique.

8. (*127*, *6*) Années 41-50. Il ne s'agit pas ici, comme le pensent Schles. et Man. 219, n. 332, des événements auxquels se réfère Dion Cassius 48, 45, 1-3, événements qui ne se dérouleront qu'en 38 et concernent pour l'essentiel l'activité de Bodug en Espagne et à Tanger. L'épitomateur nous paraît faire allusion aux conflits armés qui opposèrent en Afrique, tout au long de l'année 41 et au début

de 40, T. Sextius (sur ce personnage, cf. *Per.* 123, 3 et la note) et C. Fuficius Fango, envoyé en 41 par Octave en Afrique : le premier, agissant sur l'ordre du consul L. Antonius, força, après maintes péripéties, le second à se suicider ; ce fut finalement (le triumvir) Lépide qui, sans doute au milieu de l'année 40, recueillit l'armée de T. Sextius : cf. *M. R. R.*, II, 383 ; Gabba, V, 53 et Dion Cassius 48, 21-23.

*Per. 128*

1. (*Inscriptio*) Années 38-37. C'est à ce livre qu'il faut rattacher en fait le fragment 61 (édition de la *C. U. F.*, cf. *supra*, note 1 à la *Per.* 127) de Tite-Live et peut-être aussi — si l'on accepte la séduisante démonstration de M. Massaro, *Il mantello azzurro di Sesto Pompeio e un frammento trascurato di Livio* in *Rivista di Filologia...*, 108, 4, 1980, 403-421 — un « nouveau » fragment (à numéroter 61 bis) relatif à Sex. Pompée se proclamant fils de Neptune : cf. *infra* p. 166 (*Addenda et corrigenda* au tome 33 de Tite-Live).

2. (*128, 1*) La *Periocha* se fait, comme d'habitude, l'écho de la tradition triumvirale et augustéenne (cf. Gabba, V, 133), alors que Dion Cassius rend les deux parties responsables de la rupture survenue sans doute dans l'hiver 39-38 (Gabba, V, 132) : cf. Man. 222 et *M. R. R.*, II, 392. Les deux batailles navales à l'issue « douteuse » sont, en fait, deux défaites d'Octave survenues, l'une à Cumes, l'autre dans le détroit de Messine (printemps-été 38) : cf. Gabba, V, 145 ; *M. R. R.*, II, 391-392.

3. (*128, 2*) Années 38. Sur P. Ventidius Bassus, cf. *Per.* 127, 4 et la note *ad loc.* et *M. R. R.*, II, 393.

4. (*128, 3*) Années 38-37. Campagne entreprise par C. Sosius, le futur consul de 32, pour rétablir Hérode sur le trône de Judée ; en 37, Sosius prit Jérusalem (*M. R. R.*, II, 393 et 398). Il fut assisté notamment par Machaeras, sans titre connu (*ibid.* 395).

5. (*128, 4*) Fin de 38 — année 37. — *Apparatus* se réfère sans doute, d'une part, aux préparatifs faits par M. Vipsanius Agrippa, consul en 37, notamment à l'aménagement du lac Lucrin pour permettre les manœuvres de la flotte d'Octave (*M. R. R.*, II, 395) et, de l'autre, aux moyens considérables, surtout en navires (140), fournis par Antoine à Octave, à la suite de l'entrevue de Tarente (printemps 37) ; cf. *M. R. R.*, II, 396.

*Per. 129*

1. (*Inscriptio*) Été-automne 36.

2. (*129, 1*) C'est sans doute le 1er juillet (Gagé 159 ; Gabba, V, 65) que débutèrent les opérations, essentiellement maritimes : cf. *M. R. R.*, II, 399. Agrippa fut vainqueur à Mylae, mais une partie des troupes d'Octave, débarquée à Tauroménium, resta quelque temps bloquée en raison de la défaite subie par la flotte qui l'avait amenée.

3. (*129, 2*) Bataille dite de Nauloque (nord-est de la Sicile), le 3 septembre 36 (*M. R. R.*, II, 403). L'expression « en Sicile » (= à

terre?) est étrange, Sextus Pompée s'y trouvant déjà : il ressort d'Appien, *B. C.* 5, 121, 502, que Sextus s'enfuit d'abord du lieu (très proche) de la bataille navale vers Messine, d'où il s'embarqua en toute hâte pour fuir vers l'Est. — Aucune des conjectures proposées (*in Asiam* Ruhnken, *in Siciliam inde in Asiam* Weissenborn, *in Asiam ex Sicilia* Madvig) n'est satisfaisante. J.-P. Callu propose *in Ciliciam* (terre de pirates)? La conjecture est séduisante... et la confusion très fréquente dans les manuscrits : cf. en 68, 1 et 99, 3... Il faudrait alors comprendre que Sex. Pompée avait eu d'*abord* l'intention de se diriger vers la Cilicie (souvenir de son père?).

4. (*129, 3*) Cf. *M. R. R.*, II, 400.

5. (*129, 4*) Cf. *M. R. R.*, II, 403.

*Per.* **130**

1. (*Inscriptio*) Année 36.

2. (*130, 1-3*) Cf. *M. R. R.*, II, 400. *Dum* a un sens causal (Man. 225, note 367). A noter la lourdeur du style (répétition de *tempestates* : paragraphes 2 et 3) ; cf. *Introd.*, p. LXXXII. Sur le rôle important du climat dans cette expédition, cf. Florus 2, 20 (4, 10), 8-9. Man. 226 souligne les divergences entre la *Periocha* et Dion Cassius 49, 23-25, ce dernier ne mentionnant pas le rôle de l'amour d'Antoine pour Cléopâtre dans l'échec de la campagne.

*Per.* **131**

1. (*Inscriptio*) Année 35.

2. (*131, 1*) C'est à la fin de 36 que Sextus Pompée envoya des messagers à Alexandrie pour demander la protection d'Antoine : cf. *M. R. R.*, II, 400. — Sur les intrigues auxquelles il semble s'être livré en Asie, les réactions des lieutenants d'Antoine et l'exécution de Sextus Pompée, à Milet, sur l'ordre de M. Titius (avec ou non l'assentiment d'Antoine), cf. *ibid.* 401 et 408-409.

3. (*131, 2*) Année 35 ; cf. *M. R. R.*, II, 407.

4. (*131, 3*) Année 35 ; cf. *M. R. R.*, II, 406-407 et 411 ; discussion dans Man. 228, note 382 (anecdote des chaînes d'or). Le royaume d'Arménie fut donné à Alexandre, fils d'Antoine et de Cléopâtre : cf. *Per.* 132, 2.

*Per.* **132**

1. (*Inscriptio*) Début de 34 — août 31. — Discussion dans Man. 228-231 (mais l'auteur rattache à tort la bataille d'Actium à la *Per.* 132, alors qu'elle n'est mentionnée par l'épitomateur qu'au début de la *Per.* 133 : cf. la note *ad loc.*).

2. (*132, 1*) Fin de 34 — année 33 ; cf. *M. R. R.*, II, 411 et 415.

3. (*132, 2*) Sur les problèmes complexes posés par la date de la fin du triumvirat, cf. Grenade 20-42. Selon l'auteur, nous ne posséderions aucune preuve déterminante de l'interruption officielle des pouvoirs triumviraux, ni pour Antoine (qui garde son titre sur ses monnaies de 31, en y ajoutant celui de consul), ni même pour Octave. — La plupart des historiens admettent cependant que le triumvi-

rat dut prendre fin le 31 décembre 32 ; Gagé 83 et 219 (3e éd., 1977) (note au chapitre 7 des *R. G.*, où Auguste parle d'une « durée de dix ans » de son pouvoir triumviral) hésite entre la fin de 33 (Mommsen, Kromayer) et la fin de 32 (Wilcken, Dessau), mais préférerait cette dernière date. — Nous avons conservé à la traduction du texte de la *Periocha* son caractère ambigu.

4. (*132*, *2*) La détérioration sérieuse des relations entre Octave et Antoine date de 33 (*M. R. R.*, II, 415) ; suivent le divorce avec Octavie, la mobilisation générale dans les deux camps et la déclaration de guerre d'Octave à Cléopâtre (32 : *M. R. R.*, II, 417-418). C'est au printemps de 31 qu'Agrippa passa en Grèce ; *ibid.*, 422-423.

5. (*132*, *3*) Printemps-été 31. Les deux batailles navales les plus importantes sont celles livrées par le lieutenant d'Antoine, Q. Nasidius, battu au printemps 31 par Agrippa qui s'empara de Patras, et celle livrée par L. Tarius Rufus, vainci par C. Sosius, lieutenant d'Antoine : cf. *M. R. R.*, II, 422-423. — Les deux combats de cavalerie, tous deux gagnés par les forces d'Octave, sont celui remporté par M. Titius et Statilius Taurus (Dion Cassius 50, 13, 5) et un second perdu par Antoine lui-même (*ibid.*, 14, 4).

*Per. 133*

1. (*Inscriptio*) Septembfe 31-août 29. Le fragment 62 (édition de la *C. U. F.*, 231 et 292-293) de Tite-Live — mort de Cléopâtre — se rattache à ce livre. Références pour l'ensemble de la *Periocha* dans Man. 231-239.

2. (*133*, *1*) La bataille d'Actium eut lieu le 2 septembre 31 ; cf. *M. R. R.*, II, 423.

3. (*133*, *1*) 1er août 30, jour de la prise d'Alexandrie par Octave (cf. la note 4) ; cf. notamment Velléius Paterculus 2, 87, 1 ; Plutarque, *Antoine* 76-78 ; Dion Cassius 51, 10, 7-11, 1.

4. (*133*, *2*) Alexandrie fut prise le 1er août 30 (Gagé 175) ; sur la mort de Cléopâtre, sans doute au mois de septembre 30 (cf. Stähelin, *R. E.*, *s. u.*), cf. notamment Velléius Paterculus, *ibid.* ; Plutarque, *ibid.*, 86 ; Dion Cassius 51, 13, 5.

5. (*133*, *2*) Octave célébra ses triomphes en trois jours successifs, les 13, 14 et 15 août 29 (Gagé 77 et 178) ; l'expression *ex uictoria Actiaca* est inusuelle, mais on la retrouve chez Dion Cassius 51, 21, 7 : ἐν δέ τῇ δευτέρᾳ (ἡμέρᾳ) ἡ πρὸς τῷ 'Ακτίῳ ναυκρατία. — L'épitomateur semble lier la fin des guerres civiles à la célébration des triomphes (cf. Orose 6, 20, 1, mais ce dernier confond la date de la fermeture du Janus, le 8 des ides de janvier, et celle des triomphes) et en fait apparemment remonter le début à l'année 50, en accord avec ce qu'il dit *Per.* 109, 1 (« premier livre des guerres civiles ») : il en est de même pour la 3e guerre punique, qui commence pour lui en 150 et non en 149 : cf. *Per.* 49, 1 et note 2. — Grenade 50 sq. (notamment 55) invoque le « bon sens » pour contester ce point de vue ; les vingt-deux ans désignent pour lui la période qui s'étend du 1er janvier 49 à la fin de 28 (un tétradrachme « datable » de 28 représente *Pax* foulant aux pieds une torche allumée), mais la dé-

monstration, qui oblige l'auteur à réfuter plusieurs témoignages antiques, n'est pas convaincante. Macrobe 1, 12, 35 (Gagé 158) fixe la fin des guerres civiles à la célébration des triomphes d'Octave. Le chiffre de vingt ans donné à deux reprises par Velléius Paterculus 2, 48, 3 et 89, 3 pour la durée de ces conflits doit être interprété comme un chiffre arrondi : cf. Jal 54. — Sur les conséquences possibles de cette datation de la fin des guerres civiles sur l'authenticité du sous-titre *qui est ciuilis belli*, (*liber*) *primus*, *secundus*... des *Periochae* 109-116, cf. *supra*, p. CXX.

6. (*133*, *3*) Année 31. Comme c'est plusieurs fois le cas en fin de *Periocha* (cf. la fin de la *Per.* 103 : triomphes de Pompée), l'épitomateur revient en arrière. La date exacte du complot n'en pose pas moins quelques problèmes : Velléius Paterculus 2, 88, 1 déclare qu'il eut lieu « pendant que César (= Octave) mettait un terme à la guerre d'Actium et d'Alexandrie » ; Appien, *B. C.* 4, 50, précise que Mécène, qui réprima le complot, avait envoyé le fils de Lépide à Octave, « quand celui-ci était à Actium », mais lie cette mesure au « consulat de Balbinus, ancien proscrit », consulat et personnage que les modernes sont incapables d'identifier (Grenade 58-59).

*Per. 134*

1. (*Inscriptio*) Années 29-27. — Discussion (le texte de la *Per.* est par endroits incertain et lacunaire) dans Man. 239-242.

2. (*134*, *1*) Années 28-27 ; en 28, annulation des mesures illégales de l'époque triumvirale ; 13 janvier 27 (septième consulat d'Octave) : remise des provinces au sénat ; cf. Gagé 143-144.

3. (*134*, *1*) 16 janvier 27 : cf. Gagé 145 et 157-158 ; erreur de Dion Cassius 55, 6, 6, qui date ces événements de l'année 8 (Man. 251)

4. (*134*, *2*) Avril 27 ; cf. Dion Cassius 53, 22, 5. — L'expression *census a tribus Galliis... actus* (mais le texte est-il sûr?) est insolite, les mots *actus* (*census*) *a* désignant d'habitude en latin (cf. *Per.* 158, 3 *a Druso census actus est*) l'agent (du recensement). C'est pourquoi nous interprétons *census a Galliis* comme l'équivalent de *census Gallicus* (recensement « concernant les trois Gaules »), l'épitomateur n'ayant pas à sa disposition un adjectif désignant les « trois Gaules »... (?) — Halm corrige en *census ab* ⟨*eo de*⟩ *tribus Galliis*, conjecture peut-être à retenir.

5. (*134*, *3*) Années 29-28 (?). La phrase est défigurée par les lacunes. — Sigonius conjecture *gestum* après *Crasso*, hypothèse vraisemblable (cf. *Per.* 135). M. Licinius Crassus fut consul dans la première moitié de l'année 30, d'où l'impression que ces événements ont pu se dérouler en 30-29 : cf. Dion Cassius 51, 23-27 ; Man. 242 et note 25 (cf. 80-81) penche pour 29-28.

*Per. 135*

1. (*Inscriptio*) Années 28 (?) — 25 (24?). — Schles. 165, n. 6 rattache à ce livre le fragment 70 (pour nous non localisable, cf. édition de la *C. U. F.*, 233 et 301) de Tite-Live, fragment qui concerne la « largeur » des Alpes : cf. la mention des Salasses (le même édi-

teur n'y fait plus allusion dans son commentaire, 233). Discussion sur la *Per.* 135 dans Man. 242-245.

2. (*135, 1*) Sur la guerre menée par Crassus contre les Thraces, sans doute en 28-27 (continuité des deux campagnes : Grenade 176), cf. la *Per.* 134, 3, où les Thraces sont sans doute à inclure parmi les *alias gentes.* — Sur la campagne d'Auguste en Espagne (contre les Cantabres et les Asturiens), cf. notamment Suétone, *Auguste* 20 ; 21, 1 et 81 et Dion Cassius 53, 25, 5 sq. ; sur l'expédition, sans doute en 25, de Térentius Varron contre les Salasses (fondation d'Aoste), cf. notamment Strabon 4, 6, 7 et Dion Cassius *ibid.* 2-5.

*Per. 136-137* (manquantes)

1. Sur l'omission de ces deux *Periochae* dans les manuscrits, cf. *Introd.*, p. cxv. D'après R. Syme (*Livy and Augustus* dans *Harvard Studies in Class. Phil.*, 64, 1959, 67), elles auraient couvert les années 24 à 17. Nous considérons la deuxième date (= pour la *Per.* 137) comme certainement fausse, le fragment 63 (édition de la *C. U. F.*, 232 et 293) de Tite-Live (un extrait du *De die natali* 17, 4 de Censorinus concernant les Jeux séculaires de 17) étant rattaché par l'auteur latin à la *Per.* 136 : quelle serait alors la période couverte par la *Periocha* suivante? Il faut donc vraisemblablement dater des années 23-15 les événements relatés par les deux *Periochae*, avec chevauchement sur l'année 15 des *Per.* 137 et 138. — Man. 245, note 503, veut attribuer au même livre 136 le fragment 65 (édition de la *C. U. F.*, 232 et 295-300), fragment pour nous non localisable, de Tite-Live (texte d'Aponius concernant une pseudo-expédition d'Auguste en Bretagne) ; l'hypothèse est invérifiable. La *Periocha* 136 aurait dû en tout cas signaler la restitution par les Parthes (année 20) des *spolia* et des *signa* pris à Crassus, restitution dont la mention est tout à fait déplacée dans la *Per.* 141, 4 (cf. la note *ad loc.* : Gagé 135 renvoie sans commentaire à cette *Periocha*). Quant à la *Per.* 137, elle devait faire état du désastre de Lollius, surtout si ce dernier n'était pas survenu en 17, comme cela semble découler d'Obsequens 71, mais en 16 : cf. Man. 247.

*Per. 138*

1. (*Inscriptio*) Années 15 (?) — 12. Les quatre livres 138-142 de Tite-Live peuvent être considérés comme relatant en grande partie, à en juger par les *Periochae* correspondantes, la « geste de Drusus », « a splendid theme » (R. Syme, *ibid.*). — Sur la *Per.* 138, cf. la discussion de Man. 248.

2. (*138, 1*) Année 15 (soumission des Rhètes et des Vindélices : Suisse orientale, Bavière) ; cf. notamment Horace, *Odes* 4, 14 ; Strabon 7, 1, 5 ; Velléius Paterculus 2, 95, 2 ; Dion Cassius 54, 22.

3. (*138, 2*) Mars 12 ; cf. Velléius Paterculus 2, 96, 1 ; Pline 7, 8, 46 ; Dion Cassius 54, 28, 3 sq.

4. (*138, 3*) Année 13. — Sur le but réel de ce recensement, cf. *Per.* 139, 1 et la note 2. — Drusus Claudius Néro, alors âgé de vingt-trois ans, était questeur et gouverneur des Trois Gaules. L'Empereur

Claude (*C. I. L.*, XIII, 1, 1668, l. 78-81) rappellera, dans son discours de Lyon, le cens organisé par son père (cf. la *Periocha* suivante).

*Per. 139*

1. (*Inscriptio*) Année 13-12. A noter le lien étroit (recensement dans les Gaules) entre cette *Periocha* et la précédente. Brève discussion dans Man. 250-251 (problèmes chronologiques en rapport avec l'exposé de Dion Cassius).

2. (*139, 1*) Année 13 ; cf. Dion Cassius 54, 25, 1 : Auguste revient à Rome, « en laissant Drusus en Germanie ». Le soulèvement dans les Gaules était sans doute lié aux taxes imposées à la suite du recensement : cf. Brunt 113-114. Il eut lieu à peu près en même temps que la campagne militaire en Germanie, peut-être un peu avant (Man. 251, note 538). Que ces événements — ainsi que la dédicace de l'autel des Trois Gaules signalée au paragraphe suivant, aient été étroitement mêlés, ressort à l'évidence du discours (gravé en partie sur la Table dite claudienne — cf. *C. I. L.* XIII, 1, 1668, col. II, 35 sq. — de Lyon) prononcé au sénat, lors de sa censure de 47-48, par l'Empereur Claude : celui-ci évoque en effet à la fois le recensement et, de façon voilée, le soulèvement : *Illi* (les Gaulois) *patri meo Druso Germaniam subigenti tutam quiete sua securamque a tergo pacem praestiterunt, et quidem cum ab censu* (correction de *ad census*) *nouo tum opere et inadsueto Gallis ad bellum auocatus est* (« Les Gaulois, en restant tranquilles, permirent à mon père Drusus, qui soumettait la Germanie, de jouir sur ses arrières d'une paix assurée, grâce au calme qu'ils gardèrent et cela, alors qu'il avait dû, pour partir pour la guerre, abandonner les opérations du recenrement, entreprise alors nouvelle et inhabituelle pour les Gaulois »). Dion Cassius 54, 32, 1, de son côté, note que, si les Germains avaient attaqué, c'était en partie à cause de « l'opposition des Gaulois à l'esclavage auquel ils étaient réduits » et que « Drusus éloigna les Gaulois les plus en vue, sous le prétexte de la fête qu'ils célébraient alors autour de l'autel d'Auguste à Lyon ».

Ph. Fabia (*La Table Claudienne de Lyon*, Lyon, Audin, 1929, 131) remarque à juste titre, en rapprochant le texte cité ci-dessus de celui de la *Periocha*, que « Claude ne dit pas la vérité : il y eut », écrit Fabia, « quelques troubles assez graves que Drusus réprima... » « L'Empereur oublie », ajoute Fabia (*ibid.*), « que quinze ans plus tôt, en 27, Auguste avait déjà institué un recensement des Gaules [cf. *Per.* 134, 2] destiné à répartir entre les cités des trois nouvelles provinces le tribut global de 40 millions de sesterces par an imposé à la Gaule ». Le recensement opéré par Drusus suscita d'autant plus de troubles qu'il s'agissait essentiellement d'une opération à caractère fiscal.

3. (*139, 2*) Année 12. L'expression « dieu César », si nous avons eu raison d'adopter la leçon de *D* (« correction » semblable dans l'édition Rossbach) ne peut désigner qu'Auguste (la remarque de Rossbach — *in apparatu* : « correxi (Caesaris nomini si nihil adiectum erat, de Augusto cogitare licebat ») — nous paraît à la fois décon-

certante et erronée, l'éditeur semblant penser que l'autel était dédié à César. — Sur la signification de l'expression *dei Caesaris* en ce qui concerne la date de publication du livre 139, cf. Introduction, p. CXXI, n. 2. — Sur l'autel dédié à Rome et à Auguste et élevé à Condate, où siégeait le conseil fédéral des trois Gaules, au confluent de la Saône et du Rhône, cf. P. Wuilleumier, *Lyon, métropole des Gaules*, Paris, Les Belles-Lettres, 1953, 33 sq.; il est mentionné par Strabon 4, 3, 2 (ἱερόν) et Suétone, *Claude* 2, 1 — mais ce dernier confond la date de la dédicace avec celle (année 10) de la naissance de Claude (cf. aussi Gagé 176); il fut dédié le 1er août 12. « Il est raisonnable d'inférer de *creato*, écrit D. Fishwick *Aufstieg und Niedergang*..., II, 16, 2, 1204) « que le premier *sacerdos* fut élu par les notables gaulois convoqués à cet effet par Drusus (cf. Dion Cassius 54, 32, 1) ». Sur l'*ara* plutôt que *templum*, cf. *ibid.*, 1205. — Strabon (*ibid.*) note que sur l'autel étaient inscrits les noms des 60 *ciuitates* gauloises. — Bonne et récente mise au point (très critique) sur l'autel dans R. Turcan, *L'autel de Rome et d'Auguste « Ad Confluentem*, in *Aufstieg und Niedergang*..., II, 12, 1 (1982), 607-644 (le n° de la *Periocha* est à corriger) : il en ressort notamment qu'on ne sait pratiquement rien de « sûr » sur la forme exacte de l'autel dont toutes les « descriptions » (fondées à tort sur les monnaies) données jusqu'ici sont en partie imaginaires.

*Per. 140*

1. (*Incsriptio*) Années 13-11.

2. (*140, 1*) La campagne contre les Thraces (les « Besses », dit Dion Cassius) dura trois ans (13-11 ou 12-10). — Il s'agit de L. Calpurnius Piso Frugi, consul en 15 : cf. notamment Velléius Paterculus 2, 98, 1; Tacite, *A.* 6, 10, 3; Florus 2, 27 (4, 12), 17 et surtout Dion Cassius 54, 34, 6 sq. (mais l'historien fait par erreur de Pison le gouverneur de la Pamphylie, alors qu'il gouvernait la Mésie). — L'expédition de Drusus eut lieu en 12 et 11; cf. Dion Cassius 54, 32-33.

3. (*140, 2*) Octavie mourut en 11 : cf. Dion Cassius 54, 35, 4; son fils, C. Marcellus, était mort en 23 (Virgile, *Énéide* 6, 868 sq.; Dion Cassius 53, 30, 4-5). La dédicace du théâtre de Marcellus, construit par Auguste (*R. G.* 21, 1), eut lieu soit en 13 (Dion Cassius 54, 26, 1), soit en 11 : cf. Gagé 116 (mais les références « traditionnelles » ne fournissent aucune date; celle de Pline 8, 65 n'a aucune valeur de preuve). Ce n'est pas le « portique », mais la « bibliothèque » du Portique (d'Octavie) qui fut dédiée au nom de Marcellus : cf. notamment Plutarque, *Marcellus* 30, 11 contre Suétone, *Auguste* 29, 6; références dans Platner-Ashby, *A topographical dictionary of Ancient Rome*, Oxford, 1929, 84-85; 427 et 513 (corriger à chaque fois le n° de la *Periocha*).

*Per. 141*

1. (*Inscriptio*) Années 11-10.

2. (*141, 1*) Cf. notamment Dion Cassius 54, 33 et 36 sq.

3. (*141*, *2*) Sur la mention du nom de ces tribuns dans la *Periocha*, cf. *Introd.*, p. XVI, n. 2.

4. (*141*, *3*) Sur l'expédition de Tibère, cf. notamment Auguste *R. G.* 30 ; Velléius Paterculus 2, 96 et Dion Cassius 54, 34, 3 ; 36, 3 ; 55, 2, 4.

5. (*141*, *3*) Diverses tentatives ont été faites pour essayer d'expliquer la mention dans la *Per.* 141 de cette indication qui aurait dû être donnée dans la *Per.* 136 (perdue — cf. *supra*, note *ad loc.*). La restitution des enseignes date en effet de — 20 ; cf. Gagé 135, commentaire à *R. G.* 29, qui songe notamment à une confusion avec la remise à Auguste (vers 10) par le roi parthe Phraate IV de ses quatre fils comme otages (*R. G.* 32 ; Gagé 142). Omission à l'origine de la tradition manuscrite?

*Per. 142*

1. (*Inscriptio*) Année 9.

2. (*142*, *1*) Campagne de Drusus jusqu'à l'Elbe : cf. Dion Cassius 55, 1, 2 sq.

3. (*142*, *1-3*) Pour Pline 7, 84 (*Drusum... aegrotum*), Suétone, *Claude* 1, 4 (*morbo obiit*) et Dion Cassius (*ibid.*, 1, 4 : νόσῳ τινι), Drusus mourut de « maladie », terme désignant sans doute (cf. le paragraphe 3 de la *Periocha* : *ualetudo*) l'état physique de Drusus après l'accident. — La hâte avec laquelle Tibère parcourut les 300 kilomètres qui séparaient Pavie de l'endroit où mourut Drusus est mentionnée aussi par Valère-Maxime 5, 5, 3 et Pline, *ibid.*

4. (*142*, *5*) Tibère avait prononcé un premier éloge funèbre sur le forum ; Auguste prononça le sien au *Circus Flaminius* (Dion Cassius 55, 2, 2). — Sur la magnificence des honneurs rendus par Auguste à Drusus, cf. Tacite, *A.* 3, 5, 1 ; les textes (Tacite, *A.* 2, 7, 2 et Dion Cassius 55, 2, 3) mentionnent aussi des statues, un arc de triomphe (près de Rome) et un mémorial (cénotaphe?) au bord du Rhin. — Sur la dernière phrase de la *Periocha*, cf. *Introd.*, p. XIX sq.

# II. PERIOCHAE

(Fragments)

## TRANSMISES PAR LE PAPYRUS 668 D'OXYRHYNCHOS

# INTRODUCTION[1]

*Les Periochae du papyrus* 668 *d'Oxyrhynchos* (= O)[2]

Le papyrus 668, découvert en 1903, a été édité l'année suivante dans le quatrième volume des *Oxyrhynchi Papyri*[3]. Il comprend huit grands feuillets écrits au recto (au verso, figure une partie de l'*Épître aux Hébreux*), en grosse onciale[4] calligraphiée et quatre petits fragments (a, b, c, d) isolés. La hauteur du papyrus est de 26 cm. ; sa largeur varie de 5 à 20, suivant son état matériel. Les 8 colonnes du texte ont de 27 à 28 lignes, chacune de celles-ci ne dépassant jamais 40 lettres. Qu'il s'agisse d'une *Epitome* de Tite-Live ressort du contenu et de la correspondance rigoureuse — pour la répartition des livres concernés — avec celle de l'*Ab Vrbe condita*.

Le papyrus comprend deux parties : 1) les colonnes I à III constituent une *epitome* (fragmentaire) des livres 37 (fin) à 40 de Tite-Live (années 190 à 179) ; les colonnes IV à VIII, une *epitome* (fragmentaire) des livres — perdus — 48 (fin) à 55 (années 150 à 137). Il y a deux solutions de continuité, la première, assez importante, entre les co-

1. Les abréviations utilisées dans cette introduction sont les mêmes que celles indiquées au début des « notes complémentaires » des *Periochae* : cf. tome XXXIV[1], p. 89, n. 1.

2. Nous sommes très largement redevable, pour la majeure partie des indications qui suivent, envers le magistral commentaire d'E. Kornemann, *Die neue Livius Epitome aus Oxyrhynchos* in *Beiträge zur Altergeschichte*, *Klio*, Beiheft 2, 1904, 131 sq.

3. B. F. Grenfell et A. S. Hunt, *The Oxyrhynchi Papyri*, vol. 4, Londres, 1904, 90-116 (les noms des deux auteurs seront désormais abrégés en G-H).

4. Fac-similé grandeur nature de la colonne VII en tête de l'édition O. Rossbach des *Periochae* (*supra*, p. CXXIV). Pour d'autres fac-similés, cf. *ibid.*, VII.

lonnes numérotées respectivement III et IV par les éditeurs modernes (les colonnes perdues correspondent aux livres 41 à 47 de Tite-Live) ; la seconde, sans doute d'une seule colonne, entre les colonnes VI et VII, et qui prend place à l'intérieur du livre 53. L'état matériel du papyrus est très défectueux : les huit colonnes sont, pour les 3/4 d'entre elles, privées, en effet, soit de leur marge — gauche ou droite — soit du milieu des lignes. Le texte même du papyrus est non seulement mutilé, mais, comme le soulignent Grenfell-Hunt, « extraordinairement corrompu »[1], en raison de l'ignorance du copiste ; de nombreuses restitutions sont purement hypothétiques. Des quatre fragments (lignes 218 à 236 de l'édition G.-H.)[2] limités à quelques lettres au centre d'une colonne, le premier se réfère peut-être à l'année 101[3], le second (livre 88?) à l'année 82[4] ; les fragments *c* et *d* comportent respectivement trois et deux lettres[5].

En 1934, Évariste Brescia découvrait un nouveau fragment du papyrus, à savoir une colonne que l'on peut numéroter III *bis*, parce qu'elle prend place dans la grande lacune qui s'étend entre les colonnes III et IV, juste avant cette dernière. La nouvelle colonne ne nous livre malheureusement que quelques syllabes, en fin de ligne (et cela pour 13 lignes sur 28), à l'exception de sept mots entiers : *dicens* (l. 9), *uetuit se* (l. 11), *Hispania* (l. 18), *Nasica* (l. 22), *tolli* (l. 24) *et dimicauit* (l. 28), le dernier mot permettant d'enchaîner directement sur le début de l'actuelle colonne IV : *aduersus Ca[r]tagi-nienses* (il s'agit de la guerre entre Masinissa et Carthage).

1. G-H 192.

2. L'édition Rossbach en reproduit la disposition aux pages 146 et 148.

3. Ligne 222 (*cu*]*stodia*) : Kornemann rapproche de Valère-Maxime 9, 7 1 où il est question de *publica custodia* (livre 68 ou 69 de Tite-Live).

4. Ligne 226 : *sullanis* ; 231 (*Samnites?*).

5. Pour ces quatre fragments, nous renvoyons le lecteur à l'édition O. Rossbach, 146*fi*148.

Vittorio Bartoletti, qui publia le papyrus en 1951 [1], estime avec raison que le texte appartient au début de la *Periocha* 48, les deux ou trois premières lignes de la colonnes devant appartenir à l'extrême fin de la *Per.* 47 [2].

*Date et auteur*

L'une et l'autre sont inconnus. G.-H. [3] proposent le début du IVe siècle « au plus tard » ; Kornemann [4], le milieu du IVe siècle, et considère le vocabulaire comme représentatif de la « latinité d'argent » [5]. C. H. Moore pense au début du IIIe siècle [6]. — Pour Kornemann, l'épitomateur est un « homme cultivé » ; pour Rossbach [7], il pourrait s'agir du rédacteur de la *Per.* 1 a (qui constituerait ainsi le début de *O*), opinion contestée par Kornemann. En fait, le débat est vain ; il est impossible de se prononcer.

*Comparaison avec les Periochae* [8] *: contenu et style.*

Même si, pour l'essentiel, les faits indiqués par *O* sont les mêmes que ceux notés par les *Periochae* sur manuscrits, on doit noter que, dans le détail, les premiers sont à la fois plus nombreux, plus concis [9] et plus « mêlés », dans la mesure où ils font une place plus large à l'histoire

1. *Papiri Greci e Latini*, a cura di M. Norsa e V. Bartoletti, tome 12 (nº 1223-1295), nº 1291, Florence, 1951, 207-209. V. Bartoletti date le papyrus de la fin du IIIe siècle ou de la première moitié du IVe.
2. *L'inscriptio* du *Liber XLVIII* devait figurer à la 3e ou 4e ligne.
3. G.-H., *ibid.*
4. E. Kornemann, *op. cit.*, 6.
5. *Ibid.* 76. Kornemann relève la fréquence de certains termes : *deuictus, caesus, subactus, uexatus ;* il note que *uastare* est appliqué à des hommes (cf. 1, 7, 13, 83, 157, 212) et compare à Obsequens 54 (par contre, *ibid.* 43 et 53, le sens est « normal »).
6. C. H. Moore, *The Oxyrhynchus Epitome of Livy in relation to Obsequens and Cassiodorus* in *A. J. Ph.* 25, 1904, 241.
7. O. Rossbach, *Die neuen Periochae des Livius aus Oxyrhynchos* in *B. Ph. W.*, 1904, 102.
8. Nous désignerons désormais ainsi les seules *Periochae* transmises par des manuscrits.
9. Cf. Bingham 462.

intérieure de Rome[1]. On ne relève que très rarement un accord verbal entre les deux séries de *Periochae* : *O* suit en général plus rigoureusement l'ordre d'exposition des faits de Tite-Live ; à la différence de l'épitomateur des *Periochae*[2], il respecte la chronologie, année par année, cite les noms des couples de consuls — indication exceptionnelle dans les *Periochae*[3] — et ne regroupe que deux fois des événements du même ordre appartenant à des années différentes[4]. Mais surtout *O* nous informe sur plusieurs événements des années 150-137 (*Per. Oxy.* 48 à 55) que nous ignorions plus ou moins jusque-là et notamment[5] : la date de la mort de Masinissa (l. 118) : début de 148 (et non 149) ; certains détails concernant successivement le pseudo-Philippe, l'annexion de la Grèce, l'histoire des royaumes hellénistiques, la guerre d'Espagne de 150 à 137, les défaites romaines et l'impopularité des levées en Italie et surtout la chronique locale de Rome : date de l'incendie de la ville (l. 129 = année 148), dons et répartition par Mummius (censeur en 142) dans plusieurs villes italiennes d'œuvres d'art prises à Corinthe (l. 168-169), construction de l'*Aqua Marcia* (l. 189), expulsion des Chaldéens (l. 192 = année 139), *lex Gabinia tabellaria* (l. 193-194 = même année), refus d'accorder des récompenses aux meurtriers de Viriathe (l. 201-202 = année 138), mort d'un (ancien?) tribun (de nom inconnu) très populaire (l. 206 sq.). *O* nous permet également, par recoupement[6],

1. Cf. Kornemann 77 (cf. G.-H., 94).

2. E. Kornemann, *Die neue Liviusepitome aus Oxyrhynchos* (titre identique à celui du commentaire) in *B. Ph. W.*, 1904, 1182.

3. Cf. *supra*, p. LXXXVIII.

4. Cf. E. Kornemann, *Die neue...* (*Beiträge*), 70-71 : *O* place en 186 à la fois l'invasion et le départ des Gaulois et regroupe dans l'année 182 (lignes 71 à 73) les querelles des fils de Philippe V, alors que celles-ci s'étendent sur les années 182 à 180.

5. Cf. E. Kornemann, *ibid.* 87 sq. et le tableau détaillé qu'il donne aux pages 112-121.

6. Cf. F. Münzer, *Anmerkungen zur neuen Liviusepitome*, in *Klio* 5, 1905, 135-139.

de placer le voyage de Scipion Émilien à la cour des rois hellénistiques entre 140 et 138. Il est aussi le seul[1] à mentionner la dénonciation d'Aebutius, lors de la répression des Bacchanales (l. 37-38), la condamnation de C. Cornélius Céthégus (l. 84) et, si la restitution du texte est exacte (l. 146), le suicide de Diaeus, quand il eut tué sa femme. De notables différences séparent ainsi, pour le contenu, *O* des *Periochae*[2]. En dehors de quelques faits importants communément mentionnés (il ne pouvait guère en être autrement), de nombreuses indications de détail qui figurent dans *O* n'ont aucun correspondant dans les *Periochae* et inversement[3] ; lors même que le cas se produit, l'ordre d'exposition des faits n'est pas identique.

Bien qu'elle soit, en ce qui concerne les *Per. Oxy.*, limitée à une quarantaine de lignes (les seules à être « sûres » ou presque complètes) environ[4], la comparaison entre les deux séries d'*Abrégés* confirme que — comme pour les *Periochae* — il n'est pas nécessaire de faire appel à une source intermédiaire pour expliquer la relative « indépendance » des *Per. Oxy.* par rapport à Tite-Live. C'est ce qui ressort en effet : 1) de la pratique de certains procédés — utilisés aussi par l'épitomateur des *Periochae* — pour résumer le modèle livien : retours en arrière (*Per. Oxy.* 38, l. 18 ; cf. note 6 *ad loc.* ; *Per. Oxy.* 48, l. 83 ; cf. note 3 *ad loc.*), « remords » — équivalant au *praeterea... continet* des *Periochae* : *Per. Oxy.* 49, l. 103-105 (cf. note 12 *ad loc.*), regroupements (*Per. Oxy.* 39, l. 44-45 ; cf. note 8 *ad loc.*, *Per. Oxy.* 40, l. 71-73 : note 3 *ad loc.*) ; transfert au début de la *Periocha* suivante (*Per. Oxy.* 40,

1. Cf. E. Wölflin, *Zum Chronicon livianum von Oxyrhynchos*, in *A. L. L. G.* 14, 1905, 223.
2. C. Bingham 57.
3. Ainsi pour les *Per.* 37 et 54 ; cf. Bingham 328-329 et 460-461.
4. Soit quelques lignes (l. 87-91) de la colonne IV, une partie (l. 110-123 ; 164-189) des colonnes V et VII et les lignes 215-217 de la colonne VIII.

l. 67 : cf. note 1 *ad loc.*) ; 2) des différences importantes, preuves de l'originalité du travail effectué par chaque rédacteur, que l'on peut parfois relever entre la *Per. Oxy.* et la *Periocha* correspondante, soit dans l'ordre de l'exposé : cf. *Per. Oxy.* 51 et 55 ; soit dans le contenu : cf. *Per. Oxy.* 53 (dans ce dernier cas, la complémentarité des deux séries d'*Abrégés* est saisissante) ; cf. aussi la *Per.* 38 et la *Per Oxy.* correspondante.

Pour le style, la disparate est souvent sensible : les *Periochae* à l'exception de 1 a), dont le rédacteur n'est sans doute pas le même, sont, on l'a vu [1], pour une part non négligeable, rédigées dans un style souvent développé, construit et, par endroits, presque « littéraire », alors que l'épitomateur de *O* procède plutôt par notations sèches, rapides et juxtaposées. On doit noter cependant que la partie bien conservée du texte n'est pas dépourvue de constructions « élaborées » : propositions principales coordonnées (l. 16, 168, 169), relatives (l. 4, 15, 35, 100, 104, 155, 164), finales (26, 177), infinitive (115), causales (53, 84, 122), relatif de liaison (119), deux ablatifs absolus (13, 66). Il y a donc lieu de nuancer fortement le jugement traditionnel sur la sécheresse ou la pauvreté du style de *O*.

Cette mise au point concernant le style de *O* ne saurait modifier cependant le fait essentiel : les *Periochae* et *O* sont totalement indépendants les uns des autres.

### *La source de O*

P.-L. Schmidt remarque à juste titre [2] que la découverte de *O*, loin de jeter le trouble parmi les partisans de l' « Epitometheorie », les a, au contraire, renforcés dans leur thèse. C'est ainsi qu'E. Kornemann [3] reprend la conception de G. Reinhold [4] — pour qui ceux

1. Cf. *supra*, p. LXXXVI.
2. P.-L. Schmidt, *op. cit.*, 178 ; cf. *supra*, p. XXXI sq.
3. E. Kornemann, *op. cit.*, 88.
4. Cf. *supra*, p. XXX, n. 1.

des utilisateurs de Tite-Live qui avaient donné à leur ouvrage l'aspect d'une chronique (Obsequens et Cassiodore) plutôt que d'un récit, s'inspiraient non d'une *Epitome Liuiana*, mais d'une *Chronique* elle-même dérivée de cette *Epitome* ; de même chez H. A. Sanders[1], C. H. Moore[2], E. Wölfflin[3] et F. Lutterbach[4] — pour ne citer qu'eux. — A la différence cependant de ce qui s'était passé pour les *Periochae*, les discussions concernant la source de *O* semblent avoir rapidement tourné court : après une floraison d'articles dans les années 1904-1906, la bibliographie spécifique se tarit brusquement[5]. Dans une des dernières études où la question est — occasionnellement — évoquée, P. L. Schmidt considère que *O* dérive directement de Tite-Live[6], avis que nous partageons entièrement[7] : quoi qu'en pense, en effet, E. Kornemann[8], les divergences entre *O* et Tite-Live sont à la fois trop peu nombreuses et trop minimes pour qu'on puisse admettre l'argument — reposant d'ailleurs, en partie, sur une pétition de principe[9] — suivant lequel *O* ne peut avoir été composé à partir de l'*opus integrum* de Tite-Live. Par contre, les divergences importantes

1. H. A. Sanders, *The Oxyrhynchus Epitome of Livy and Reinhold's Lost Chronicon*, in *T. A. Ph. A.*, 36, 1905, 1-31.
2. C. H. Moore, *The Oxyrhynchus Epitome of Livy in relation to Obsequens and Cassiodorus*, in *A. J. Ph.*, 25, 1904, 241 sq.
3. E. Wölfflin, *Zum Chronicon livianum von Oxyrhynchos*, in *A. L. L. G.*, 14, 1905, 221 sq.
4. F. Lutterbach, *op. cit.*, 1189.
5. Cf. Bingham 85, note 37.
6. P. L. Schmidt, *op. cit.* : tableau de la page 183.
7. De même Bingham (*passim*).
8. E. Kornemann, *op. cit.*, 69.
9. Celle notamment qui consiste à soutenir (Kornemann 9 ; 71-72) que *O* ne pourrait dépendre d'une *Epitome Liuiana* qu'à travers une source intermédiaire, parce que l'*Epitome* supposée négligeait la chronologie, comme le prouvent les *Periochae* qui en dérivent. Comment dès lors la *Chronique* (intermédiaire) aurait-elle pu consacrer une telle place à une chronologie presque absente dans sa source?

que l'on relève entre *O* et les *Periochae* prouvent l'autonomie et l' « idiosyncrasie »[1] de chaque abréviateur.

*Le texte*

Nous reproduisons pour *O* le texte — et certaines des restitutions — de l'édition O. Rossbach[2] : *Fragmenta Oxyrhynchi reperta*, texte qui, dans le même volume, fait suite à celui des *Periochae*. Les (très) rares corrections apportées à ce texte sont empruntées à l'édition — pratiquement identique — de R. Cavenaille des *Fragmenta Oxyrhynchi reperta*, dans le *Corpus Papyrorum latinarum*, Wiesbaden, 1958.

Nous avons reproduit et traduit les seules conjectures que l'état du texte ou les sources que nous possédons par ailleurs nous permettent de considérer comme probables ; celles des autres restitutions proposées qui nous paraissent recevables sont rejetées en notes avec leur traduction (cf. aussi l'apparat). La numérotation des lignes est celle de l'édition Grenfell-Hunt. Dans l'apparat, *O* désigne le papyrus ; *G.-H.*, l'édition Grenfell-Hunt.

1. Cf. *supra*, p. LIV.
2. Cf. *supra*, p. CXXIV — Le lecteur trouvera dans cette édition et surtout dans celle de G.-H. les indications détaillées de nature papyrologique.

## ⟨FRAGMENTS DES ABRÉGÉS D'OXYRHYNCHOS⟩

(Colonne I)

### ⟨Livre 37⟩[1]

... [1]⟨En Espagne⟩, les Romains furent taillés en pièces[2]. [2]Sous le consulat de ⟨M. Fulvius⟩ et de Cn. Manlius, la paix fut une seconde fois refusée ⟨aux Étoliens⟩[3]. [3]Le grand pontife P. Licinius ⟨empêcha⟩ le préteur Q. Fabius de partir pour la Sardaigne parce qu'il était flamine de Quirinus[4]. [6]On accorda la paix au roi Antiochus[5]. Les Lusitaniens ⟨furent massacrés⟩[6]. [7]Rhodes fut amenée à renoncer à Soles[7]. Acilius ⟨Glabrio⟩, qui briguait la censure, ⟨abandonna⟩ son projet parce que ses concurrents le menaçaient d'intenter contre lui une accusation[8].

### Livre 38

[12]⟨Ambracie⟩ fut prise[1]. [13]Les Gallogrecs ayant été massacrés au cours d'une bataille en Pamphylie, la ⟨Phrygie⟩ fut libérée[2]. [14]La ⟨femme?⟩ d'Orgiago[3], captive de noble extraction, tua un centurion qui lui

# ⟨FRAGMENTA OXYRHYNCHI REPERTA⟩

(Col. I)

[liber XXXVII]

in Hispa]nia Romani caesi.
M. Fuluio] Cn. Manlio coss.
Aetoli]s pax iterum ⟨non⟩data est. P. L*i*cin*i*us
pontif]ex maximus Q. Fabium praetorem, quod flamen
Quirin]al*is* erat, proficisci in Sardiniam
]ant. Antiocho regi pax data. Lusitani
uastati.] Rhodonia de Soli*s* deducta. Acilius
Glabrio] censuram petens minant*ibu*s
accusa]tionem compe*ti*toribus *pro*posito
destiti]t.

liber XXXVIII

Ambra]cia capta.
Gallog]raecis in Pamphylia proelio uastatis
Phrygi]a liberata. Origiacontis †captiannobilis
centuri]onem, cuius uim pass*a* erat, aurum ad ⟨se⟩ mit-

1 *suppl. G. H.* || 2 *suppl. G. H.* || 3 *suppl. G. H.* || non data *Kornemannus* : data *O* negata *Luterbacherus* data non *G. H.* denegata *Fuhrius* nec data nec negata *coniec. Rossbachius* || Licinius *G. H* lepidinus maximus *O* || 4 *suppl. G. H.* || 5 Quirinalis *G. H.* : alem *O* || 6 uetuit *coniec. G. H.* inhibuit *Rossbachius* impetrauit *uel* prohibuit *Kornemannus* || 7 Rhodonia de Solis *G. H.* : rhodonia de soli *O* Bononia colonia de s. c. *Rossbachius* || 8 minantibus *G. H.* : -antes *O* || 9 *suppl. G. H.* || competitoribus *G. H.* : compelli- *O* || proposito *G. H.* (*cf. 163*) : conposito *O* || 12 *suppl. G. H.* || 13 *suppl. G. H.* || 14 origiacontis *O* : *crucem hic pos. Rossbachius ; de coniect., uide adnot.* || 15 *suppl. G. H.* || passa *G. H.* : pass. *O* || ad se mittendam *Rossbachius* : admit *O* ad mittendam se *Gundermannus* aurum ad se mittendum *Kornemannus* aurum admissum nocte *Luterbacherus* ad dimittendam eam *Woelfflinus*.

avait fait violence et qui lui demandait de l'or pour ⟨la libérer⟩, et elle ⟨rapporta⟩ sa tête à son mari[4]. [17]Le droit de mariage fut accordé aux Campaniens[5]. [18]De sanglants combats eurent lieu ⟨entre Achéens⟩ et Lacédémoniens[6]. [19]Sous le consulat de ⟨M. Messala et C. L⟩ivius Salinator[7], le... butin pris en Gallogrèce... à travers la Thrace[8]. [21]⟨L. M⟩inucius Myrtilus et L. Manlius ⟨furent remis aux ambassadeurs⟩ des Carthaginois qui...[9]. [24]Sous le consulat de ⟨M. Lépidus et de C. Fl⟩aminius[10], ⟨P. Scipion⟩ l'Africain se vit ⟨intenter⟩ un procès par les Quinti Pétillii et partit ⟨pour⟩ sa propriété de Literne. [26]Le tribun de la plèbe ⟨Gracchus⟩ intercéda pour empêcher qu'il fût convoqué à nouveau[11]. [27]L. Cornélius

(Colonne II)

[28]Scipion fut condamné...[12].

## ⟨Livre 39⟩

[30]Les Ligures furent définitivement soumis par les consuls C. Flaminius ⟨et M. Aemilius⟩[1]. [31]⟨Les voies Flaminienne⟩ et Émilienne furent construites[2]. [32]⟨12 000⟩ Latins furent obligés de quitter Rome et de ⟨rentrer chez eux⟩[3]. [33]⟨Comme Manlius célébrait⟩ sur les Gallogrecs ⟨son triomphe⟩..., l'argent qui avait été

tendam] poscentem occidit caputque eius ad uirum reportauit.] Campanis conu*b*ium datum e[s]t. inter Achae]os et Lacedaemonios cruenta [pr]oelia.

M. Messala C. L]*i*uio *S*alinatore cos*s*.

... p]raeda ex Gallograecia per *Th*ra[eciam ... L. M]inucius Myrtilus et L. Manliu[s dediti legat]*is* Carthaginiensium, qui ...]t.

M. Lepido C. Fl]aminio cos*s*.

P. Scipio] Africanus a Quintis *P*et*i*llis die dicta in Li]t*ernin*um abiit. Qui ne reuocaretur Gracchus t]rib. pl. intercessit. L. Cornelius

(Col. II)

Scipio dam[natus... ]eni.

liber XXXV]IIII

Per C. Flami[nium M. Aemiliu]m cos*s*. Ligures perdomiti. u[iae Flaminia e]t Aemilia munitae sunt. Latinorum [XII milia hom]inum coacta ab Roma re[dire. Manlius cu]m de Gallograecis int[... triumf]ar[et, pe]cunia,

**17** reportauit *suppl. Kornemannus* secum tulit *G. H.* || conubium *G. H.* : conurium *O* || **18** *suppl. G. H.* || **19** *suppl. G. H.* || Liuio Salinatore *Kornemannus* : ulio calinatore *O* || **20** pretiosa *ante* praeda *coniec. Rossbachius* deportata *Gundermannus* || per Thraeciam *G. H.* : percra *O* || **21** auecta *coniec. Rossbachius* direpta *Gundermannus* ducta *G. H.* tracta *Kornemannus* || **22** dediti legatis *suppl. et corr. Rossbachius* : os *O* dediti per legatos *G. H.* penes leg. *Gundermannus* || **23** t *O* : pulsati erant *coniec. Rossbachius* erant aduecti *G. H.* || **24** *suppl. Kornemannus* (M. Aemilio *G. H.*) || **25** Petillis *G. H.* : metellis *O* || die *G. H.* : dies *O* die ei? *cf. Per. 38, 10* || **26** dicta in hiterninum *G. H.* : tratum *O* in exilium uoluntarium *coniec. Rossbachius* || **28** *suppl. G. H.* || **30** *suppl. G. H.* || **31** *suppl. G. H.* || **32** *suppl. Rossbachius* || **33** *suppl. G. H. et Kornemannus* || **34** intemperate triumfaret *coniec. Rossbachius* interuallo t. *Kornemannus*.

transporté fut intégralement versé ⟨à des particuliers?⟩ [4]. [36]Sous le consulat de Sp. Postumius ⟨et de Q. Marcius⟩, à la suite de la dénonciation faite par ⟨la courtisane⟩ Hispala ⟨Faecenia⟩ et son pupille Aebutius, que son tuteur ⟨T. Sempronius⟩ Rutilus et sa mère ⟨Duronia⟩ avaient circonvenu, les Bacchanales furent supprimées... [5]. [41]⟨Les Espagnols⟩ furent soumis [6]. [42]Des concours ⟨d'athlètes⟩ furent pour la première fois organisés par ⟨Fulvius Nobilior⟩ [7]. [44]Marcellus persuada des Gaulois ⟨qui avaient émigré⟩ en Italie ⟨de rentrer chez eux⟩ [8]. [45]L. Cornélius Scipion ⟨fit célébrer⟩ des jeux votifs... ⟨grâce à l'argent recueilli⟩ [9]. [48]Sous le consulat d'Appius Claudius ⟨et de M. Sempronius⟩ [10], les Ligures furent ⟨mis en fuite⟩ et on leur prit (?)... [11]. [50]Sous le consulat de P. Claudius Pulcher ⟨et de L. Porcius⟩ Licinius, environ ⟨1 000⟩ personnes furent condamnées pour ⟨empoisonnement⟩... [12]. [52]L. Quintius ⟨Flamininus fut exclu du sénat⟩ par le censeur M. Caton, parce que, ⟨alors qu'il était consul⟩ en Gaule, à la demande de Philippe ⟨le Carthaginois, son mignon⟩, qui regrettait de ne pas avoir vu de combat de gladiateurs,

(Colonne III)

⟨il avait tué⟩ de sa main ⟨un noble⟩ Boïen [13]. [57]La

quae trans[lata erat, priua]tis p[e]r]s]oluta.

Sp. Postum<i>o ]Q. Marcio co]s*s*. Hispa*l*a Fa[ecenia meretri]ce et pupillo Aebutio, qu[em T. Sempronius] Rutilus tutor et ma[ter Duronia ci]rcumscribserant, *in*dicium re[ferentibus Ba]ccha[nalia subla[ta... His]pan*i* subacti. At[hletarum cert]amina primum a Fu[luio Nobilior]e edita. Gall*is* in Ital[iam profectis Ma]rcellu*s* p]ersuasit, [ut domum redire]nt. L. Cornelius Scipio pos[t ...] ludos uotiuos conl[ata pecunia feci]t.

App[i]o Claud[io M. Semproni]o co*ss*. Ligures fu[gati... i]llis accepta.

P. Claudio Pulchr[o L. Porcio Li]cino co*ss*. homin*um* *a*d ∞ ... uen]efici damnati. L. Quintius Fla[mininus cos. in] Gallia, quod Philipp[o Poeno, scorto] suo, desiderante gladia[torium specta]culum

(Col. III)

sua manu Bo*iu*[m nobilem occiderat,

**35** *suppl. Kornemannus* (togatis) *et Luterbacherus* tribulis *Gundermannus* || **36** *suppl. G. H.* || **37** *suppl. G. H.* || **38** *suppl. G. H.* : rutilius *O* || **39** *suppl. G. H.* || indicium *G. H. qui suppl.* : iud- *O* || **41** in Italia *coniec. Kornemannus* || **42** *suppl. H. G.* || **43** *suppl. G. H.* || **44** *corr.* (rcellum *O*) *et suppl. G. H.* (transgressis) *et Rossbachius* : in It. uenere; his Marcellus *Luterbacherus* || **45** *suppl. Kornemannus* ut trans Alpes r. *G. H.* || **46** post bellum Antiochi *coniec. G. H.* p. damnationem *Luterbacherus* || **47** *suppl. G. H.* || **48** *suppl. G. H.* || **49** VI oppida ab *coniec. Rossbachius* clade ab *Kornemannus* || **50** *suppl. G. H.* (cinio *O*) || **51** hominum ad *G. H.* : -ni ccđ *O* || *coniec. et suppl.* a Q. Naeuio *G. H. et Reidius* cecidere ∞ ∞ *Gundermannus* || **52** *suppl. G. H. et Fuhrius* : ob nefas in Gallia *Luterbacherus* || **53** *suppl. G. H.* || **54** *suppl. G. H.* || **55** Boium *G. H. qui suppl.* : nonu *O* bonum *leg. Cavenaille*.

basilique Porcia ⟨fut construite⟩[14]. [58]⟨Sous le consulat de⟩ M. Claudius Marcellus ⟨et de Q. Fabius Labéo⟩, lors des jeux funèbres ⟨célébrés en l'honneur du grand pontife⟩ P. Licinius Crassus…[15]. [61]Des tentes furent dressées ⟨sur le forum⟩ : un devin avait prédit qu'il… y en aurait (?) sur le forum[16]… [64]⟨Hannibal⟩… mourut (?)[17].

## ⟨Livre 40⟩

[67]⟨Sous le consulat de L. Aemilius et de Cn.⟩ Baebius, la guerre…[1]. [70]Théoxéna, en s'enfuyant, … ⟨se jeta⟩ dans la mer[2]. [71]⟨Démétrius, accusé⟩ de crimes imaginaires…, fut forcé par son père…[3]. [74]⟨Sous le consulat de⟩ P. Lentulus et de M. Baebius, ⟨des livres de Numa

a *M. C*atone cen[sore senatu motus est.
*B*asi*li*ca Porcia [facta.
M. Claudio Marcello [Q. Fabio Labeone coss.
P. Licini Crassi po[ntificis maximi
ludis fune*b*ribus [epulum datum.
Tabernaculis po[sitis in foro...
*u*ate[s c]ecin[e]rat...
in foro futura. I[n Hispania prospere
dim[icatu]m. Han[nibal...
ge... le...
... pe]rit.

l[iber XL

L. A[emilio C]n. B*ae*b*i*o [coss.
... bellum r...
... el lites in...
... Theoxen[a...
in mare [f]ugien[s se iecit. Demetrius
ficti*s* *c*rim*i*nibus ]accusatus...
per patrem coactu[s...
P. Lentulo M. *B*aebio [coss.

**56** a M. Catone *G. H. qui suppl.* : alanotone *O* || **57** basilica *G. H. qui suppl.* (aedificata *suppl. Rossbachius*) : uastaita *O* || **58** *suppl. G. H.* || **59** *suppl. G. H.* || **60** funebribus *G. H. qui suppl.* : funeribus *O* || **61** *suppl. G. H. et Kornemannus qui* id quod *post* foro *coniec.* || **62** uates *G. H.* : nate *O* (nates *leg. Cavenaille*) || euenit tabernacula *coniec G. H.* || **63** in Hispania prospere *coniec. Luterbacherus* || **64-65** Hannibal apud Prusiam regem per legatos Romanos expetitus ueneno perit *coniec. Rossbachius* (ge... le (l. 65) *O*) ; *cf. adnot.* || **66** *suppl. G. H.* || Baebio *G.H. qui suppl.* : berio *O* || **68** in Liguras bellum renouatum et Hispanos *coniec. Rossbachius* Hispani bellum parauerant *Kornemannus* spectare bellum Philippum *Luterbacherus* || **69** bella uel lites in Graecia et Asia composita *coniec. Kornemannus et Rossbachius* || **70** Thessala *ante* Theoxena *coniec. Rossbachius* Apud Aeniam *Luterbacherus* || cum uiro filiisque *coniec. Kornemannus et Rossbachius* cum marito liberisque *Luterbacherus* || **71** *correxit* (marem *O*) *et suppl. Reidius* || **72** *correx.* (ficti egrimonibus *O*) *et* a fratre *coniec. G. H. et Kornemannus* || **73** uenenum haurire *coniec. Fuhrius* || **74** Baebio *G. H* : paebio *O.*

furent trouvés⟩ dans le champ du scribe L. Néryllus[4]. [76]⟨Sous le consulat de⟩ A. Postumius et de C. ⟨Calpurnius, on combattit⟩... contre les Ligures et les Espagnols[5]. [78]Le tribun de la plèbe L. Livius ⟨déposa une *rogatio* fixant l'âge⟩ auquel on pouvait briguer ⟨chaque⟩ magistrature[6]... [81]⟨Sous le consulat de⟩ Q. Fulvius et de L. Manlius... M. Lépidus et Fulvius ⟨Nobilior⟩...[7].

*Lacune d'environ 8 ou 9 colonnes*

(Colonne III *bis*)

⟨Livre 48⟩[1]

... combattit

(Colonne IV)

contre les Carthaginois[2]. [83]Les Lusitaniens furent ⟨massacrés⟩[3]. [84]C. Cornélius Céthégus fut condamné à une amende de 601 (?)... parce qu'il... avait violé une femme libre soumise à l'esclavage pour dettes[4].

Livre 49

[88]Sous le consulat de L. Marcius Censorinus et de M. Manilius, commença la troisième guerre punique[1].

in agro L. Nerylli sc[ribae libri Numae inuenti.

A. Postumio C. [Calpurnio coss. cum Liguribus His[panisque... pugnatum. L. Liuius trib. pl., quo*t* [annos nati quemque magistratum pete[rent, rogauit. Annalis dictus est.

Q. Fuluio L. Manlio c[oss. M. Lepidi et Fuluii No[bilioris...

*Desunt 8 uel 9 columnae*

(Col. III *bis*)

⟨liber XLVIII⟩

.............................. pugnauit

(Col. IV)

aduersus *C*a[rth]aginienses. Lusitani ua[stati. C. Corneliu[s Ceth]egus, quod P. Decim† Su... a[dd]ictam ingenu[a]m stuprauerat DCI... damnatus.

lib[er] XXXXV[I]III

L. Marcio Censorino M. Man[i]lio cos*s*. bellum Punicum tertium exortum. Vtic[enses

**75** *suppl. G. H.* || **76** *suppl. G. H.* || **77** *suppl. Rossbachius qui* prospere *ante* pugnat. *coniec.* || Hispani subacti *G. H.* Hispanisque dimicatum *Luterbacherus* || **78** *suppl. G. H.* || **79** peterent, rogauit. Annalis dictus est *suppl. Kornemannus* ipse Annalis apellatus *Luterbacherus* || **82** censorum composita inimicitia *coniec. G. H.* cons. inimicitiae finitae *Kornemannus* || *post l. 82, desunt 8 uel 9 columnae* || **84** *res alibi non tradita; crucem post* decim *pos. Rossbachius* P. Decimam Sulpicio *Kornemannus* P. Decio Subuloni *Luterbacherus* || **85** *suppl. Kornemannus* || 88 coss *G. H.* : cos *O.*

[89]Les habitants d'Utique logèrent généreusement les troupes venues à leurs secours (?)[2]. [90]Les Carthaginois offrirent leur reddition[3]. [91]Quand ils reçurent l'ordre de ⟨transporter⟩ ailleurs tout ⟨ce qu'ils possédaient⟩, sous le coup ⟨de la colère?⟩, ils reprirent ⟨les armes?⟩[4]. [93]... repoussèrent les Romains...[5] [94]Scipion[6]... [95]⟨Les Carthaginois admirèrent⟩ la loyauté d'Émilien...[7]. [95]Grâce au courage d'Émilien, l'armée ⟨qui avait été encerclée dans un défilé⟩ par les Carthaginois, fut délivrée[8]... [98]par Charidème (?)[9]... [98]⟨Ser. Galba⟩ fut, à propos des Lusitaniens, accusé devant un tribunal. [99]Ses fils qu'il recommandait (?) en pleurant...[10] [100]⟨La Macédoine⟩ fut occupée militairement ⟨par Andriscus qui se disait⟩ fils de Philippe[11]. [103]⟨Sous le consulat⟩ de Manilius et de Marcius, ⟨les quatrièmes Jeux séculaires⟩ qu'il fallut célébrer (?) ⟨furent célébrés⟩, conformément aux prédictions, ⟨au Tarentum⟩[12].

## ⟨Livre 50⟩

[107]⟨Andriscus fut repoussé⟩ jusqu'au fond de ⟨la Thrace⟩? par les alliés du peuple ⟨romain⟩[1]... [109]⟨Nicomède⟩

b]enigne locau*ere* auxilia. Carthagin[i]e[nses i]n [d]edicionem uenerunt. Iussi omn[i]a [sua in alium locum tr[ansferr]e mo[ti ira ad arma redierunt. Roman[os... pepulerunt. Scipio... Aemiliani fidem P[oeni suspexerunt. Aemiliani uirtute exer[citus, qui obsessus in saltu a Poenis erat, liber[atus................ per Charidemum poe[..... Ser. Galba de Lusitanis reus product[us... fili, quos flens com[mendabat. Ab Andrisco, q]ui se Philippi *f*iliu[m ferebat, Macedonia per arma occupata.

Man⟨i⟩lio et Marc⟨i⟩o c[oss. quarti ludi saeculare⟨s⟩ factos quo⟨s⟩ opo[rtuit Diti ex Sibyllae carminibus, [Tar]en[ti facti sunt.

l[iber L

Per socios popu[li R. Andriscus... pulsus in ultimam *T*[hraciam... lat[...] l[...] at[.......... re

**90** locauere auxilia *Rossbachius* : locauelauxiliate *O* auxiliati sunt *G. H.* locuti auditique *Reidius* locant auxilium *uel* locant auxilia et *uel* (?) auxılia te... *Kornemannus* || **92** *suppl. Reidius et Luterbacherus* || moti ira *coniec. G. H.* mota ira *Kornemannus* || **93** Romanos obsessi Carthaginienses *coniec. Rossbachius* Romanos consules Poeni obsessi *Kornemannus* Romani urbem obsedere. Poeni eos *Luterbacherus* || **94** trib. mil. fugientes defendit *coniec. G. H.* || **95** *suppl. Rossbachius* admirati sunt *Kornemannus* Poeni Aem. fidem plurimi faciebant *Luterbacherus* || **96** *suppl. G. H.* || **97** *suppl. G. H.* || **98** Poeni experti *coniec. H. I. Muellerus* pactam *G. H.* || Ser. Galba de Lusitanis *suppl. Kornemannus Luterbacherus Rossbachius* || **99** liberauerunt eum *coniec. G. H. et Kornemannus* || **100** *suppl. G. H.* (complexus est) *et Kornemannus* || **101** *suppl. G. H.* || **103-105** *suppl. Rossbachius et Wissowa* || **107** *suppl. Rossbachius qui* ex Thessalia *ante* pulsus *quoque coniec.* || **108** Thraciam *Rossbachius* : c *O* || de tribunis pl. lata est lex Atinia *coniec. Luterbacherus* || **109** Prusia occiso Nicomedes regno *coniec. Kornemannus* (patre occiso) *et Luterbacherus.*

(Colonne V)

[110]s'empara ⟨du trône de Bithynie⟩[2]. [110]On envoya comme ambassadeurs au roi Attale... et à Prusias (?) M. ⟨Licinius⟩ qui avait la goutte, A. Hostilius Mancinus ⟨qui avait reçu⟩ autrefois ⟨un morceau de tuile⟩ sur la tête et L. Manlius Vulso, qui était stupide. [114]... dirent que l'ambassade... M. Caton répondit qu'elle n'avait ⟨ni tête⟩, ni pieds, ni intelligence[3]. [115]M. Scantius... de celui... qui avait été pris en flagrant délit de débauche (?)...[4]. [117]Sous le consulat de ⟨Sp. Albinus et de L. Pison, Masinissa⟩ mourut à un âge très avancé, laissant... ⟨quarante?⟩-quatre fils[5]. [119]Son royaume fut partagé par Émilien entre ses fils légitimes...[6] [121]⟨Marcellus⟩, envoyé comme ambassadeur auprès de Masinissa, ⟨périt en mer?⟩[7]. Hasdrubal, parce qu'il était parent de Masinissa, fut tué (?)... à coups de bancs[8]. [123]Scipion Émilien ⟨fut élu consul⟩[9]. [125]⟨M'. Manilius⟩ combattit avec succès en Afrique[10]. [126]L'armée ⟨du préteur Juventius⟩ fut taillée en pièces en Thessalie[11]. [127]⟨Andriscus⟩ fut fait prisonnier par Métellus[12]. [127]Le sanctuaire

(Col. V)

gno Bithy]niae po*t*itus est. Ad Attalum regem ... *et* Pr*usi*am ⟨am⟩en*da*t*i* sunt legati Mar*cu*[s]⟨Licinius⟩ poda]gricus, A. Hostilius Mancinus capite icto test]a quondam, L. Manlius Volso stolidus. ... l*e*gationem dixerunt, M. Cato respondit eam nec caput] nec pedes nec cor habere. M. Sca[n]tius .........]am tulit in stupro deprehensi..

Sp. Albino L. Piso]ne cos*s*.

Masinissa ult]imae senectutis liberos IIII et XL uirile]s reliquit decedens. Cuius regnum legit]imis filis per *Ae*milia*n*um distributum. Marcellus leg]atus ad Masinissam missus perît in mari. Ha]sdrubal, quod adfinis Masiniss⟨ae⟩erat, ... in cur]*i*a subsellis o⟨c⟩ci⟨s⟩us est. Scipio Aemilianus consul creat]us. a M'. Manilio] in Africa pr[os]pere dimicatu*m* [es]t. Iuuenti pr. in] Thessalia exercitus caesus. Andriscus a] Metello captus. Sacrarium

**110** potitus *Rossbachius* : positus *O*, *G. H.* (rex Bithyn. pos.) || **111** Pergami et Prusiam amendati *Rossbachius* : inpugnamentasi *O* deductum in pugnam... *Gundermannus* || marcus *Kornemannus* : marco *O* || Licinius *add. Kornemannus* || **113** *suppl. G. H. et H. I. Muellerus* || **114** cunctari *ante* legationem (lig- *O*) *coniec. Rossbachius* his qui eam *Kornemannus* bonam eam *H. I. Muellerus* Vbi morari *Luterbacherus, fors. recte* || **115** *suppl. et corr.* (haberent *O*) *Rossbachius et Kornemannus* || *nihil aliud de hac re traditum, nisi forte de lege Scantinia sermo fuit* de in stupro deprehensis *Warde Fowlerus* repulsam *et* deprehensus *G. H.* qui repulsam tulit — deprehensus se occidit *Kornemannus* turpem formam tulit — deprehensus *Luterbacherus* grauem poenam t. *H. I. Muellerus* censoris notam tulit *dubit. Rossbachius* || **117** *suppl. G. H.* || **118** *suppl. G. H.* || **119** *suppl. Luterbacherus* : et XL nothos *Kornemannus* || **120** *suppl. Kornemannus* || **121** *suppl. Rossbachius* || **122** *suppl. Kornemannus* || **123** a suis in curia (ta *O*) *coniec. G. H.* per fragmenta subselli *Kornemannus* || subsellis occisus est *G. H.* : subselli sociusest *O* || **124** *suppl. G. H.* || **125** *suppl. et correx.* (in africampr... pere *O*) *H. I. Muellerus* M'. Manilius — dimicatus (*cf. O*) est *G. H. et Kornemannus* || **126** *suppl. G. H* || **127** *suppl. Kornemannus* Philippus a *coniec. G. H.*

⟨d'Ops et le laurier⟩ du foyer ⟨demeurèrent intacts⟩ après un énorme incendie[13].

⟨Livre 51⟩

[131]Sous le consulat ⟨de P. Cornélius et de C. Livius⟩[1], alors que Carthage..., ⟨les Puniques firent subir?⟩ les traitements les plus cruels à leurs prisonniers[2]. [133]Les Romains qui menaient le siège... à Carthage à la suite de fréquents combats[3]. [135]Les ambassadeurs romains ⟨furent molestés⟩ à Corinthe par le préteur ⟨Critolaüs⟩[4]. [136]Les Lusitaniens furent soumis[5].

(Colonne VI)[1]

[137]⟨Sous le consulat de⟩ Cn. Cornélius ⟨et de L. Mummius⟩, ⟨Carthage fut prise⟩ et pillée par Scipion[6]. [139]⟨Comme celui-ci avait aussi mis le feu à la citadelle?⟩, la femme ⟨d'Hasdrubal se jeta elle-même⟩ avec ses deux fils ⟨au milieu des flammes pour ne pas tomber⟩ au pouvoir ⟨du vainqueur?⟩[7]. [142]⟨Scipion, à l'exemple de son père⟩ Paul-Émile... ⟨fit célébrer des jeux?⟩[8].

⟨Livre 52⟩

[145]L. Mummius ⟨détruisit Corinthe[1]. Diaeus, après

1. Le texte de cette colonne est non seulement fragmentaire, mais en grande partie hypothétique, le début de chaque ligne (un ou deux mots) étant seul conservé.

Opis et laur]us *f*oci maximo incendio inuiolata.]

liber LI]

P. Cornelio C. Liuio] cos*s*. clausa Cartha]gine in ⟨c⟩ap*t*iu⟨o⟩s crudelissime Poeni saeuie]re. Obsident*e*s Roman*i* non ... Carthag]inem crebris proelî⟨s⟩. Per Critola]um pr. Corinthi legati Romanorum uiolati. Lu]sitani suba*c*ti.

(Col. VI)

Cn. Corne[lio L. Mummio coss. p]er Scipion[em Carthago expugnata et d]irepta. Qu[i cum etiam arcem inflammauisset, uxo[r Hasdrubalis se ipsa cum duobus fil[iis in medium iecit incendium ne in potestate[m uictoris ueniret. Scipio exemplo Aemili, a q[... ludos fecit.

[liber LII

L. Mum*mi*us C[orinthum diruit. Diaeus

**128** *suppl. Kornemannus* || *correxit* (soci *O*) *Rossbachius* || **129** *suppl. G. H.* || **131** *suppl. G. H.* || **132** clausa *ante* Carthagine *coniec. Rossbachius* || captiuos *Gundermannus* : appius *O* || **133** *suppl. Rossbachius* : saeuitum quare *Kornemannus* || *corr.* (obsidentiis romanos non *O*) *G. H. et Rossbachius qui* nocent *pro* non (*O*) *coniec.* || **135** *suppl. Rossbachius* per Achaeorum pr. *G. H.* per Diaeum pr. *Luterbacherus* || **136** *suppl. Rossbachius* pulsati *G. H.* || **137** *suppl. G. H.* || **138** *suppl. G. H. et Kornemannus* || **139** *suppl. Rossbachius* quam cum Aemilianus infl. *Kornemannus* quom Hasdrubal se Scipioni (*uel* ultros dedidisset *Fuhrius* || **140** *suppl. Rossbachius et Kornemannus* (uxor Hasdrubalis praeceps cum) || **141** *suppl. Fuhrius Kornemannus H. I. Muellerus* || **142-143** Scipio exemplo Aemili (aemilia *O*) a quo Perseus uictus erat, ludos fecit *coniec. Kornemannus et Luterbacherius* || **145** mummius *G. H.* : mumanus *O* || *suppl. G. H. et Kornemannus* diripuit, Cor. ex s. c. diruit. Diaeus praetor *Luterbacherus.*

avoir tué⟩ sa femme ⟨se suicida?[2]. Les Romains⟩ subirent ⟨une grave défaite de la part des Lusitaniens qui se vengèrent?⟩ de leur déloyauté[3]. [149]⟨Sous le consulat de⟩ Q. Fabius Maximus ⟨et de L. Hostilius⟩, M. Pétronius... contre...[4]. [152]⟨Sous le consulat de⟩ Ser. Galba et de L. ⟨Cotta⟩, Q. Métellus... ⟨obtint difficilement?⟩ le consulat[5]. [155]Haï..., alors qu'il avait l'intention de briguer...[6]. [157]La Syrie étant ravagée ⟨par les guerres entre les rois?⟩, ⟨le peuple romain⟩ se contenta (?)[7]...

## ⟨Livre 53⟩

[160]⟨Sous le consulat de⟩ Q. Métellus ⟨et d'Ap. Claudius, les habitants de Centobriga exposèrent aux coups des machines de siège⟩ les enfants de Réthogenès, ⟨un déserteur⟩[1]. [163]⟨Métellus abandonna⟩ son projet[2].

*Il manque une colonne*

(Colonne VII)

[164]... tua (?)[3]. Il reçut en cadeau de Tyrésius, qu'il

uxore o[ccisa se necauit. A Lusitanis Romanorum per⟨i⟩uria u[ltis grauis clades accepta.

Q. Fabio Max[imo L. Hostilio coss.

M. Petron[ius... aduersu[s...

Ser. Galba L. [Cotta coss.

*Q*. Metell[us, qui pr. Andriscum uicerat, consulatum [... aegre obtinuit, qui inuis[us... petituru[s....................... Syria ua[stata bellis regum populus R. c[on]tent[us fuit...

[liber LIII

Q. Metello [Appio Claudio coss.

Rethog[enis transfugae Centobrigenses liberos to[rmentorum ictibus obiecerunt. Proposito a[bstitit Metellus.

*Deest 1 columna*

(Col. VII)

occidit. A Tyresio, quem deuici[t, gla]dium

**146-148** *suppl. G. H. Luterbacherus et Rossbachius* || **149** *suppl. G. H.* || **150** et L. Apuleius legati in Asiam *coniec. Rossbachius, dubitante Kornemanno* || **151** Viriathum Fabius cos. missus est *coniec G. H. et Kornemannus* || **152** *suppl. G. H.* || **153** Q. *Rossbachius* : l. *O* || qui pr. Andriscum uicerat *coniec. Rossbachius* qui de Pseudophilippo triumphauerat *Luterbacherus* || **154** post duas repulsas — obtinuit *coniec. Rossbachius* || **155** inuisus plebi ob nimiam seueritatem *coniec. Kornemannus Luterbacherus Rossbachius* || **156** petitur uehementissime consulatus *Kornemannus* || **157** bellis regum populus Romanus *coniec. Rossbachius : uide adnot.* || **160** *suppl. G. H.* || **161-163** *suppl. Rossbachius* Rethogenes a Centobrigensibus obsessis liberos t. occidi passurus erat. Metellus prop. abst. *Kornemannus et Fuhrius* || *post 163 periit una columna* || **164** *suppl. Reidius et Wissowa.*

vainquit, son épée et, après lui avoir rendu son manteau, lui donna la main ⟨en signe d'amitié⟩[4]. [167]Le consul Métellus fut harcelé par les Lusitaniens[5]. [168]⟨L.⟩ Mummius répartit dans les cités les images des dieux, les statues et les tableaux de Corinthe et en ⟨décora⟩ la ville de Rome[6]. [170]Sous le consulat de ⟨Cn.⟩ Cépion et de Q. Pompée, Q. Fabius Maximus, après avoir ⟨taillé en pièces⟩ les Lusitaniens, mit Viriathe en fuite[7].

## Livre 54

[174]Le consul Pompée ⟨essuya une sévère défaite⟩ de la part des Numantins[1]. Chez les Scordisques, on subit un désastre[2]. [176]Sous le consulat de ⟨Q.⟩ Cépion et de ⟨C.⟩ Lélius[3], Appius Claudius réussit à obtenir qu'on ne procédât pas à deux ⟨levées⟩ par an (?)[4]. [178]T. Manlius Torquatus condamna son fils D. Silanus pour sa conduite en Macédoine, n'assista pas à ses funérailles et, le même jour, donna réponse chez lui à ceux qui le consultaient[5]. [182]Le consul Cépion, s'apercevant (?) que le tribun de la plèbe Ti. Claudius Asellus essayait de faire obstruction à son départ, tira son épée (?) et fit reculer le licteur de frayeur[6]. [185]Q. Fabius Maximus, sévèrement battu par Viriathe, conclut avec les ennemis une paix déshonorante[7]. [186]Q. Occius, ⟨victime⟩ (?) d'une embuscade des Lusitaniens, ... en faisant preuve d'un très grand courage[8]. [188]L'aqueduc *Aqua Anio* fut voué dans un temple (?). [189]L'*Aqua ⟨Marcia⟩* fut, malgré les

dono accepit saguloque rem[isso am]iciti]ae dextram dedit.

M]etellus cos. a Lusitanis uex[atus est.

S]igna statu⟨a⟩s tabulas Corinth[ias L. M]ummius distribuit circa oppida et Rom[am orna]uit.

Cn]. Caepione Q. Pompeio cos*s*.

Q. Fabius Maximus Lusitanis ca[esis Viriathum fugauit.

## lib[er] LIIII

Pompeius cos. a Numantinis d[euictu]s. In Scordiscis cladis accepta.

Q. Cae]pione [C.] Laelio †Salasso c[oss.

Appius Claudius euicit ne duos [delectus] annus haberet. *T*. M*an*lius Torquatus D. S[ila]num filium suu[m d]e Macedonia damn[auit, f]uneri non interfuit eademque die [i]n do[mo] sua consultantibus respondit.

C]aepio cos. in*t*ellege*ns* Ti. C[l]audi*u*m Asse*ll*um tr⟨i⟩b. pl. interpellantem profectionem s]uam l[i]ctore⟨m⟩ stri⟨n⟩ge*ns ens*e*m* deter*r*uit.

Q.] Fabius Maximus a Vir⟨i⟩atho deuictus de-f]ormem cum hostibus pacem fecit. Q. Occius oppress]us [i]nsidiis Lusitanorum fortissime .......]In aede uota est aqua Anio. Aqua

**165** *suppl. G. H.* || **167** *suppl. Rossbachius* || **168** statuas *H. I. Muellerus* : status *O* || **169** *suppl. Rossbachius* || **170** coss *G. H.* : cos *O* || **171** caesis *G. H.* : ca *O* || **174** a Numantinis deuictus *G. H.* annuamantinisd *O* || **176** *suppl. G. H.* || *crucem ante* salasso *pos. Rossbachius* Laelio Sapiente *G. H.* Laelio Sopho *Luterbacherus*; *cf. adnot.* || **177** *suppl. Warde Fowlerus* || **178** T. Manlius *G. H.* : ummilius *O* || *suppl. et correx. G. H.* || **179** *suppl. G. H.* || **180** *suppl. G. H.* || **182** indelegem ti. claudi amassilium (*O*) *suppl. et correx. G. H. et Rossbachius* (in dilectu *Luterbacherus* in legem *Woelfflinus*) || **184** *suppl. G. H.* || lictorem stringens ensem deterruit *Rossbachius* : l. ctore strigemreddeterbuit *O* || **187** *suppl. Rossbachius* || **188** pugnauit *coniec. Rossbachius* pugnans cecidit *Luterbacherus* || renouata (*uel* refecta) *est G. H.* Ioui in aedem uota est *Gundermannus et Kornemannus* in aedem Vestae a. A. *Luterbacherus.*

prophéties de la Sibylle, ⟨prolongée jusqu'au⟩ Capitole [9].

(Colonne VIII)

[191]⟨Sous le consulat⟩ de Cn. Pison et de C. ⟨Popilius⟩ [10], les Chaldéens ⟨reçurent l'ordre de quitter⟩ la ville ⟨et l'Italie⟩ [11]. [193]A. Gabinius, ⟨petit-fils⟩ d'un esclave né à la maison, ⟨fit voter une loi⟩ sur le suffrage secret[12]. [195]Servilius Cépion fut enfermé ⟨dans son prétoire et presque brûlé vif par les cavaliers⟩ qu'il avait opposés ⟨à Viriathe⟩ [13]. [197]Audax, Minurus et ⟨Ditalco, subornés par Cépion⟩, égorgèrent Viriathe [14].

## Livre ⟨55⟩

[200]⟨Sous le consulat de⟩ P. Scipion et de D. Junius [1], les assassins de Viriathe... se virent refuser ⟨une récompense⟩ [2]. [202]⟨Comme⟩ les tribuns de la plèbe S. Licinius ⟨et C. Curiatius... avaient conduit de la curie⟩ en prison ⟨les consuls P. Scipion et⟩ D. Brutus, les prières du peuple ⟨firent remettre⟩ leur punition [3]. [205]... tribun de la plèbe ⟨qui défendait⟩ les intérêts du peuple et dont le décès entraîna un deuil général... [4]. [207]Des déserteurs furent

Marcia in Capi]tolium contra Sibyllae carmina perducta.]

(Col. VIII)

Cn. Pisone C. Po⟨pi⟩lli[o coss. Chaldaei urbe ⟨e⟩t *It*[alia abire iussi sunt. A. *G*abinius, uerna[e nepos, legem tulit ut suffragium per ta[bellam ferretur. Seruilius Caepio a[b equitibus quos Viriatho obiecerat clau*s*[us praetorio et paene ustus. Audax Minurus ⟨D⟩ita[lco a Caepione corrupti Viriathum iugula[uerunt.

liber [LV

P. Sc[i]pione D. Iunio [coss. interfectores Viri[athi... praemium negatum. C[um ex cu]*ri*a [P. Scipionem et Dec*im*. *B*ru[tum coss.] S. Licini[us et C. Curiatius trib. pl. in carc[er]em [c]oll[ocauissent, precibus populi mul[t]a re[missa........, qui trib. pl. pro commodis pop[uli agebat et omnibus luct⟨u⟩i expirauit, co[e]un[te... De-

**189-190** *suppl. G. H.* || **191** *suppl. G. H.* || **192** *suppl. Rossbachius* Italia intra x dies expulsi *Kornemannus* || **193-194** *suppl. Luterbacherus* uernae nepos rogationem tulit — ferri *G. H.* || **195** *suppl. G. H. et Rossbachius* || **196** clausus *Rossbachius qui suppl.* : clauo *O* clauis cinctus paene ustus est *Reidius* clauolis paene inflammatus est *Kornemannus* || **197** *suppl. Rossbachius* Ditalco Caepionis consilio *Fuhrius* || **200** *suppl. G. H.* || **201** *suppl. Rossbachius, qui* urbe pulsi sunt *post* Viriathi *coniec.* interfectoribus Viriathi promissum praemium *G. H.* Vir. praemium petunt, quod *Kornemannus* praemium petiuere ; id negatum *Luterbacherus* || **202** *suppl. Rossbachius* || **203** Decim. Brutum *G. H.* : decemuiru *O*, *lineam suppl. G. H.* || **204** *suppl. Luterbacherus* || **205-206** *suppl. Rossbachius* || **207** coeunte plebe elatus *coniec. G. H. et Kornemannus.*

frappés de verges au *comitium* et vendus ⟨un sesterce⟩ chacun[5]. [210]Comme P. Africanus ⟨intentait une accusation⟩ à L. Cotta... à cause de la grandeur de son nom[6]... [212]Les Lusitaniens furent massacrés[7]. Les ⟨Numantins⟩? ...[8] [213]Diodote Tryphon ⟨fit périr le roi⟩ Antiochus et s'empara de la Syrie[9]. [215]⟨Sous le consulat de⟩ M. Aemilius et de C. Hostilius Mancinus[10], Décimus Brutus mena une campagne ⟨favorable⟩ en Espagne et traversa à gué (?) le fleuve Oubli[11].

sertores in comitio uirgis cae[si sunt et sestertiis singulis uenierunt. P. Africanus cum L. Cottam [accu]sar[et magnitudinem nom[inis eum] cad[ere noluerunt. Lusitani uastati. A N[uman]tin[is... Diodotus Tryphon An[tioc]hum [regem occidit Suria*q*ue potitus e[st. M. Aemilio C. Hostilio M[an]cino [coss. Decimus Brutus in Hispania re b[ene gesta Obliuionis flumen planus trans[iit.

**208-209** *suppl. G. H. et Luterbacherus* || **210** *suppl. G. H. et Rossbachius qui* iudices ob magnitudinem *coniec.* propter magnitud. nominis sui cadit in iudicio *Kornemannus* acc. p. m. nom. sui causam non tenuit *Luterbacherus* || **212** a Numantinis clades accepta *coniec. G. H.* || **213** *suppl. G. H.* || **214** Suriaque *G. H.* : suriague *O* || **215** *suppl. G. H.* || **216** *suppl. G. H.* || **217** obliuionem flumen primus transiit *coniec. G. H.*

# NOTES COMPLÉMENTAIRES[1]

*Per. Oxy. 37,(l. 1 sq.)* — Années 190-189.

1. (l. 1) Le début de la *Per.* manque.

2. (l. 1) Cf. Tite-Live 37, 46, 7-8 (année 190) : 6 000 Romains sont tués dans une opération contre les Bastétani.

3. (l. 2 3) Année 189. — Consulat de M. Fulvius Nobilior et de Cn. Manlius Volso. Le récit de Tite-Live (37, 1, 1-6 et 49, 1-8) ne laissant aucun doute à cet égard, il faut admettre qu'une négation est tombée devant *data*. Nous avons adopté la conjecture de Kornemann.

4. (l. 3-6) Cf. Tite-Live 37, 51, 1-5.

5. (l. 6) Cf. Tite-Live 37, 55, 1-3.

6. (l. 7-8) La restitution de *uastati* est presque certaine (cf. l. 13 pour les Gallogrecs, l. 83 — conjecture très probable pour les mêmes Lusitaniens, et surtout 212). Kornemann (*ad loc.*) estime que l'emploi de *uastare* pour les peuples appartient à la langue de la latinité tardive (?).

7. (l. 7) Nous avons, à une lettre près, gardé le texte du papyrus, pensant, comme Gundermann, que *rhodonia*, si le mot est exact, est une déformation de *Rhodos* ; le sens correspond exactement à Tite-Live 37, 56, 7-10. La correction de G.-H., reprise par Rossbach, *Bononia* ⟨*colonia*⟩ *de s. c. deducta* est tentante, dans la mesure où elle reproduit presque *Per.* 37, 6 (= Tite-Live 37, 7, 7 *colonia deducta est Bononia*) ; elle nous paraît cependant non seulement hardie, mais ne tenir compte suffisamment ni de *soli* ni, surtout, du fait que *O*, à la différence des *Per.*, ne signale pas les fondations de colonies. — Nous donnons à *deducere* le sens de « détourner de » qu'il a plusieurs fois chez Tite-Live : cf. 37, 2, 5 : *ex agro... Boios deducenti* et surtout 34, 58, 6 : *ex ea possessione... deduci Antiochum.*

G.-H. 102 (note) se demandent si l'épitomateur n'aurait pas, par distraction, mêlé les informations concernant, d'une part, Rhodes et Soles (*Rhodonia de Solis*) et, de l'autre, la déduction de Bologne comme colonie (les deux chapitres sont contigus).

1. Sur le contenu de ces notes et les abréviations (auxquelles il y a lieu d'ajouter *G.-H.* et Kornemann — cf. *supra*, p. 108) utilisées, même remarque que *supra*, tome XXXIV[1], p. 89, n. 1.

*Comparaison avec la Per. 37*

Compte tenu de la perte du début de la *Per. Oxy.*, la comparaison ne concerne probablement que la seconde moitié (?) de la *Per.* 37. Les différences n'en sont pas moins nombreuses, la *Per. Oxy.* nous apportant plusieurs indications nouvelles. Un seul point commun (*Per.* 37, 4 = *Per. Oxy.* l. 6) : la paix accordée par Rome au roi Antiochus. Par contre : 1) la *Per.* 37 ne dit rien des opérations en Espagne, mentionnées ici à deux reprises (l. 1 et 6) ; 2) alors que la *Per.* 37, 8 fait état de l'attribution par Rome de certaines cités à Rhodes, la *Per. Oxy.* (l. 7) signale au contraire que cette dernière dut renoncer à Soles ; 3) alors que la *Per.* 37, 10 mentionne le triomphe d'Acilius Glabrio, la *Per. Oxy.* (l. 7 sq.) nous apprend que celui-ci dut se désister dans sa candidature à la censure ; 4) enfin la *Per.* 37 ne dit rien des Étoliens (*Per. Oxy.*, l. 3), ni de l'interdiction faite au préteur Q. Fabius de partir pour la Sardaigne (*Per. Oxy.*, l. 3-5).

*Per. Oxy.* 38 (p. 12 sq.) — Années 189-187

1. (l. 12) Cf. Tite-Live 38, 9 et *Per.* 38, 1.

2. (l. 13-14) Cf. Tite-Live 38, 12-27. Erreur de l'épitomateur : ce n'est pas en Pamphylie (mais celle-ci est parfois mentionnée par Tite-Live : cf. 38, 15, 5-7), mais en Galatie que les Gallogrecs furent écrasés.

3. (l. 14) La forme *Origiacontis* de *O* a toutes les apparences d'un génitif ; on trouve le nominatif *Orgiago* dans Valère-Maxime 6, 1, *ext.* 2. — Tite-Live 38, 19, 2 a *Ortiago*, en général corrigé en *Orgiago* ; Polybe 21, 38 (22, 21), 1 a le génitif Ὀρτιάγοντος qu'on retrouve dans *D. V. I.* 55, 2 (*Ortiagontis*). — Gundermann corrige en *Origiagontis* et considère que l'épitomateur a pris le mot pour un nominatif. La conjecture de Luterbacher *uxor Orgiacontis, captiua nobilis* est séduisante, mais suppose une omission dans le texte (le nombre des lettres de la ligne est limité) du papyrus, texte jugé corrompu par Rossbach et nous-même.

4. (l. 14-17) Cf. Tite-Live 38, 24.

5. (l. 17) Année 188 ; cf. Tite-Live 38, 36, 5-6.

6. (l. 18) Année 189 ; cf. Tite-Live 38, 30-34 ; l'épitomateur de *O*, comme parfois celui des *Periochae*, revient en arrière.

7. (l. 19) Élections pour 188 ; cf. Tite-Live 38, 35, 1.

8. (l. 20-21) Année 188 : cf. Tite-Live 38, 40, 4 ; 6 sq. (*pretiosaque alia praeda*). La présence de *per* semble devoir éliminer la conjecture attendue *direpta...*

9. (l. 21-23) Cf. Tite-Live 38, 42, 7.

10. (l. 24) Année 187 : cf. Tite-Live 38, 42, 2.

11. (l. 25-27) Cf. Tite-Live 38, 50, 5 ; 56, 2 ; cf. 52, 1 : *Literninum* (*praedium*) et 52, 9 sq.

12. (l. 27-28) Cf. Tite-Live 38, 55, 4 ; 56, 8 ; 10 ; 57, 3 ; 58 ; 60 ; *Per.* 38, 13-15.

*Comparaison avec la Per. 38*

Nombreux points communs : sur quinze paragraphes de la *Per.* 38, huit (1-5 : soumission des Étoliens, des Galates, anecdote de la femme du roi ; 10-13 : procès de l'Africain ; sa condamnation et son exil à Literne ; condamnation de son frère l. 27) sont communs aux deux *Periochae*.

Les informations propres à la *Per. Oxy.* sont : droit de mariage accordé aux Campaniens (l. 17), guerre entre Lacédémoniens et Achéens (l. 18), transfert du butin galate à travers la Thrace (l. 20), remise aux Carthaginois de deux jeunes Romains (l. 21). — En revanche, la *Per. Oxy.* ne signale pas le recensement, le traité avec Ariarathe, le triomphe de Cn. Manlius Volso et le mariage de T. Sempronius Gracchus avec Cornélie. Les deux *Periochae* sont donc d'une richesse égale et se complètent heureusement.

*Per. Oxy. 39* (l. 30 sq.) — Années 187-183

1. (l. 30) Cf. Tite-Live 39, 1-2 ; *Per.* 39, 1.

2. (l. 31) Cf. Tite-Live 39, 2, 10 ; *Per.* 39, 1. *O* commet une erreur en parlant de la « construction » cette année-là (187) de la *Via Flaminia* au même titre que la *Via Aemilia* ; la première avait été construite 30 ans auparavant, en 220, par le père, alors censeur, du consul C. Flaminius ; Tite-Live 39, 2, 10 dit d'ailleurs de la façon la plus nette — comme la *Per.* 39, 1 — que la *Via Aemilia* « alla rejoindre » la *Via Flaminia.* A noter que Strabon 5, 1, 11 commet la même « erreur » : celle-ci s'explique peut-être (cf. le commentaire d'E. Lasserre (Édition de Strabon, *C. U. F.*, III, 199 note) par le fait que le consul de 187 fit, pour sa part, construire un raccourci.

3. (l. 32-33) Cf. Tite-Live 39, 3, 4-6.

4. (l. 33-35) Cf. Tite-Live 39, 6-7 (notamment 7, 4-5).

5. (l. 36-41) Cf. Tite-Live 39, 8-19 (notamment 8, 3 ; 9, 2-5 ; 11-13 ; 18, 7) et *Per.* 39, 4.

6. (l. 41-42) Cf. Tite-Live 39, 21. En fait Tite-Live 39, 21, 10 présente la « soumission » des Espagnols (les Celtibères) comme une hypothèse qui ne se réalisa pas en raison de l'arrivée d'un nouveau général romain.

7. (l. 42-43) Cf. Tite-Live 39, 22, 2.

8. (l. 44-45) Cf. Tite-Live 39, 22, 6-7 ; 54, 2 ; 55 sq. Kornemann remarque à juste titre que l'épitomateur regroupe ici des événements qui se sont déroulés sur 3 ou 4 ans (186-183) ; cf. Tite-Live 39, 32, 6-7 et 39, 54. M. Claudius Marcellus est le consul de 183.

9. (l. 45-47) Cf. Tite-Live 39, 22, 8.

10. (l. 48) Cf. Tite-Live 39, 23, 2.

11. (l. 49) Cf. Tite-Live 39, 32, 1-4.

12. (l. 50) Cf. Tite-Live 39, 32, 13.

13. (l. 52-56) Cf. Tite-Live 39, 42, 8-12. — A la différence de la *Per.* 39, 5, la *Per. Oxy.* ne donne que la première version de l'acte de cruauté de L. Quinctius Flamininus.

14. (l. 57) Cf. Tite-Live 39, 44, 7.

15. (l. 58-60) Cf. Tite-Live 39, 45, 1 ; 46, 1-2.

16. (l. 61-63) Cf. Tite-Live 39, 46, 1-4. — La disparition presque totale de la fin de la l. 63 laisse place à plusieurs conjectures possibles : outre celle de Luterbacher, *in Hispania prospere dimicatum*, d'après Tite-Live 39, 56, 1, on peut relever celle de Rossbach : *in senatu de rebus exteris dimicatum* (Tite-Live 39, 47 sq.).

17. (l. 64-65 *a*) Cf. Tite-Live 39, 51 et 56, 7. — Fuhrius propose *Hannibal per T. Quinctium Flamininum expostulatus se occidit* et Kornemann *Hannibal ueneno periit.*

*Comparaison avec la Per. 39*

Assez développées l'une et l'autre, les deux *Periochae* offrent six points communs : soumission des Ligures, construction de la *Via Aemilia*, scandale des Bacchanales, conduite déshonorante de L. Quinctius Flamininus, campagne contre les Celtibères, mort d'Hannibal. — Cinq informations sont propres à la *Per.* : introduction du luxe à Rome (paragraphe 2), mort de Scipion l'Africain (paragraphe 7), de Philopoemen (paragraphe 8), déduction de colonies (paragraphe 9), début de la tension entre Rome et Philippe V. — Huit sont propres à la *Per. Oxy.* : les Latins sont forcés de quitter Rome (l. 32), dons faits — sur le butin — à des particuliers (= remboursements d'impôts ou d'emprunts), lors du triomphe de Manlius Volso (l. 35), combats d'athlètes (l. 42), les Gaulois rentrent chez eux (l. 45), jeux votifs (l. 46), 1 000 personnes condamnées pour empoisonnement (l. 51), construction de la Basilique Porcia (l. 57), festin public et tentes dressées sur le forum (l. 58 sq.). — L'apport de la *Per. Oxy.* est donc fort important.

*Per. Oxy. 40* (l. 67) — Années 182 sq.

1. (l. 67-69) Cf. Tite-Live 39, 56, 4 (mais l'ordre des consuls est inversé dans la *Per. Oxy.*). L'épitomateur transfère ici les noms des consuls que Tite-Live donnait à la fin du livre précédent. — A la l. 68, les restitutions, très hypothétiques (cf. l'apparat), s'appuient sur Tite-Live 40, 1, 5 (guerre contre les Ligures) ; celles de la l. 69, encore plus incertaines, sur Tite-Live 40, 2, 6-8 (le sénat tente de régler les querelles entre Pharnace et les Rhodiens, les Achéens et les Lacédémoniens, les rois et Rhodes). La restitution proposée par Luterbacher pour la l. 69 *et Romanorum satellites interficere coepit* (il s'agit de Philippe — cf. l. 68) nous paraît peu vraisemblable.

2. (l. 70-71) Cf. Tite-Live 40, 4, 2-15 ; *Per.* 40, 1 (où n'est pas précisée de quelle façon est morte Théoxéna).

3. (l. 71-73) Cf. Tite-Live 40, 5-16, 3 ; 20, 5-24. Kornemann remarque que l'épitomateur regroupe ici des événements répartis sur deux ans (181-180) chez Tite-Live, sur trois dans la *Per.* 40, 2 (qui inclut la mort de Philippe V — survenue en 179).

4. (l. 74-75) Consulat de P. Cornélius Céthégus (Lentulus est une

erreur de Tite-Live : cf. 40, 18, 1 et *M. R. R.*, I, 386, n. 1) et de M. Baebius Tamphilus (181) : cf. Tite-Live 40, 18, 1 — Le scribe est appelé L. Pétillius par Tite-Live 40, 29, 3, la *Per.* 40, 5 et Valère-Maxime 1, 1, 12.

5. (l. 76-77) Consulat d'A. Postumius Albinus et C. Calpurnius Pison (année 180) : cf. Tite-Live 40, 35,1. Pour le récit des combats contre Ligures et Espagnols, cf. Tite-Live 40, 38-41 ; *Per.* 40, 3.

6. (l. 78-80) Cf. Tite-Live 40, 44, 1. Mélecture de l'épitomateur : il s'agit de L. Villius. Les restitutions proposées s'appuient sur Tite-Live *quot annos nati quemque magistratum peterent caperentque. Inde cognomen familiae inditum ut Annales appellarentur.*

7. (l. 81-82) Cf. Tite-Live 40, 44, 3 et 45, 7 : les restitutions (cf. l'apparat) se réfèrent à la querelle célèbres des censeurs de 179.

*Comparaison avec la Per. 40*

Le texte de la *Per. Oxy.* étant interrompu, la comparaison ne peut être que partielle : elle permet cependant de constater que les points communs sont nombreux, tout le contenu de la *Per.* 40 se retrouvant dans la *Per. Oxy.*, à l'exception de la fondation de la colonie d'Aquilée (*Per.* 40, 4) et de la destruction des livres de Numa (*Per.* 40, 7). Rédigée dans un style beaucoup plus littéraire, la *Periocha* ne contient ni la mention de la *lex Villia Annalis* (l. 78), ni celle de la querelle entre les censeurs de 179 (l. 81).

*Per. Oxy. 48* (l. 82 a sq.) — (Années 151-150)

1. Cf. *supra*, p. 109.

2. (l. 83) Année 150. Guerre entre Masinissa et Carthage : cf. *Per.* 48, 26.

3. (l. 83) Sur le sens de *uastati*, cf. *supra*, n. 6 à l. 7-8. L'épitomateur se réfère sans doute aux premiers succès remportés par Ser. Galba sur les Lusitaniens, succès qui se transformèrent ensuite en défaite : cf. *Per.* 48, 22 (année 151) : cf. *M. R. R.*, I, 455).

4. (l. 84-86) La *Per. Oxy.* est le seul texte à faire mention de cet épisode. C. Nicolet estime que le chiffre de l'amende est vraisemblablement *DC* (= 600) et la haste qui suit, le début de *HS* ou de *N* (*nummi*). Il s'agit sans doute de 600 deniers. Les deux Cornelii Cethegi connus dans cette période ont un prénom différent de celui de la *Per. Oxy.* : le premier est M. Cornélius Céthégus, consul en 160 (cf. *Per.* 46, 15) ; le second (Lucius) fut accusé par Ser. Galba (149?) d'avoir attaqué traiteusement les Lusitaniens (cf. *Per.* 49, 20). Le sens des mots *quod P. Decim su* (fin de la l. 84) n'est pas éclairci : Luterbacher songe à *P. Decio Subuloni* ; Kornemann suppose *P. Decimam Sulpicio.*

*Comparaison avec la Per. 48*

Aucune comparaison ne peut être établie (en dehors des quelques indications notées ci-dessus), en raison de l'état très fragmentaire de la *Per. Oxy.*

*Per. Oxy. 49* (l. 88 sq.) Années 149-148.

1. (l. 88-89) Année 149. Le prénom M. se retrouve chez Cicéron, les *Fast. Capitol.* et Censorinus, M'. apparaît dans les *Fast. Ant.* et la tradition fondée sur Tite-Live et les sources grecques (cf. *M. R. R.*, I, 460, n. 1). — Sur les faits, cf. *Per.* 49, 1 et les notes *ad loc.*

2. (l. 89-90) La *Per.* 49, 4 et Appien, *Lib.* 75 ne mentionnent que la *deditio* des habitants d'Utique ; le détail fourni ici par la *Per. Oxy.* n'est pas indiqué ailleurs.

3. (l. 90-91) Cf. *Per.* 49, 7 et les notes *ad loc.*

4. (l. 91-93) Cf. *Per.* 49, 9 et les notes *ad loc.*

5. (l. 93-94) Pour les conjectures, cf. l'apparat et Orose 4, 22, 7 : *Consules... a Carthaginiensibus uicti ac repulsi sunt.*

6. (l. 94) Cf. *Per.* 49, 11 ; Appien, *Lib.* 98 et Orose, *ibid.* (premier exploit de Scipion).

7. (l. 95) Cf. Diodore 32, frgt 7 ; Dion Cassius 21 (frgt 70, 7) et surtout Appien, *Lib.* 101 : τοσαύτη δόξα αὐτοῦ... πίστεως.

8. (l. 95-97) Cf. *Per.* 49, 13-15 et les notes *ad loc.* ; Pline 22, 13 ; *D. V. I.* 58, 4 et *M. R. R.*, I, 459.

9. (l. 98) Le nom de Charidème (?) est inconnu. Faut-il lire *poetam* (G.-H.) ou *Poeni* (H. I. Müller)?

10. (l. 98-100) Cf. *Per.* 49, 17-19 et les notes *ad loc.*

11. (l. 100-102) Cf. *Per.* 49, 21-27 et les notes *ad loc.*

12. (l. 103-105) Année 149. A noter la répétition (cf. l. 88), cette fois pour fixer la date des Jeux séculaires, des *noms* des consuls de l'année. Kornemann 50 remarque que la *Per.* 49, 6 plaçait « normalement » la mention des Jeux séculaires au début du récit des événements de l'année 149. Parvenu au terme de son résumé du livre, l'épitomateur de la *Per. Oxy.* a dû vouloir rajouter l'épisode important des Jeux (c'est le procédé utilisé par celui des *Periochae* : *praeterea... continet*, cf. *supra*, p. LXXVII), à moins que (cf. Censorinus, *De die natali* 17, 11) il n'ait voulu rappeler en bonne place (fin de *Periocha*) que l'année de la célébration — il s'agissait des quatrième jeux — était contestée. Selon Pison, Cn. Gellius et Cassius Hemina, en effet, ils n'auraient été célébrés qu'en 146 : d'où la restitution, peut-être exacte, de Kornemann pour la fin de la l. 103 et les l. 104-105 : *... dicunt ludos saeculares factos, quos oportuit fieri ex Sib. carm. Cn. Lentulo L. Mummio coss.* — Luterbacher suppose : *plerique prodiderunt Man. et M. c. ludos saeculares factos, quos oportebat ex Sibyllae carmin. dis centesimo quoque anno fieri.* — Sur le *Tarentum*, cf. notamment Valère-Maxime 2, 4, 5.

*Comparaison avec la Per. 49.*

La *Per. Oxy* mentionne dans l'ensemble les mêmes faits — mais sous une forme beaucoup plus abrégée — que la *Per.* correspondante (une des plus longues), à l'exception de la querelle entre Caton et Scipion Nasica (*Per.* 49, 2-3), de l'accueil fait par le sénat à l'ambassade d'Utique (paragraphe 5) et des discours — encore conservés — de Ser. Galba (paragraphe 20). — En revanche, elle est la seule à faire état de l'hospitalité des habitants d'Utique (l. 89-90), de la loyauté de Scipion Émilien envers les Carthaginois (l. 95) et — si le texte est sûr — de l'épisode concernant Charidème (l. 98).

*Per. Oxy. 50* (l. 106 sq.) (années 149-148).

1. (l. 107-109) Sur Andriscus, cf. *Per.* 50, 1 (aide fournie par les Achéens aux Romains). — La restitution des l. 108-109 (cf. l'apparat) est purement hypothétique. Sur la *Lex Atinia*, cf. *M. R. R.*, I, 458-459.

2. (l. 109-110) Cf. *Per.* 50, 2 et la note *ad loc.*

3. (l. 110-115) Cf. *Per.* 50, 3 et la note *ad loc.* Kornemann note qu'à la différence des autres textes, la *Per. Oxy.* fait état de l'envoi de cette ambassade à Attale et non en Bithynie, auprès de Prusias ; il faut donc admettre qu'elle était envoyée aux deux rois. Polybe 36, 14, 2 appelle le troisième ambassadeur Λεύκιος Μαλλέολος, mais Walb. 673 pense qu'il faut lire Λεύκιος Μάλλιο[ς Οὐό]λσων. A la différence de la *Per.*, le *Per. Oxy.* nomme les légats : c'est un des cas où elle est plus détaillée que la *Per.* correspondante. — Sur ces légats, cf. *M. R. R.*, I, 460 (A. Hostilius Mancinus est peut-être l'ancien consul de 170).

4. (l. 115-116) On ne sait à quoi se réfère l'épitomateur, le seul à faire état de cet épisode. — Sur ce Scantius (Scantinius?) que Niccolini a voulu mettre en rapport avec la *lex Scantinia* sanctionnant les perversions sexuelles (cf. Cicéron, *Fam.* 8, 12, 3 ; 14, 4 ; Suétone, *Domitien* 8), cf. *M. R. R.*, I, 460, n. 3 (à propos de M. Scantius — ou Scantinius — tr. pl. en 149).

5. (l. 117-119) Année148 ; cf. Walb. 675-676. Masinissa mourut donc au début de 148, et non, comme on le croyait jusqu'à la découverte de *O*, en 149. Sur l'âge de Masinissa, cf. *Per.* 50, 5 et la note *ad loc.* Quant au nombre de ses enfants, Polybe 36, 16, 5 en compte dix dont un de quatre ans ; Valère-Maxime 5, 2, *ext.* 4, en compte cinquante-quatre ; Appien, *Lib.* 106, parle seulement de beaucoup d'enfants.

6. (l. 120) Cf. *Per.* 50, 7 et la note *ad loc.*

7. (l. 121-122) cf. *Per.* 50, 9 et la note *ad loc.* ; Appien, *Lib.* 111 (*in fine*).

8. (l. 122-123) Cf. *Per.* 50, 10 et la note *ad loc.*

9. (l. 123-124) Cf. *Per.* 50, 11, et *M. R. R.*, I, 463.

10. (l. 125) Cf. *Per.* 50, 13 (où M'. Manilius est une correction de Sigonius ; les manuscrits ont *M. Aemilius*) ; Orose 4, 22, 8 parle de

« Manlius » (Diodore 32, 18 ; Appien, *ibid.* 110 et 113 et Zonaras 9, 29 mentionnent ici L. Calpurnius Piso).

11. (l. 126) Cf. *Per.* 50, 14 et la note *ad loc.*

12. (l. 127) *Ibid.*

13. (l. 127-129) Cf. Obsequens 19 (d'où la restitution *et altera laurus* proposée par Luterbacher). Il s'agit du *sacrarium* d'Ops (*Opis Consiuae*) dans la *Regia* : cf. Varron, *L. L.* 6, 21, et P. Pouthier, *Ops et la conception divine de l'abondance dans la religion romaine jusqu'à la mort d'Auguste*, Rome, 1981 (mais l'auteur ne fait pas mention de notre texte).

*Comparaison avec la Per. 50.*

Les points communs sont très nombreux : les événements mentionnés dans onze paragraphes (sur quatorze) de la *Per.* 50 se retrouvent dans la *Per. Oxy.* où seuls ne sont pas signalés les paragraphes 4 (rôle d'Hammonius en Syrie), 6 (Masinissa engendra un fils à plus de 88 ans) et 8 (Phaméas Hamilcon, préfet de la cavalerie carthaginoise). La *Per. Oxy.*, outre qu'elle donne des renseignements non fournis par la *Per.* correspondante (elle nomme des ambassadeurs), fait état de deux faits nouveaux, dont l'un est pour nous fort peu clair (l. 115-116 : *M. Scantius*), le second consistant dans l'incendie de la *Regia* (l. 127-129) ; peut-être, si la restitution est exacte, la lex *Atinia* était-elle aussi mentionnée (l. 109)?

*Per. Oxy. 51* (l. 130 sq.). années 147-146.

1. (l. 131) Année 147.

2. (l. 132-133) Cf. Obsequens 20 : *in captiuos Romanorum per Hasdrubalem barbaro more saeuitum* ; cf. Polybe 38, 8, 1, et le commentaire *ad loc.* de Walb. 697 ; Appien, *Lib.* 118 ; Zonaras 9, 29, 9.

3. (l. 133-134) Année 147 : cf. Appien, *ibid.*, 118-120 ; Zonaras, *ibid.*

4. (l. 135) Cf. *Per.* 51, 7, et la note 10. Il s'agit de la première ambassade romaine, celle conduite par L. Aurélius Orestes ; références dans Kornemann (*ad loc.*) et Walb. 649.

5. (l. 136) Cf. Appien, *Ib.* 61.

6. (l. 137) Année 146 ; cf. notamment Velléius Paterculus 1, 12, 5 ; Censorinus, *De die natali* 17, 11 ; Orose 4, 23, 1 ; 5, 3, 1.

7. (l. 139-142) Cf. *Per.* 51, 5 et la note *ad loc.* ; cf. notamment Valère-Maxime 3, 2, *ext.* 8 ; Florus 1, 31 (2, 15), 17 ; Appien, *Lib.* 131 ; Orose 4, 23, 4 ; Zonaras 9, 3, 6.

8. (l. 142-143) Cf. *Per.* 51, 6 et la note *ad loc.* ; Walb. 721.

*Comparaison avec la Per. 51.*

Différences notables ; sur les sept paragraphes de la *Per.*, les paragraphes 3 (destruction du camp d'Hasdrubal à Néphéris) et 4 (restitution aux Siciliens des biens que leur avaient pris les Carthaginois) ne figurent pas dans la *Per. Oxy.* ; les faits mentionnés dans les paragraphes 5, 6, 7 sont placés ici dans un ordre différent. La *Per. Oxy.* fait état de trois informations nouvelles : cruauté des Carthaginois (l. 132) et soumission des Lusitaniens (l. 136), et peut-être d'une troisième : dégâts causés à Carthage par les Romains (l. 133).

*Per. Oxy. 52* (l. 145 sq.). Années 146-144.

1. (l. 145) Année 146 ; cf. *Per.* 52, 4 et la note *ad loc.* ; Florus 1, 32 (2, 16), 15 ; Orose, 5, 3, 4-5.

2. (l. 145-146) Cf. notamment Pausanias 7, 16, 6 ; *D. V. I.*, 60, 2 ; *Diaeo qui... coniugem interfecit et in ignem praecipitauit, ipse ueneno periit* ; Zonaras 9, 31, 5 ; Walb. 717.

3. (l. 146-148) Restitution très hypothéqique fondée sur *Per.* 52, 8 et Appien, *Ib.* 61. Kornemann lit *acceptae*, car il y eut plusieurs défaites romaines en Espagne cette année-là.

4. (l. 149-151) Année 145. Allusion à des faits inconnus par ailleurs. M. Pétronius ne saurait être confondu (cf. Walb. 541) avec le C. Pétronius mentionné par Polybe 32, 16 (26), 5, qui fut d'ailleurs envoyé comme *legatus* dix ans auparavant ; du coup, la restitution du nom de l'autre *legatus*, L. Apuléius, perd de sa vraisemblance. Celle de la l. 151 s'appuie sur *Per.* 52, 8 ; Diodore 33, 1, 3 et Appien, *Ib.* 65.

5. (l. 152-154) Année 144. Sans doute s'agit-il de Q. Caecilius Métellus Macédonicus qui eut beaucoup de peine à être élu consul (il le fut en 143, après deux échecs les années précédentes ; cf. notamment Valère-Maxime 7, 5, 4 ; *D. V. I.* 6, 1, 3). — Kornemann supplée : *a Metello Macedonico, cui populus consulatum iam bis negauerat* ; Luterbacher : *Q. M., qui de Pseudophilippo triumphauerat, consulatum post duas repulsas tandem impetrauit.*

6. (l. 155-156) Restitution très hypothétique ; cf. l'apparat.

7. (l. 157-158) Cf. *Per.* 52, 9 13 et les notes *ad loc.* (guerres de Syrie). Aucun texte ne justifie vraiment la restitution de Rossbach (*contentus fuit legatis ad eos missis*) à la l. 158, pas plus que celle de Kornemann : *Syria uastata quod inter reges contentum est* ; Luterbacher suppose : *Syria uastata est inter reges, contentione orta.* G.-H. s'en tiennent à *Syria uastata* (l. 157).

*Comparaison avec la Per. 52*

Elle est rendue très difficile en raison de l'état du papyrus. Apparemment, les différences sont nombreuses (la *Per.* 52 est d'ailleurs près de quatre fois plus longue). Seules trois (4, 8? et 9) des quatorze paragraphes de la *Per.* trouvent un correspondant dans la *Per. Oxy.* : destruction de Corinthe, défaites en Espagne, troubles de Syrie. La *Per. Oxy.*, quant à elle, ne dit mot de la défaite des Achéens aux Thermopyles, de la mort de Critolaüs, de la défaite de Diaeus à l'Isthme, de la « destruction » de Thèbes et de Chalcis, du désintéressement de Mummius, des triomphes de Métellus et de Scipion Émilien, ni de nombreux détails mentionnés dans les paragraphes 10-13 de la *Per.* (notamment sur les troubles de Syrie et le triomphe de Mummius). En revanche, si les restitutions sont exactes, la *Per. Oxy.* est la seule à faire état du suicide de Diaeus et des difficultés rencontrées par Métellus Macédonicus pour être élu au consulat.

*Per. Oxy. 53* (l. 160 sq.). Années 143-141.

1. (l. 160-163) Année 143 ; cf. Valère-Maxime 5, 1, 5 (Centobrica) et Florus 1, 33 (2, 17), 10 (Nertobriga).

2. (l. 163) Il manque ici une colonne dans le papyrus, comme le prouve la lacune dans le texte de l'*Épître aux Hébreux* figurant au verso. Le papyrus devait indiquer les noms des consuls de 142 (L. Caecilius Métellus Calvus et Q. Fabius Maximus Servilianus). Il n'y a pas de changement de livre entre les colonnes VI et VII ; le résumé du livre 53 devait donc être relativement long — alors qu'inversement la *Per.* 53 est fort brève.

3. (l. 164) On peut conjecturer sans risque d'erreur, d'après le récit de Valère-Maxime (cf. la note suivante), que l'épitomateur mentionnait ici le premier exploit de Q. Occius qui vainquit et tua un Celtibère venu défier les Romains devant leur camp.

4. (l. 164-165) Année 142. On apprend par Valère-Maxime 3, 2, 21 : 1) que cet exploit (le second) eut lieu en Espagne sous le proconsulat de Métellus Macédonicus (l'auteur l'appelle par erreur consul, alors qu'il l'avait été l'année précédente = 143) ; 2) que le héros romain s'appelait Q. Occius, sans doute le même que celui-ci cité par la *Per. Oxy.* 54 (l. 186) — cf. *M. R. R.*, I, 478, n. 4 ; 3) qu'il se mesurait alors à nouveau avec le Celtibère Tyrésius : le nom est corrompu chez Valère-Maxime (Pyrrésus). C'est sans doute le même personnage que le Tyrésius dont Orose 5, 8, 1, nous dit que, neuf ans plus tard, à Numance, il fut « consulté » par Scipion Émilien.

5. (l. 167) Année 142 ; cf. Obsequens 22 (81) : *aduersus Viriathum* (*exercitus Romanus*) *dubie dimicauit.* La *Per. Oxy.* est le seul texte à faire état de la présence du consul de 142, L. Caecilius Métellus Calvus, en Espagne. — A noter que la *Per.* correspondante parle au contraire des victoires de Métellus (sur les Celtibères, il est vrai).

6. (l. 168-169) Cf. *Per.* 52, 14 et la note *ad loc.* (où il s'agit du triomphe de L. Mummius en 145), mais la *Per.* ne parle pas de la distribution du butin par L. Mummius. Cette distribution est sans doute signalée ici parce que, comme le pense Kornemann, Mummius était censeur cette année-là (142) ; cf. *D. V. I.* 60, 3 : *Mummius Corinthum signis tabulisque spoliauit; quibus cum totam replesset Italiam, in domum suam nihil contulit.*

7. (l. 170-172) Année 141. Il s'agit de la victoire de Q. Fabius Maximus Servilianus, alors proconsul (consul en 142) : cf. *supra* n. 2 et, outre *Per.* 53, 3, Florus 1, 33 (2, 17), 17 et Orose 5, 4, 12 (les deux textes appellent par erreur Fabius « consul »).

*Comparaison avec la Per. 53.*

Sans doute en raison de la différence sensible de longueur (cf. *supra*, note 2) entre les deux *Periochae*, le contenu de celles-ci est totalement différent, à l'exception de la mention commune du succès remporté par Fabius Maximus (*Per.* 53, 3).

*Per. Oxy. 54* (l. 174). Années 141-140.

1. (l. 174) Année 141. Cf. *Per.* 54, 1 (mais il n'y est pas question d'une défaite infligée aux Romains par les Numantins) ; Appien, *Ib.* 76-77 ; Dion Cassius 22, frgt 77 et Orose 5, 4, 13.

2. (l. 175) La *Per. Oxy.* est le seul texte à mentionner cette défaite (ce n'est que six ans plus tard, en 135, que la *Per.* (56, 7) fait état des Scordisques). Broughton (*M. R. R.*, I, 477) suppose que le responsable de la défaite était D. Julius Silanus, préteur cette année-là (cf. *infra*, l. 178).

3. (l. 176) Année 140. Il s'agit de Q. Servilius Cépion. Texte corrompu : cf. l'apparat. G.-H. notent qu'Ap. Claudius, cité à la ligne suivante, est précisément (cf. *Per.* 53, 1) le vainqueur des Salasses, mais ce rapprochement ne semble pas utilisable.

4. (l. 177-178) Ap. Claudius est sans doute le consul de 143. Kornemann relève deux autres mentions en 151 (cf. *Per.* 48, 16) et 138 (cf. *Per.* 55, 2) des difficultés suscitées à Rome par les levées de troupes.

5. (l. 178-181) Sur ces faits, cf. *Per.* 54, 5-6 et les notes *ad loc.* ; cf. aussi Valère-Maxime 5, 8, 3. T. Manlius Torquatus est sans doute le consul de 165.

6. (l. 182-184) La *Per. Oxy.* est le seul texte à faire état de cet incident. Kornemann note un cas analogue (survenu trente ans plus tard, en 110) de tribuns de la plèbe interdisant au consul d'emmener des troupes : cf. Salluste, *Iug.* 39, 4 (il s'agit du consul Sp. Postumius Albinus qui voulait embarquer des troupes pour l'Afrique). — Ti. Claudius Asellus est surtout connu par ses différends avec Scipion Émilien qui l'avait exclu du sénat lors de sa censure, en 142 : nombreuses allusions chez Aulu-Gelle 2, 20 ; 6 ; 3, 4 ; 4, 17, 11 ; 6, 11, 9 ; cf. *M. R. R.*, I, 480 et 481, n. 2. — C. Nicolet penche pour l'adoption de la correction de Fuhrius : *uiatorem* (au lieu de *lictorem*, qui ne semble pas convenir pour un tribun.

7. (l. 185-186) Cf. *Per.* 54, 7 et la note *ad loc.* ; Appien, *Ib.* 69 et *M. R. R.*, I, 480.

8. (l. 186-188) Cf. *supra*, *Per. Oxy.* 53 (l. 164 sq.) et la note *ad loc.* Sans doute s'agit-il là d'un des *reliqua eius opera* (= exploits) auxquels fait allusion Valère-Maxime 3, 2, 21. — M. Stuart (article cité à la note suivante) se prononce (peut-être avec raison) pour la conjecture *cecidit* de Luterbacher ; pour lui, l'épitomateur n'aurait pas jugé nécessaire de mentionner un simple combat.

9. (l. 188-190) Cf. Frontin, *De aq.* 7, 5 : « A ce moment, les décemvirs, en consultant les livres sibyllins..., y trouvèrent qu'il était interdit par les dieux d'amener la *Marcia* (ou plutôt l'*Anio* — c'est

du moins la tradition la plus courante) au Capitole, et la question fut traitée au sénat [M. Aemilius Lépidus Porcina était alors préteur, comme Marcius Rex = année 143]) ... et posée encore trois ans après par L. Lentulus..., mais, les deux fois, le crédit de Marcius l'emporta, et c'est ainsi que l'eau fut amenée au Capitole » (trad. P. Grimal, Édition de la *C. U. F.* ; cf. aussi *ibid.* note 16). — Il ressort de la *Per. Oxy.* que c'est bien l'*Aqua Marcia* (la conjecture est certaine) et non l'*Aqua Anio* qui fut prolongée. M. Stuart, *P. Oxyrhynchus 668 (188-190)* in *C. Ph.* 1944, 40-44, soulignant le rôle joué par le préteur M. Aemilius Lépidus dans l'opposition à l'obstruction de certains sénateurs, propose de lire [M. *Porc*]*inae* au début de la ligne 188. L'hypothèse, au premier abord séduisante, n'apparaît malheureusement pas pouvoir expliquer (*de*)*uota est* qui suit...

10. (l. 191) Année 139. Le second consul s'appelait en réalité (cf. Appien, *Ib.* 79 et *M. R. R.*, I, 481) Marcus.

11. (l. 192) Cf. Valère-Maxime 1, 3, 3, selon lequel cette expulsion fut l'œuvre du préteur pérégrin Cn. Cornélius Scipio Hispanus.

12. (l. 193-194) Première loi tabellaire : cf. Cicéron *De Legibus* 3, 35 (où A. Gabinius, tr. pl. en 139, est qualifié d' « individu obscur et méprisable ») et *De amicitia* 41 ; cf. aussi *M. R. R.*, I, 483, note 2.

13. (l. 195-196) Cf. Dion Cassius 22, frgt 78, 3. Q. Servilius Caepio avait été consul l'année précédente (140).

14. (l. 197-198) Cf. *Per.* 54, 8 et la note *ad loc.* ; Velléius Paterculus 2, 1, 4 et Florus 1, 33 (2, 17), 17. Ce dernier attribue de façon erronée l'assassinat de Viriathe au consul de l'année (139), M. Popilius Laenas. *O* s'accorde avec Valère-Maxime 9, 6, 4 sur le genre de mort (*iugulatus*) du chef rebelle. Valère-Maxime *ibid.* ; Diodore 33, 21 et Florus *ibid.* parlent de *domestici percussores* (οἰκεῖοι) ; Orose 5, 23, 13, de *sui* ; d'après *D. V. I.* 71, 4, deux *satellites*, corrompus par Cépion, *Viriathum humo sepositum peremerunt*. Les noms des assassins sont les mêmes chez Appien, *Ib.* 74 ; Minurus est appelé Nicorontès par Diodore, *ibid.*

### *Comparaison avec la Per. 54*

La *Per. Oxy.* est la plus riche de toutes en informations nouvelles pour nous. Y figurent en effet non seulement la quasi-totalité (les paragraphes 2, 5, 6, 7 et 8) des huit paragraphes de la *Per.* 54, mais des indications concernant la défaite infligée par les Scordisques aux Romains (l. 175), la limitation à une par an des levées de troupes (l. 177), la tentative d'opposition du tribun Ti. Claudius Asellus au départ du consul Cépion pour l'Espagne, la bravoure (et peut-être la mort) de Q. Occius, le prolongement de l'*Aqua Marcia* (l. 188 sq.) et la date de la première loi tabellaire (l. 193).

### *Per. Oxy. 55* (l. 200 sq.). Années 138-137.

1. (l. 200) Année 138. Consulat de P. Cornélius Scipion Nasica Sérapion et de D. Junius Brutus Callaicus.

2. (l. 201-202) Cf. notamment Valère-Maxime 9, 6, 4 ; Appien, *Ib.* 71 ; Orose 5, 4, 14 ; *D. V. I.* 71, 3 : *quae uictoria, quia empta erat, a senatu non probata.*

3. (l. 202-205) Cf. *Per.* 55, 3. — Cicéron, *De legibus* 3, 20 présente le fait comme ayant lieu pour la première fois, alors qu'il s'était déjà produit en 151 (cf. *Per.* 48, 16) ; *O* est le seul texte à faire état de l'intervention directe de la plèbe. — Kornemann observe avec raison qu'ici *multa* doit être pris au sens de « châtiment » (cf. Tite-Live 24, 16, 13). — Le même tribun de la plèbe Curiatius s'opposa aussi au consul Nasica à propos d'achats de blé pour le peuple : cf. Valère-Maxime 3, 7, 3. La *Per.* 55, 1 note que c'est Curiatius qui avait donné à Nasica le surnom peu flatteur de Sérapion : cf. la note *ad loc.*

4. (l. 205-207) On ne sait de quel tribun il s'agit. Münzer (*Hermes* 32, 1897, 471) songe au fils du consul de 138, Scipion Nasica Sérapion qui, mort pendant son consulat, en 111, aurait été, en raison de sa grande popularité, honoré par la plèbe tout entière lors de ses obsèques célébrées aux frais de l'état (cf. Pline 21, 10). Il faudrait alors restituer (l. 205) : *Nasicae filius.* Pour sa part, C. Nicolet se demande s'il ne s'agit pas du tr. pl. C. Curiatius cité précédemment (l. 203). Le rapprochement avec le texte de Pline ne serait pas pertinent. — Cf. aussi P. Botteri, *Diodore de Sicile 34-35, 33 : un problème d'exégèse* in *Ktema,* 15, 1980, 86.

5. (l. 207-209) Cf. la *Per.* 55, 2 et la note *ad loc.*

6. (l. 210-211) Les faits sont connus grâce à Cicéron *Pro Murena* 58 ; *Brutus* 84 ; Valère-Maxime 8, 1, 11 et Tacite *A.* 3, 66 : des accusés manifestement coupables pouvaient être acquittés à la suite de la violence des attaques de grands personnages. Les restitutions proposées (cf. l'apparat) s'accordent sur le sens général (= les juges ne voulurent pas qu'il fût condamné). — Kornemann note le désaccord entre *O* et *Pro Murena* 58, en ce qui concerne la date de l'accusation de Scipion contre Cotta (il s'agit du consul de 144, L. Aurélius Cotta) : selon Cicéron, elle aurait eu lieu après la prise de Numance, soit en 132-131 ; d'après *O*, en 138 ; l'erreur de Cicéron tient sans doute à ce qu'alors Scipion Émilien était encore plus célèbre et pouvait davantage passer pour risquer d'impressionner les juges.

7. (l. 212) Cf. *Per.* 55, 10 ; Appien, *Ib.* 71 sq.

8. (l. 212) Cf. *Per.* 55, 5 (?) et la note *ad loc.*

9. (l. 213-214) Cf. *Per.* 55, 11 et la note *ad loc.* (il s'agit du jeune Antiochus VI) ; cf. aussi Diodore 33, 28 et Orose 5, 4, 18.

10. (l. 215) Année 137.

11. (l. 216-217) Cf. *Per.* 55, 10 — mais la *Per.* intervertit l'ordre et les années pour le meurtre d'Antiochus VI et le passage du fleuve Oubli (le texte d'Orose 5, 4, 19 confirme la date de 137 pour le dernier fait) ; cf. aussi Velléius Paterculus 2, 5, 1 ; Florus 1, 33 (2, 17) ; Appien, *Ib.* 72. — La traduction de *planus* a embarrassé tous les traducteurs ; G.-H. proposent *primus*, qui a l'avantage de s'accorder avec certaines des références indiquées ci-dessus ; mais un mot si courant aurait-il été ainsi déformé? Rossbach (*in apparatu*) rap-

proche de *planipes* et renvoie à Vitruve 6, 11 et Suétone, *Tibère* 33, 2 (« de plain-pied »), sens qui n'est guère satisfaisant ; Schles. songe à « pieds nus », mais traduit... « sans difficulté ».

— Vraisemblablement, estime Kornemann 68, le résumé du livre 55 s'arrêtait là.

*Comparaison avec la Per. 55.*

Des onze paragraphes de la *Per.*, six ont leur correspondant, mais dans un ordre totalement différent, dans la *Per. Oxy.*, à savoir les paragraphes 1-2 (= l. 207) : punition de déserteurs ; 3 (= l. 202) : consuls emprisonnés par les tribuns de la plèbe ; 5 (= l. 212?) : défaite infligée par les Numantins — mais s'agit-il de M. Popilius (paragraphe 5) ou de Mancinus (paragraphe 9)? 10 (= l. 215 sq.) : franchissement du fleuve Oubli par D. Brutus et 11 (= l. 213) : Diodote Tryphon. — La *Per.* 55 est la seule à nous informer des dons (terres et ville) accordés par le consul Brutus à ses vétérans (paragraphe 4), et des présages défavorables survenus au départ du consul Hostilius Mancinus (paragraphes 6-7). — La *Per. Oxy.*, pour sa part, nous apporte quatre éléments d'information : refus de récompenser les assassins de Viriathe (l. 201), mort d'un (ancien?) tribun du peuple très populaire (l. 207), acquittement de L. Cotta accusé par Scipion Émilien (l. 210) et sanglante défaite des Lusitaniens (l. 212).

# INDEX NOMINVM[1]



1. Les chiffres indiquent successivement le n° de la *Per.* et celui du « paragraphe ». Les noms (ou, le cas échéant, les références des *loci* où il y a eu restitution) qui résultent d'une addition ou d'une correction sont écrits en italiques. Pour les *Periochae* d'Oxyrhynchos (*Per. Oxy.*), la référence est celle des lignes du papyrus.

TABLEAU DE CONCORDANCE
ENTRE LES « PERIOCHAE » ET TITE-LIVE[1]

| PERIOCHA (phrases) | TITE-LIVE (chapitres) | PERIOCHA (phrases) | TITE-LIVE (chapitres) |
|---|---|---|---|
| *Livre I* | | *(1 b)* | |
| *(1 a)* | | 32 | 33, 2; 9 |
| 1 | 1-2 | 33 | 32, 2 |
| 2 | 3, 3-11 | 34 | 36, 4 |
| 3 | 4, 1-5, 6 | 35 | 35, 1 |
| 4 | 5, 7 | 36 | 34, 1-35, 6 |
| 5 | 6, 3-7, 2 | 37 | 35, 6-10; 36, 7; 38, 6 |
| 6 | 8, 7 | 38 | 40-41 |
| 7 | 10, 1-4 | 39 | 39, 1-2 |
| 8 | 10, 5-7 | 40 | 42, 2; 5; 44-45 |
| 9 | 13, 6 | 41 | 48, 4 sq. |
| 10 | 14-15 | 42 | 49, 3 |
| 11 | 16, 3 | 43 | 49, 2 |
| 12 | 18 | 44 | 53, 2; 55, 1 |
| 13 | 19, 4 | 45 | 53, 4-5 |
| 14 | 29 | 46 | 56, 5 |
| 15 | 24 sq. | 47 | 56, 11-12 |
| 16 | 28 | 48 | *Epit.* |
| 17 | 31, 8 | 49 | 57, 2-60, 3 |
| 18 | 33 | 50 | 60, 4 |
| 19 | 35, 7-38, 6 | *Livre 2* | |
| 20 | 39, 1 | 1 | 1, 9 |
| 21 | 42, 2; 43; 45, 2 | 2 | 2, 3-11 |
| 22 | 48, 4 | 3 | 5, 2 |
| 23 | 48, 7 | 4 | 5, 5-8 |
| 24 | 51, 9 | 5 | 5, 10 |
| 25 | 53, 1-3 | 6 | 6, 4-9; 7, 4 |
| 26 | 54, 9 | 7 | 8, 2 |
| 27 | 55 | 8 | 8, 6 |
| 28 | 55, 3 sq. | 9 | 9-10 |
| 29 | 58, 11 | 10 | 10 |
| 30 | 59, 11 | | |
| 31 | 60, 3 | | |

1. La mention *Epit.* indique qu'apparemment l'épitomateur est l'auteur du texte.

| PERIOCHA (phrases) | TITE-LIVE (chapitres) |
|---|---|
| 11 | 12, 1-2 |
| 12 | 12, 3-16 |
| 13 | 13, 1-4 |
| 14 | 13, 6-11 |
| 15 | 19, 3-20, 13 |
| 16 | 16, 4 sq. |
| 17 | 16, 5; 21, 7 |
| 18 | 23; 27; 32, 2-12 |
| 19 | 33, 10-11 |
| 20 | 33, 2 |
| 21 | 33, 5-9 |
| 22 | 36, 2-8 |
| 23 | 39-40, 10 |
| 24 | 41, 3 |
| 25 | 41, 10 |
| 26 | 42, 11 |
| 27 | 48, 7 sq.; 49; 50 |
| 28 | 59, 11 |
| 29 | 58, 64, et *passim* |

*Livre 3*

| PERIOCHA (phrases) | TITE-LIVE (chapitres) |
|---|---|
| 1 | 3, 1? |
| 2 | 15, 4-18, 11 |
| 3-4 | 3, 9; 24, 10 |
| 5 | 26, 7-9 |
| 6 | 28, 10-11 |
| 7 | 30, 5-7 |
| 8 | 31, 8; 32, 6; 33, 1 |
| 9 | 33, 9; 34, 7-38 |
| 10 | 44, 2-47 |
| 11 | 48, 5 |
| 12 | 50, 13-54, 6 |
| 13 | 56-58, 9 |
| 14 | 22; 26; 60-63; 66 |
| 15 | 71-72 |

*Livre 4*

| PERIOCHA (phrases) | TITE-LIVE (chapitres) |
|---|---|
| 1 | 1-6, 4 |
| 2 | 6, 8? |
| (texte lacunaire) | 31, 1? |
| 3 | *Epit.* |
| 4 | 8, 2 |
| 5 | 11, 5 |
| 6 | 13, 1 sq.; 14, 6; 16, 2 |
| 7 | 17, 1-6 |
| 8 | 20, 3 |
| 9 | 24, 5-7 |
| 10 | 21-22; 30, 6 |
| 11 | 31, 7-34, 5 |
| 12 | 45, 1-2 |
| 13 | 50, 5 |
| 14 | 59, 11 |
| 15 | *passim* |

*Livre 5*

| PERIOCHA (phrases) | TITE-LIVE (chapitres) |
|---|---|
| 1 | 2, 1 |
| 2 | 2, 2 sq. |
| 3 | 7, 5 |
| 4 | 15, 2; 7 |
| 5 | 21-22; 25, 7 |
| 6 | 26-27 |
| 7 | 31, 6 |
| 8 | 31, 6 |
| 9 | 32, 8 |
| 10 | 33-41 |
| 11 | 47 |
| 12 | 48, 5-49 |

## *TABLEAU DE CONCORDANCE*

| PERIOCHA (phrases) | TITE-LIVE (chapitres) |
|---|---|
| 13 | 51-54 |
| 14 | 55, 1-2 |
| 15 | 32, 6; 50, 5; 52, 11 |
| *Livre 6* | |
| 1 | 2 |
| 2 | 5, 8 |
| 3 | 11, 3; 14 à 20, 12 |
| 4 | 20, 14 |
| 5 | 35, 4 sq. à 42, 9 |
| 6 | 35, 5 |
| *Livre 7* | |
| 1 | 1, 1 |
| 2 | 1, 8 |
| 3 | 2, 3 |
| 4 | 4, 4-5, 6 |
| 5 | 6, 2 |
| 6 | 6, 5 |
| 7 | 9, 8-10, 11 |
| 8 | 15, 12 |
| 9 | 16, 9 |
| 10 | 26 |
| 11 | 27, 2 |
| 12 | 29-31, 6 |
| 13 | 31, 7-32, 1 |
| 14-15 | 34-36 |
| 16 | 38, 5-41, 2 |
| 17 | *passim* |
| *Livre 8* | |
| 1 | 3, 1-5, 10 |
| 2 | 6, 2-3 |
| 3 | 7, 14-22 |
| 4 | 9-10, 10 |
| 5 | 11, 1-12 |
| 6 | 12, 1 |
| 7 | 15, 7-8 |
| 8 | 16, 1-14; 22, 2 |
| 9 | 18 |
| 10 | 18, 11 |
| 11 | 19, 4-21, 10 |
| 12 | 26, 6 |
| 13 | 26, 7 |
| 14 | 28 |
| 15 | 30 |
| 16 | 31-35 |
| 17 | *passim* et 37-39 |
| *Livre 9* | |
| 1 | 1-11 |
| 2 | 15, 2-8 |
| 3 | 20, 6 |
| 4 | 28, 7 |
| 5 | 29, 6-7; 46, 10 |
| 6 | 30, 1-2 |
| 7 | *passim* |
| 8 | 46, 1-14 |
| 9 | 46, 15 |
| 10 | 17-19 |
| *Livre 10* | |
| 1 | 1, 1; 3, 2; 13, 1 |
| 2 | 3, 5 |
| 3 | 6, 6-8 |
| 4 | 9, 3 |
| 5 | 9, 14 |
| 6 | 12, 3; 9 |

| PERIOCHA (phrases) | TITE-LIVE (chapitres) |
|---|---|
| 7 | 14 sq.; 18 sq.; 26, 7 sq.; 28, 13 sq. |
| 8 | 38-42 |
| 9-10 | 47, 2 |
| *Livre 21* | |
| 1 | 1-6 |
| 2 | 7-9, 2; 11, 3-15, 3 |
| 3 | 6, 3-4 |
| 4 | 9, 3-11, 2; 18, 2-19, 2 |
| 5 | 23-46 |
| 6 | 46, 7-8 |
| 7 | 52-59 |
| 8 | 60-61 |
| *Livre 22* | |
| 1 | 2, 10-11 |
| 2 | 3, 5-6, 7 |
| 3 | 6, 11-12 |
| 4 | 4, 13 |
| 5 | 9, 8-10, 7 |
| 6 | 12-18; 23-30 |
| 7 | 29, 7-30, 6 |
| 8 | 15, 3-17 |
| 9 | 23, 4 |
| 10 | 44-51 |
| 11 | 53 |
| 12 | 57, 11 |
| 13 | 58-61 |
| 14 | *passim* |
| 15 | 57, 2-3 |
| 16 | 61, 14 |
| *Livre 23* | |
| 1 | 2-10 |
| 2 | 11, 7-12, 5 |
| 3 | 12, 8-13, 8 |
| 4 | 14, 5-16, 16 |
| 5 | 17, 7-18, 9; 19, 1-16 |
| 6 | 19, 13 |
| 7 | 23, 5-7 |
| 8 | 24, 6-13 |
| 9 | 26-29 |
| 10 | 25, 7; 31, 4 |
| 11 | 35, 5-19 |
| 12 | 41-46, 7 |
| 13 | 33 |
| 14 | 26-29; 40-41; 48-49 |
| 15 | 18, 10-16 et *passim* |
| *Livre 24* | |
| 1 | 4-7, 9 |
| 2 | 14-16 |
| 3 | 33-36 |
| 4-5 | 40 |
| 6 | 41-42 |
| 7 | 48-49, 6 |
| 8 | 49, 7 |
| 9 | 49, 8 |
| *Livre 25* | |
| 1 | 2, 6-7 |
| 2 | 7, 10-11, 20 |
| 3 | 12 |
| 4 | 13-15, 3 |
| 5 | 16-17 |
| 6 | 19, 9-17 |

## *TABLEAU DE CONCORDANCE*

| Periocha (phrases) | Tite-Live (chapitres) |
|---|---|
| 7 | 20, 1 sq. |
| 8 | 20, 6-21, 8 |
| 9 | 21, 9-10 |
| 10 | 23-31, 11 |
| 11 | 31, 9-10 |
| 12 | 32-36 |
| 13 | 37-39, 11 |
| 14 | 39, 12 |
| 15 | 37, 6 |

*Livre 26*

| Periocha (phrases) | Tite-Live (chapitres) |
|---|---|
| 1 | 10, 3 |
| 2 | 10, 3 |
| 3 | 11, 3 |
| 4 | 12-16 |
| 5 | 14, 1-5 |
| 6 | 15, 8-10 |
| 7 | 18-19, 9; 41-51 |
| 8 | 21; 30-32; 24, 1-16; 25-26; 28, 1-2 |

*Livre 27*

| Periocha (phrases) | Tite-Live (chapitres) |
|---|---|
| 1 | 1, 3-15 |
| 2 | 2, 1-9 |
| 3 | 2, 10 |
| 4 | 2, 11-12; 12, 10 sq. |
| 5 | 12, 10-17, 14 |
| 6 | 15, 4-16, 9 |
| 7 | 26, 7-27, 11 |
| 8 | 27, 7 |
| 9 | 36, 6 |
| 10 | 36, 7 |
| 11 | 18 |
| 12 | 19, 8 sq. |
| 13 | 39; 43-49 |
| 14 | 17-20, 10; 29, 9-35, 5 |

*Livre 28*

| Periocha (phrases) | Tite-Live (chapitres) |
|---|---|
| 1 | 1-8 |
| 2 | 9, 8-15 |
| 3 | 11, 6 |
| 4 | 13; 16, 14; 17-18 |
| 5 | 18, 5 |
| 6 | 21, 1-10 |
| 7 | 22-23, 5 |
| 8 | 24-29; 32-34 |
| 9 | 35-37; 38, 6 |
| 10 | 40-45, 8 |
| 11 | 46, 7 |

*Livre 29*

| Periocha (phrases) | Tite-Live (chapitres) |
|---|---|
| 1 | 1, 14; 4, 7-5, 1 |
| 2 | 1, 19-3, 5 |
| 3 | 5, 2-9 |
| 4 | 6-8, 5 |
| 5 | 12, 8-16 |
| 6 | 10, 4-11, 5 |
| 7 | 11, 6-7 |
| 8 | 11, 7 |
| 9 | 11, 6; 14, 8-14 |
| 10 | 16, 4 sq. |
| 11 | 19, 3-21, 12; 22, 7-9 |
| 12 | 19, 3-20, 8; 22, 1-5; 22, 11-12 |
| 13 | 23 |
| 14 | 29, 6 |
| 15 | 30-34 |

| PERIOCHA | TITE-LIVE |
|---|---|
| (phrases) | (chapitres) |
| 16 | 35, 10-14 |
| 17 | 36, 4-12 |
| 18 | *Epit.* |
| 19 | 37, 8-12 |
| 20 | 37, 13-14 |
| 21-22 | 37, 5-6 |
| *Livre 30* | |
| 1 | 5-10 |
| 2 | 11-12, 10 |
| 3 | 12, 11-22; 14, 4-15, 8 |
| 4 | 19, 12 |
| 5 | 20, 5-9; 29-35, 3 |
| 6 | 36, 4-37, 6 |
| 7 | 37, 8-10 |
| 8 | 44, 12 |
| 9 | 45, 2-3; 5 |
| 10 | 45, 6 |
| 11 | 45, 7 |
| 12 | 18, 13; 19, 4-5 |
| *Livre 31* | |
| 1 | 1, 8 + *Epit.* |
| 2 | 14, 7 |
| 3 | 14, 8 |
| 4 | 1, 10; 5, 1; 14, 9-10 |
| 5 | 1, 10; 6, 3-6; 7-8, 1 |
| 6 | 6, 1; 14, 1-2; 33, 4-40, 6 |
| 7 | 16, 6; 17-18, 8 |
| 8 | 10; 21 |
| 9 | 21, 17-18 |
| 10 | 23-27 |
| 11 | 45-47, 3 |
| 12 | 49, 2-3 |
| *Livre 32* | |
| 1 | 1, 10-12 |
| 2 | 11-13 |
| 3 | 14, 4-16, 1 |
| 4 | 19-22; 25, 3 |
| 5 | 27, 6 |
| 6 | 26, 4-18 |
| 7 | 30, 4-13 |
| 8 | 38-39 |
| 9 | 13, 5-14, 3; chap. 15; 16, 10-18, 9; 23, 3-25, 12 |
| *Livre 33* | |
| 1 | 7-10 |
| 2 | 16-17 |
| 3 | 25, 6-8; 30; 31 |
| 4 | 21, 1-5 |
| 5 | 25, 9 |
| 6 | 36-37 |
| 7 | 37, 9-12 |
| 8 | 45, 6-49, 7 |
| *Livre 34* | |
| 1 | 1-8, 3 |
| 2 | 8, 5-21, 5 |
| 3 | 22, 4-41 |
| 4 | 8, 4-21, 8; 22, 1-3; 46, 4; 48, 1; 46, 1 |
| 5 | 44, 5; 54, 4-8 |

| Periocha | Tite-Live |
|---|---|
| (phrases) | (chapitres) |
| 6 | 44, 4-5 ; 54, 4-8 |
| 7 | 45, 1-5 ; 53, 1-2 |
| 8 | 46, 2-3 |
| 9 | 52, 3-12 |
| 10 | 60 |
| 11 | 61 |
| *Livre 35* | |
| 1 | 14, 1-5 |
| 2-6 | 14, 6-11 |
| 7 | 21, 4 |
| 8 | 12, 1-13, 3 ; 25-30 ; 35-37, 3 |
| 9 | 12 ; 32, 2-33 |
| 10 | 43-45 ; 51 |
| 11 | 3 ; 11 ; 21, 7-11 ; 43, 3-6 |
| *Livre 36* | |
| 1 | 16-19 ; 22-24 ; 26-30 |
| 2 | 36, 3 |
| 3 | 38, 5-7 |
| 4 | 42-45, 7 |
| *Livre 37* | |
| 1 | 1 ; 4, 4 ; 47, 3-4 |
| 2 | 26-30 |
| 3 | 34, 4-7 ; 37, 6 |
| 4 | 38-45, 21 |
| 5 | 58, 6 |
| 6 | 57, 7 |
| 7 | 55, 5 ; 56, 1-5 |
| 8 | 55, 5 ; 56, 6 sq. |
| 9 | 58, 3 |
| 10 | 46, 2 |
| *Livre 38* | |
| 1 | 3, 9-11, 9 ; 28, 5-30, 1 |
| 2 | 12-15 ; 17-27 |
| 3 | 16 |
| 4 | 24, 2-10 |
| 5 | 24, 2-11 |
| 6-7 | 36, 10 |
| 8 | 39, 6 |
| 9 | 44, 9-50, 3 |
| 10 | 50, 5 ; 51, 1-1-12 ; 56, 2 |
| 11 | 50, 5-52, 1 ; 56, 3 |
| 12 | 56, 3 |
| 13 | 54, 8 ; 55, 4 ; 56, 8 ; 57, 3-8 |
| 14 | 60, 8 |
| 15 | 60, 9-10 |
| *Livre 39* | |
| 1 | 1-2 |
| 2 | 1, 3 ; 6, 7-9 |
| 3 | 2, 9 |
| 4 | 8, 3-19, 7 |
| 5 | 42, 5-43, 5 |
| 6 | 42, 6-7 |
| 7 | 50, 11-52, 9 |
| 8 | 48, 5-50, 11 |
| 9 | 44, 10 ; 55, 7 |
| 10 | 7, 6 ; 21 ; 23, 5-29, 3 ; 42, 3-4 ; 56, 1 |
| 11 | 23, 5-29, 3 ; 34, 1 ; 53, 10 |

## *TABLEAU DE CONCORDANCE*

| PERIOCHA (phrases) | TITE-LIVE (chapitres) |
|---|---|
| *Livre 40* | |
| 1 | 3, 7; 4, 1-15 |
| 2 | 5-16, 3; 20, 5-24, 8; 56-57 |
| 3 a) | 1; 16, 4-6; 25-28; 38; 41; 53 |
| b) | 16, 7-11; 30-33; 39; 49-50 |
| 4 | 26, 2; 34, 2 |
| 5 à 7 | 29, 3-14 |
| 8 | 54-56 |
| 9 | 57, 1 |
| *Livre 41* | |
| 1 à 3 | Lacune |
| | — |
| | — |
| 4 | 7, 1 |
| 5 | Lacune |
| 6 | 20, 1-9 |
| 7 à 11 | Lacune |
| 12 | 1, 5; 11, 1-9; 12, 5-10; 19, 1; 26 |
| 13 | 22, 1-2 |
| 14 | 22-25 |
| *Livre 42* | |
| 1 | 3, 1-9 |
| 2 | 3, 10-11 |
| 3 | 11, 2-14, 1 |
| 4 | 30, 11; 32, 4; 49, 10; 57-67 |
| 5 | 23 |
| 6 | 24 |
| 7 | 5-6; 37-38; 45, 3-4; 19, 7-8; 26, 8-9 |
| 8 | 10, 1 |
| 9 | 10, 2 |
| 10 | 7, 1-9, 6 |
| *Livre 43* | |
| 1 | 1-2; 8, 9-10 |
| 2-3 | Lacune |
| 4 | Lacune |
| 5 | Lacune; 11, 9; 18-20 |
| 6 | Lacune; 4, 1-4 |
| 7 | 15, 6 |
| *Livre 44* | |
| 1 | 2-13 |
| 2 | 14, 8-15, 8 |
| 3 | 14, 13 |
| 4 | 17, 10; 22, 1-16; 34-37; 41-46 |
| 5 | 37, 5-9 |
| 6 | 30, 15-32, 4 |
| 7 | 19, 6-14 |
| 8 | 13, 9-14; 23-27 |
| *Livre 45* | |
| 1 | 5-7 |
| 2 | 11-12, 5 |
| 3 | 12, 6-7 |
| 4 | 3, 3-8; 13, 12-14, 9; 20, 4-10 |
| 5 | 21-25, 4 |
| 6 | 29, 1-32, 7; 35, 5-40, 5 |
| 7 | 40, 6-41, 12 |
| 8-9 | Lacune |
| 10 | 44, 4-18 |
| 11 | 44, 19-20 |

## CORRIGENDA

| | AU LIEU DE | LIRE |
|---|---|---|
| TEXTE | | |
| P. 22, XC, § 4 Cisalpinam | | cisalpinam |
| P. 37, CXII, l. 1 | trepidantia | trepidatio |
| P. 49, CXXX, l. 3 | Parthisi ntulit | Parthis intulit |

APPARAT

P. 20, § 4 : après *Jahnius*, ajouter *fors. recte.*

P. 21, § 10, l. 1 ; p. 29, CI, § 2, l. 4 ; p. 30, § 12, l. 2 et p. 33, CVI, § 2, l. 1 : supprimer *Ry*

| | | |
|---|---|---|
| P. 35, CIX, l. 1 | p. CXVI et p. CXVI | p. CXVI et p. CXIX |
| P. 35, CX, l. 1 | p. CXVI et p. CXVI | p. CXVI et p. CXIX |
| P. 36, § 5, l. 3 | supprimer *Ry* | |

P. 37, § 1, l. 1-2 Lire « trepidatio *D Guelf* κζηνχ : -dantium *Leid. 19* –dantia *rell.* »

P. 40, dernière ligne supprimer *Ry*

P. 45, dernière ligne supprimer *Ry*

P. 46, CXXIII, l. 1 -demum *E Ry* μν -...denum *Ry* –demum *E* μν

P. 46, CXXIV, § 3, l. 1 et p. 53, CXXXIX, l. 5 : supprimer *om. Ry*

P. 53, CXXXIX, l. 6 : ajouter l'unité critique « aeduo *om. Ry* ».

P. 53, CXLI, , l. 4 : transférer *Ry* après *D*

| | AU LIEU DE | LIRE |
|---|---|---|
| TRADUCTION. | | |
| P. 21, 4 lignes du bas | Nôle | Nole |
| P. 26, XCVIII, l. 2 | Lucullus | L. Lucullus |
| P. 44, 6 lignes du bas | d'Antoine | d'Antoine, |
| P. 52, CXXXVIII, l. 2 | beaux-frères | beaux-fils |
| NOTES | | |
| P. 59, note 6, l. 5 | 81 | 89 |
| P. 71, note 13, l. 8 | *sylam* | *syllam* |
| P. 74, XCIV, n. 2 ; l. 2 | J.-L. Ferrary | J.-M . Bertrand |
| P. 75, XCVI, n. 8, l. 1 | L'exécution à | L'exécution de |
| P. 76, note 4, l. 4 | veut. Brunt | veut Brunt |
| P. 80, n. 12, l. 4 du bas | *Caisaris* | *Caesari* |
| P. 91, n. 3, l. 1 | Vaninius | Vatinius |
| P. 96, n. 2, 4 l. du bas | envie | envi |
| P. 97, n. 3, l. 6 | onstacle | obstacle |
| P. 97, n. 8, l. 4 | Bodug | Bogud |
| P. 100, n. 1, l. 1 | Septembfe | Septembre |
| PERIOCHAE D'OXYRHYNCHOS | | |
| P. 109, n. 3, l. 2 | 9, 7 1 | 9, 7, 1 |
| P. 109, n. 5, l. 2 | 146*fi*148 | 146-148 |
| P. 115, § 2, l. 6 | Cavenaille | Cavenaile |
| P. 116, apparat, dern. l. | Cavenaille | Cavenaile |
| P. 119, apparat, l. 5 | Cavenaille | Cavenaile |

INDEX

P. 147 : ajouter « Claudius Glicia 19, 2 ».

# TABLE DES MATIÈRES

*Ce volume,*
*de la Collection des Universités de France,*
*publié aux Éditions Les Belles Lettres,*
*a été achevé d'imprimer*
*en janvier 2003*
*sur presse rotative numérique*
*de Jouve*
*11, bd de Sébastopol, 75001 Paris*

N° d'édition : 4928
Dépôt légal : janvier 2003

*Imprimé en France*